政治科学研究丛书

中国农民的选择
从行动到方法

邓大才 著

中国社会科学出版社

图书在版编目(CIP)数据

中国农民的选择：从行动到方法 / 邓大才著. —北京：中国社会科学出版社，2020.11
ISBN 978-7-5203-6798-1

Ⅰ.①中… Ⅱ.①邓… Ⅲ.①三农问题-研究-中国 Ⅳ.①F32

中国版本图书馆 CIP 数据核字(2020)第 121106 号

出 版 人	赵剑英
责任编辑	冯春风
责任校对	张爱华
责任印制	张雪娇
出　　版	中国社会科学出版社
社　　址	北京鼓楼西大街甲 158 号
邮　　编	100720
网　　址	http://www.csspw.cn
发 行 部	010-84083685
门 市 部	010-84029450
经　　销	新华书店及其他书店
印　　刷	北京君升印刷有限公司
装　　订	廊坊市广阳区广增装订厂
版　　次	2020 年 11 月第 1 版
印　　次	2020 年 11 月第 1 次印刷
开　　本	710×1000　1/16
印　　张	16
插　　页	2
字　　数	258 千字
定　　价	98.00 元

凡购买中国社会科学出版社图书，如有质量问题请与本社营销中心联系调换
电话：010-84083683
版权所有　侵权必究

目 录

序 言 …………………………………………………………… （ 1 ）

第一编　农民与社会

第一章　社会化小农：动机与行为 ……………………………… （ 3 ）
　　一　小农理论述评与研究视角 ………………………………… （ 3 ）
　　二　小农动机与行为：内生逻辑 ……………………………… （ 8 ）
　　三　社会化小农动机与行为：货币约束 ……………………… （12）
　　四　社会化小农行为：悖论解释 ……………………………… （16）

第二章　社会化小农：解释当今农户的一种视角 ……………… （20）
　　一　社会化小农：定义、形态与计量标准 …………………… （21）
　　二　社会化小农：理论假设与分析框架 ……………………… （26）

第三章　社会化小农：一个尝试的分析框架 …………………… （37）
　　一　国家与社会分析框架 ……………………………………… （37）
　　二　政治经济学分析框架 ……………………………………… （41）
　　三　制度主义分析框架 ………………………………………… （45）
　　四　一个尝试的选择：社会化小农分析框架 ………………… （48）

第四章　农民生育偏好与行为：社会解构模型 ………………… （52）
　　一　文献梳理与问题提出 ……………………………………… （52）
　　二　农民生育偏好与行为：逆传统生育 ……………………… （58）
　　三　农民生育偏好逆变的解释：社会解构模型 ……………… （61）
　　四　几个简单结论 ……………………………………………… （67）

第五章　农民行动单位：集体、农户与个人 …………………… （69）

一　农民行动单位的分析框架 …………………………（69）
　　二　当代中国农民行动单位的演变 …………………（75）

第六章　"圈层理论"与社会化小农 ……………………（78）
　　一　"圈层理论"与小农 ………………………………（78）
　　二　小农与"市场圈" …………………………………（81）
　　三　小农与"就业圈" …………………………………（84）
　　四　小农与"投资圈" …………………………………（87）
　　五　结论 …………………………………………………（89）

第七章　社会化小农与乡村治理条件的演变 …………（91）
　　一　治理空间 ……………………………………………（91）
　　二　治理权威 ……………………………………………（95）
　　三　治理话语 ……………………………………………（98）

第二编　农民与市场

第八章　从"以业为商"到"以农为市" ………………（105）
　　一　传统小农："以业为商" …………………………（105）
　　二　当今小农与市场："以农为市" …………………（110）
　　三　结论 ………………………………………………（114）

第九章　农户的市场约束与行为逻辑 …………………（115）
　　一　"为买而卖"与"为卖而买"——从需求角度讨论
　　　　小农与市场 …………………………………………（115）
　　二　"以业为商"与"以农为市"——从供求角度讨论
　　　　小农与市场 …………………………………………（119）
　　三　"小农的市场"与"市场的小农"——从市场经济地位
　　　　讨论小农与市场 ……………………………………（122）
　　四　结论 ………………………………………………（125）

第十章　农民打工：动机与行为逻辑 …………………（127）
　　一　问题的提出 ………………………………………（127）
　　二　第一代打工者：饥饿逻辑 ………………………（134）
　　三　第二代打工者：货币逻辑 ………………………（136）

四　第三代打工者：利益逻辑 ………………………………（139）
　　五　讨论与结论 ……………………………………………（141）

第三编　小农的改造

第十一章　改造传统农业：经典理论与中国经验 …………（149）
　　一　大生产改造理论 ………………………………………（149）
　　二　集体化改造理论 ………………………………………（152）
　　三　纵向一体化改造理论 …………………………………（157）
　　四　人力资本投资理论 ……………………………………（161）
　　五　经典理论的中国适合性与现实路径 …………………（163）
第十二章　小农经济、大户经济与农业现代化 ……………（171）
　　一　农村经济大户是农业生产力提高的必然，是现代
　　　　经济发展客观规律所驱使，又是最终走出传统农
　　　　村经济发展模式束缚的必然选择 ……………………（171）
　　二　农村经济大户与农村大户经济的内涵、特征和本质 …（173）
　　三　农村大户经济与传统农业下小农经济有本质
　　　　的区别，已初步具备现代农业的特征 ………………（175）

第四编　研究农民的方法

第十三章　在社会化中研究乡村 ……………………………（181）
　　一　以农民为研究单位 ……………………………………（182）
　　二　以农户为研究单位 ……………………………………（184）
　　三　以村庄为研究单位 ……………………………………（188）
　　四　以区域为研究单位 ……………………………………（192）
　　五　以社会化就业网络为研究单位 ………………………（194）
第十四章　超越村庄的四种范式：方法论视角 ……………（198）
　　一　施坚雅范式：市场关系 ………………………………（198）
　　二　弗里德曼范式：宗族关系 ……………………………（202）
　　三　黄宗智范式：经济关系 ………………………………（205）

四　杜赞奇范式：权力关系 …………………………………（209）
第十五章　如何超越村庄：研究单位的扩展与反思 ……………（212）
　　一　集市（镇）系统取向 …………………………………（212）
　　二　传统社会网络取向 ……………………………………（216）
　　三　村庄集合取向 …………………………………………（218）
　　四　区域社会取向 …………………………………………（222）
　　五　立体网格模式取向 ……………………………………（225）
第十六章　概念建构与概念化：知识再生产的基础 ……………（227）
　　一　抽象事实建构概念 ……………………………………（227）
　　二　借用移植建构 …………………………………………（230）
　　三　比较研究建构 …………………………………………（232）
　　四　发展建构 ………………………………………………（235）
　　五　进一步讨论 ……………………………………………（237）
参考文献 ……………………………………………………………（239）
后　记 ………………………………………………………………（245）

序　言

作为一个"三农"大国，农民问题一直是学者关注的热点。国内外学者关于农民问题的研究数不胜数。概括起来就是两大学派，以美国学者为代表的理性小农学派。美国学者舒尔茨的《改造传统农业》已经从经济学的角度对农民的理性进行了令人信服的研究。令我印象最深的一句话是：只要条件允许，农民能够将黄土变成黄金。任何人也不可能代替农民做更好的决策。

马克思主义者也对农民问题有深入的研究，而且还在多个国家试验和探索。马克思主义者认为，农民无法依靠个人解决自己的问题，必须走集体化、合作化的道路。为此马克思主义者提出了一系列改造农民的政策和理论。本书就是在这两种对立观点下的一些思考。

新世纪初，中国"三农"发展到一个瓶颈，"三农"问题矛盾越来越多，怎么解决这些问题？怎么缓解这些矛盾？笔者不想从政策角度来研究"怎么办"，而是想从事实层面讨论"是什么"，即中国农民的动机如何？行为如何？这种动机与行为是中国农民独有的，还是与世界农民一样的？我们如何解释中国农民这一系列的动机和行为？基于这一思考，本著作从四个方面进行研究：

第一，农民与社会。这部分主要是考察农民的动机与行为。徐勇教授提出了社会化小农的概念，我在此基础上进行系列的研究。我们的"社会化小农"与社会学者提出的"人的社会化"完全不同。所谓社会化小农就是小农全面社会化条件下的动机与行为。笔者在此将小农分为三个阶段：传统小农、社会化小农和理性小农。当前中国的小农挣脱了传统，但是没有完全进入到舒尔茨所说的"理性小农"阶段,尚处于"社会化小农"阶段。这一阶段的小农,有理性小农的特点,更多的是社会化小农的特点。

第二,农民与市场。第一部分主要是讨论农民与社会的关系,第二部分讨论农民与市场的有关系。第八章主要讨论农民对商业和市场的认知、动机和行为。第九章考察农民市场化的约束条件和行为选择。第十章从市场化角度考察农民的生育动机和选择。本部分主要是考察农民对市场的认知,农民与市场的互动及其约束因素。其实,农民与市场依然是社会化小农研究的延续,很多内容是对社会化小农研究的拓展。

第三,改造传统农民。前两个部分已经对中国农民的动机与行为及农民对市场、社会的认知进行了研究,在第三部分主要研究如何改造传统农民及处于过渡阶段的社会化小农。第十一章在对农民改造理论梳理的基础上提出改造路径和设想。第十二章考察小规模的承包农户如何扩大规模,逐渐走向"中农化"的研究。第十三章对小农与农业现代化之间的关系进行思考。

第四,研究农民学的方法。农民问题、农民学成为了显学。不同的学派、不同的学者有不同的研究方法,不同的研究方法就会有不同的解释。这些不同的解释,固然可以丰富农民学研究,但是无法在同一平台,或者共同的方法上进行对话。鉴于此,笔者在此部分拟对农民学研究进行方法论的思考,即如何科学地研究农民问题。笔者尝试从超越个人、超越村庄的视角反思农民学研究,同时从概念建构角度反思研究农民问题的概念化及概念建构问题。

总体而言,本书是笔者对农民问题及农民学研究的一些探索,很多观念都不成熟,一些判断也比较武断。从发展的眼光来看,如果让我再次研究这些问题,也许我会有新的思考,也许本书是另外一个样子。当然历史永远不会有"也许"。这些研究已经成了"我的历史",构成了在当时知识水平下我对农民问题、农民学的一些"历史思考"。

第一编　农民与社会

第一章 社会化小农：动机与行为[①]

中国农村改革开放以来，出现了两个显著的变化：一是按照人口均分土地，千百年来饱受饥饿威胁的农户，基本解决了生存问题；二是社会化程度迅速提高，渗透到了农户生产、生活、交往的各个环节、各个领域。小农约束条件由生存约束转为货币约束；小农经济伦理由"生存"伦理转为"货币"伦理；小农目标由生存、效用最大化转为货币收入最大化。传统经典小农理论对此变化无能为力，因为它们假定小农生存问题没有解决，假定社会化、市场化水平较低。对此，需要提出新的分析框架解释假定条件变化后的小农行为及其动机。笔者在此抛砖引玉，做些粗浅的尝试。第一部分对经典小农理论进行述评；第二部分提出判断小农行为与动机的标准；第三部分提出社会化小农的行为与动机；第四部分用当前小农悖论性的行为检验假说。

一 小农理论述评与研究视角

关于小农动机与行为的争论已经延续了数百年。各个学派根据小农不同的行为与动机提出了不同的假说，建立了不同的理论框架，同时也根据

---

① 本文发表于《华中师范大学学报》（人文社会科学版）2006年第3期，是在我的博士指导老师徐勇教授提议并指导下完成。"社会化小农"的概念是徐勇教授最先提出，本文许多观点都源于与徐勇教授多次互动式的讨论，或是徐勇教授提出，或是发展其观点提出。写作过程中，项继权、贺东航等老师提出过宝贵建议，谨此致谢。本文对经典理论的分析和归纳或有以偏概全之嫌，或有武断不足之处，但没有贬低之意，经典理论的地位是无法撼动的。笔者只是想解释生存问题基本解决与社会化程度较高背景下，小农的动机与行为及变化过程。笔者对所有观点、案例和逻辑推理负责。

各自所掌握的案例对自己的假说进行检验。

黄宗智用"小农转换性"与"小农行为与动机"两个标准[①]，将传统小农理论分为三大经典学派：恰亚诺夫学派，亚当·斯密、马克思小农学派，舒尔茨小农学派[②]。笔者认为，黄宗智的分类并不十分准确。因为按照小农是否会向社会化大生产方向转换来看，经典理论分成两类：以亚当·斯密和马克思为代表的小农转换学派，以舒尔茨为代表的小农稳定派。前者认为，随着市场和分工的发展，小农生产会转向社会化大生产；后者（包括黄宗智）强调，市场和分工并不必然导致社会化大生产，市场与小农可以兼容。黄宗智的"两标准分类法"的确无法准确地对小农、小农理论、小农发展阶段进行分类，应该采用"小农行为与动机分类法"。

按照小农行为和动机分类，小农理论可以分为四大学派：恰亚诺夫学派、马克思小农学派、舒尔茨小农学派、黄宗智小农学派。考虑到黄宗智小农理论的独特性与代表性，单独将黄宗智小农理论作为一个学派进行分析。按照黄宗智的"两标准分类法"，最难处理的是亚当·斯密，按照"小农转换"标准分类，属于小农转换学派，按照"小农行为与动机分类"，属于舒尔茨学派。因此，我们将亚当·斯密并入舒尔茨小农学派。按照代表人分类，四大学派可以分为马克思小农、舒尔茨小农、恰亚诺夫小农、黄宗智小农。根据核心观点分类，四大学派又可以称之为生存小农、弱势小农、理性小农、效用小农。

（一）理性小农：利润最大化

理性小农主要有三个代表性的人物，亚当·斯密、舒尔茨、波普金。他们都主张小农像资本主义企业一样，是理性的，追求利润最大化。亚当·斯密在《国富论》中写道：

> 我们的晚餐不是来自屠夫、酿酒的商人或面包师傅的仁慈之心，

---

① 所谓"转换性标准"就是小农是否会向社会化大生产转换；所谓"行为与动机标准"就是农民的生产生活的目标是什么，如何围绕目标行动。黄宗智本人并没有明确提出，是笔者根据其分类归纳的，并将此分类法称为"两标准分类法"。

② ［美］黄宗智：《长江三角洲小农家庭与乡村发展》，中华书局2000年版。

而是因为他们对自己的利益特别关注……每个人都会尽其所能，运用自己的资本争取最大的利益，一般而言，他不会有意图为公众服务，也不自知对社会有什么贡献，他关心的仅仅是自己的安全、自己的利益……①

舒尔茨与亚当·斯密的观点有相同之处，也有不同的地方。不同的是舒尔茨认为，小农是稳定的，不会出现急剧的社会化变化，特别是在生产领域不见得会走向社会化大生产。相同的是两人都认为：小农是理性的，以利润最大化为目标。

"对各社会而言，劳动的偏好和动机基本上都是相同的"；"在传统农业中，生产要素配置低下的情况是比较少见的"；"农民对这些价格的变动或者是毫无反应，或者是做出反常的反应……证明这一观点是错误的"。②

一言以蔽之，农民是理性的，一旦有经济利益刺激，小农便会为追求利润而创新，能够"将黄土变成黄金"。鉴于这个原因，也有人将舒尔茨小农称为"理性小农"。

（二）生存小农：生存最大化

生存小农学派的代表人物有恰亚诺夫、斯科特、波拉尼等，三者之间有一定的区别，恰亚诺夫理论以"生存"为核心，斯科特理论以"道德"为核心，波拉尼理论以"非市场化"为前提。三者侧重点不同，但都可用"生存"目标进行抽象，此类理论称之为生存小农理论，此类小农称为生存小农。

恰亚诺夫认为"农民经济活动的动机不同于企业主，后者通过投资以获取总收入与生产费用之间的差额，而前者更类似于一种特殊的计件工资制中的工人"，"家庭农场经济活动的基本动力产生于满足家庭成员消费需求的必要性，并且其劳力乃是实现这一目标的最主要手段"，"全年

---

① 此段摘自张五常《经济解释》第一卷第二章第四节，笔者查遍了王亚南和唐日松翻译的《国富论》都没有发现这一原话，特此注明。

② [美] 舒尔茨：《改造传统农业》，梁小民译，商务印书馆1987年版。

的劳作乃是在整个家庭为满足其全年家计平衡的需要的驱使下进行的"。①恰亚诺夫认为小农的偏好、行为是追求生存最大化,一切经济活动以生存为目标。恰亚诺夫学派的继承者斯科特也持类似的观点。

生存伦理就是植根于农民社会的经济实践和社会交易之中……既然佃农宁愿尽量减小灾难的概率而不是争取最大的平均利润,那么,在对租地使用权制度评估方面,佃户生存收益的稳定和保障就比其平均利润或被地主取走的收获量都更具决定性。……安全第一确实意味着,围绕着日常的生存问题,有一个防御圈。②

简言之,小农家庭生产是为了满足消费、生存的需要,安全第一,生存第一,而非利润第一。

(三) 弱势小农:剥削最小化③

弱势小农的代表人物是马克思、恩格斯、列宁、毛泽东等革命家、社会主义建设者及其理论家。其实,此学派究竟如何命名都存在问题,因为这一学派已经将理论与行动融为一体,可以说该学派没有讨论小农动机及行为问题。只是从剥削、阶级、革命的观点研究租佃关系,研究如何改造农村、农民。小农的目标是减少剥削,争取最大化权利,以最小成本改造小农社会,扭转其弱势地位。该学派将理论诉诸实践,对世界经济和社会发展影响巨大。笔者称其为弱势小农,行为与动机是剥削最小化。

剥削最小化只是革命成功以前的"小农行为与动机"。革命成功和"剥削消灭"以后的小农,行为究竟如何,该学派有研究。主要原因是后续研究被苏联和中国的社会主义改造运动所屏蔽。该学派并没假设,革命胜利后应该进行社会化大生产,小农问题已经不存在,即使存在也只是消费问题,没有生产问题;即使是消费问题也只是计划分配问题,没有动机与行为问题。小农都不存在,何谈研究。此派都研究集体化及集体行为,否认小农的存在性,"忽视"被集体经济所掩盖的农村最微小单位——农户及其行为问题。中国、苏联和东欧进行市场化改革以后,小农问题才重

---

① [苏]恰亚诺夫:《农民经济组织》,萧正洪译,中央编译出版社1996年版。
② [美]詹姆斯·C. 斯科特:《农民的道义经济学:东南亚的反叛与生存》,程立显、刘建译,译林出版社2001年版。
③ 弱势小农概括并不准确,只能够部分表达此学派的一些观点。

新引起人们的重视。此时该学派受西方主流经济学的影响，大部分接受了舒尔茨的理性小农的观点，由剥削最小化转向利润最大化，此学派也就由弱势小农转向理性小农。

（四）效用小农：效用最大化

黄宗智小农学派综合三大小农理论，研究小农行为及其目标。"小农既是一个追求利润者，又是维持生计的生产者，当然更是受剥削的耕作者。"要将企业行为理论和消费者行为理论结合起来，前者追求利润最大化，后者追求效用最大化。

内卷化的现象，实际上可以用一般微观经济学的理论来给予合理的解释，但需要同时用关于企业行为和消费者的抉择理论来分析，而不可简单地用追求最大利润的模式来分析……不用追求最高利润的观念，而用"效用"观念的好处是：它可以顾及与特殊情况有关的主观抉择。最主要的是要把家庭农场当作一个生产和消费合一的单位来理解。[①]

黄宗智主张从家庭生产功能和消费功能的角度，分别考察小农的行为及目标，生产者追求利润最大化，消费者追求效用最大化。最后将"生产目标"和"消费目标"统一起来。小农家庭所有的行为与目标都要收敛于家庭的满足，"满足"可以用较为主观的概念"效用"表达，"效用"目标优于"利润"目标，即小农最终追求效用最大化。

（五）经典缺陷：解释当代小农力所不逮

四大小农理论对所研究时代大部分小农的动机与行为具有较强的解释能力。但是它们不能解释超越自己研究范畴、研究阶段的小农行为，更不能解释所有时期、所有小农的行为，特别是不能解释中国农村改革以后的小农行为与动机。

恰亚诺夫学派形成于20世纪20—30年代，主要以俄国革命以前的小农为研究对象，没有将市场纳入分析框架，只能解释前市场化时期传统小农行为与动机，对市场化、社会化高度发达的小农行为与动机的解释则无能为力。

---

① ［美］黄宗智：《华北小农经济与社会变迁》，中华书局1986年版。

马克思小农学派始于19世纪，主要以英、德、法等西欧国家的小农为研究对象，此时的小农处于快速的两极分化之中，农村矛盾极为尖锐。该派理论以此为基础，分析小农行为与动机。随后此派学者偏离了研究主题，将小农行为上升到意识形态层面，意识形态的先验性决定了它的解释能力，它无法解释与它假设相反——"社会化与家庭小规模经营兼容"背景下小农的动机与行为。

舒尔茨小农学派形成于20世纪60—70年代，以印度尼西亚、印度等国的小农案例检验其假说。他采取古典经济学的完全竞争假设，先验性地确定了小农是理性的，以追求利润最大化为行为目标。其理论不仅不能解释市场化、商品化以前的小农行为，也无法解释非完全竞争、非完全社会化条件下小农的行为，特别是无法解释当前中国超小经营规模、高社会化水平的小农行为。

黄宗智小农理论总体上形成于中国农村改革前，通过研究1949年以前的商品小农建构理论框架，研究商品化、市场化渗入乡村部分环节和领域以后的小农行为与动机。黄氏理论也延伸到1985年。但是此后中国乡村变化非常大，黄氏理论的前提假设，如生存问题、就业替代等问题与实际情况大相径庭，无法解释社会化程度极高而生存非首要威胁的小农行为。

四大理论都有其合理性，能解释特定的小农行为，能找到相关案例证实假说。但是四大理论都没有将自己的理论与其他理论放在历史的大框架进行定位，每一种理论提出的假说都能被其他理论证伪，从而受到质疑，削弱了解释力。特别是四大经典理论对当今中国高社会化程度，超小经营规模农户的行为无法做出合理的解释。为什么农民放弃长期高利润而选择短期较低货币收入？农民的生存问题已经基本解决，为什么农民还要进行过密化的劳动投入？农民外出务工异常辛苦，为什么打工劳动力越来越多？有了生存保障的农民为什么还愿意在外干最脏最苦最累的活，而不回家过有保障而低现金收入的日子？这些看似悖论的现象，四大经典小农理论的解释都力所不逮。要解释这些悖论现象，需要有新的理论和分析框架。

二 小农动机与行为：内生逻辑

小农行为与动机，不能简单将归为利润追求者，或者生存满足者、受剥削者、效用追求者,更不能"一概而论",以某一时期、某一地区特定小农的行为与动机,解释各个时期、各个地区小农行为与动机。笔者认为,判断小农动机与行为要因"户"、因"地"、因"时"、因"需求层次""发展阶段"确定,并据此抽象出一个时期大部分小农的行为与动机。

(一) 小农行为的判断准则

"户论"标准:根据不同经济能力判断农户的行为与动机。不同时期,不同约束条件,不同机会成本和就业替代,农户的行为与动机会有所差异。如果农户经济条件已经超越生存边缘线,不存在生存压力,农户的生产行为无疑将符合理性小农利润最大化动机。如果农户的经济条件徘徊、挣扎在生存边缘线,或者在边缘线以下,每天都要为吃饭而苦恼,农户必将家庭生存和安全放在第一位。如果农户受商品市场影响,没有其他就业替代和机会收益,又没有解决生存问题,农户则以"内卷化"的形式追求效用最大化。站在中国农村改革以前的视角观察,农户行为的"三分法"无疑非常正确。但是农村改革以后,小农分化加剧,部分家庭已经比较富裕,如农村专业大户,行为目标是利润最大化;部分家庭已经脱离了温饱线,生存已不成问题,只受货币支出压力的困扰;还有部分农户,饱受到生存威胁。据国家公布的贫困人口是 3000 万人(未脱贫),首要目标是解决生存问题。因此,判断农户动机和行为不能"一刀切",要因户而论。

"区论"标准:根据不同地区而判断农户的行为与动机。不同地区的小农经济条件不同,行为及目标也有所差异。如美国农户和中国、印度小农,中国、印度小农和非洲肯尼亚、刚果小农也会有区别。农村改革以来,中国东、中、西部地区农户"同质性"被打破,东、中、西部地区及地区内部农户之间的差异拉大。东部地区,如珠三角、长三角及山东半岛等地区,许多农户已经非常富裕,或者说已达小康水平,生产经营具有企业性质,其行为目标用企业行为理论解释可能更加贴切。中西部大部分地区的农户还为生存而劳作,为现金收入而进行"过密化"投入,其行为目标用消费者行为理论解释可能更加合适。很明显,前者为利润而生产,后者为家庭正常运转或者为生存而生产。

"时论"标准：根据不同时期而判断农户的行为与动机。不管世界农史，还是中国农史，都表现为社会化程度不断提高的过程，不同时期农户经济条件不同，家庭约束条件不同，行为目标也会有所差异。从传统农业解体到社会化大农业建立，需要一个很长的时期，人多地少的中国尤其如此。这一时期按社会化程度可以分为社会化程度较低、适中、较高的阶段。按农户基本约束可分为生存问题解决前和解决后的阶段。不同阶段有不同的行为和动机。就中国而言，改革开放以前农户为生存而生产，九十年代至现在，大部分农民为货币收入而生产，也有部分农户是为利润而生产。因此，判断农户行为与动机，还要根据不同时期而变化。

"主导"标准：以同一时期大部分农户的行为与动机为对象进行抽象。一个时代农户的动机与行为究竟是什么，能否抽象出一般性的小农行为动机呢？按照上述标准过于具体，具体则无法一般化和抽象化，也就无法找到理论甚至最本质的特征，根本无法对小农行为与动机进行判断。怎样处理小农行为及动机的具体性与抽象性的矛盾呢？我们主张用马克思的矛盾分析方法，即抓主要矛盾，又将主要矛盾和次要矛盾相结合的方法，将三个判断标准归纳为一个时代的"主导动机和行为"，即大部分农户的动机和行为。承认大部分农户的动机和行为不能否定其他农户的动机与行为。据此，判断一个时代、时期社会主导动机和行为，不能因为一般性而否定特殊性，也不能因为特殊性而推翻一般性。

（二）小农需求目标的层次与行为更替

美国心理学家马斯洛在《人的动机理论》中首次提出了人的需求层次理论。人类的动机可以分为五个层次：一是生理需要；二是安全需要；三是归属和爱的需要；四是尊重需要；五是自我实现需要。马斯洛研究的是人的综合需求。但是从不同视角看，需求层次也会不同。从经济层面划分农户需求，可分为三个层次：第一层次是生存需求；第二层次是货币需求；第三层次是利润需求。三个目标与家庭不同经济约束条件相对应。第一层次需求满足以后就会退居次要地位；第二层次需求上升为主导目标；第二层次需求满足以后；第三层次需求就上升为主要目标。农户需求层次依次递升，依次成为社会或者家庭的主导需求或目标。家庭尽力满足主导需求或目标时，也必须关注较基础性的需求，为主导需求提供保障。行为与需求如影随形,需求更替必然导致行为与动机变化。

三个层次的行为目标和动机是由不同约束条件决定的:生存目标和行为由生死存亡的压力决定;货币目标由货币支出压力决定;利润目标由经营压力决定。根据约束条件可以发现,恰亚诺夫小农追求家庭延续和生存,属于第一层次需求。舒尔茨小农追求利润最大化,归属第三层次需求。早期的马克思小农追求剥削最小化,后期马克思小农追求利润最大化,分属第一、三层次。黄宗智小农追求利润最大化和效用最大化,分属于第一、三层次。可见,四大经典理论只能够解释第一、三层次需求的小农行为与动机,始终无法解释第二层次小农的货币需求和货币动机。

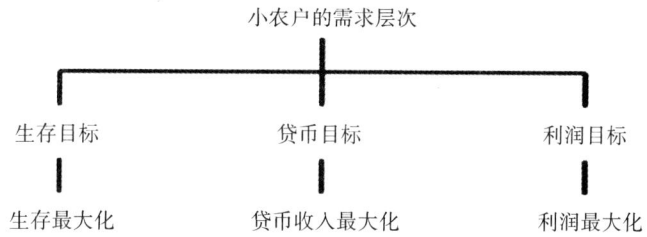

(三) 小农经济发展阶段与行为更替

按照小农经济发展的阶段来看,不同的分类标准会有不同的小农发展阶段。舒尔茨将小农分为现代小农和传统小农。马克思学派以小农改造为标准分为传统小农生产和社会化大生产。笔者认为,舒氏和马氏的分类比较粗,如果按照小农行为与动机划分,小农可以分为四个阶段:传统小农阶段、商品小农阶段、社会化小农阶段和现代小农阶段。

传统小农时期受生产力约束,大部分小农面临生存压力,追求生存第一、安全第一,恰亚诺夫、斯科特、波拉尼已经对此进行了精辟的分析。对于商品化小农时期,黄宗智进行了理论梳理并建立了相应的解释框架。现代小农时期,小农主导的行为和动机是利润压力,舒尔茨已经建立相关的分析框架。唯独处在商品小农与现代小农之间的社会化小农没有对应的理论进行分析和解释。

四个阶段应该依次更替,顺序推进。农户分化、地区差距,可能导致小农发展不均衡,同一时期,有些处在传统阶段,有些已经转入现代阶段。虽然小农发展阶段可以跳跃,不同时期可以有不同类型的小农,但是不同的小农需要不同的小农理论予以解释,如果用其他理论替代就会出现"南橘北枳"现象。小农行为与动机具有内生性,需求不同,行为与动机就会有差异;小农所处阶段不同,行为与动机也不同;同一时期不同地区、不同农户,行为与动机同样有差异。要合理解释小农行为与动机,必须根据小农的需求、所处阶段、面临的约束条件具体分析,并抽象同一时期大部分农户的行为与动机。从中国来看,小农已经由生存需求转向货币需求,由商品小农阶段转向社会化小农阶段,理论和实践都需要对此做出合理的解释。

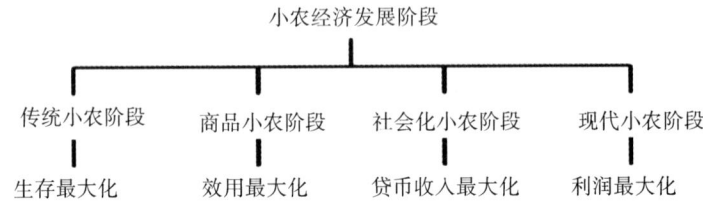

三 社会化小农动机与行为:货币约束

社会化小农具有不同于经典小农的特质性:生存约束转为货币约束,承受巨大的货币支出压力,崇尚货币伦理,追求货币收入最大化,效用最大化理论无法替代,生存压力、利润压力无法等同。

(一) 社会化小农:特质性与独立性

中国农村改革以后,小农进入了一个新的阶段,社会化程度比较高,生产、生活、交往的社会化诱致消费膨胀,消费膨胀导致家庭货币支出压力增大,而货币支出压力是小农行为与动机的主要约束和目标,小农生产和家庭资源配置都围绕这一目标进行。社会化小农阶段的主要特点是:第一,社会化程度高,范围广;第二,消费膨胀,货币支出压力大;第三,生存问题已经退居次要地位。有些农民开玩笑说"致富不够,吃饭有余"。这类小农与恰亚诺夫小农、马克思小农、黄宗智小农的生存没有解决的前提条件迥然不同,但是又没有达到完全理性、完全竞争的舒尔茨小农的条件，更不会按照理性小农的利润动机而行为。此类小农既不担心生存问题，也不追求利润最大化，而是承受着社会化带来的烦恼：巨大的货币支出压力。可见，社会化小农的首要问题已经从"生存问题"转向"生计问题"，约束条件已经从"食物约束"转向"货币约束"。社会化小农的首要问题与约束条件跟四大小农截然不同，具有独立性和特殊性。徐勇教授将此定义为"社会化小农"，即生产、生活、交往高度社会化的农户、农民，并将此阶段称为"社会化小农时期"[①]。

（二）社会化小农：崇尚"货币伦理"

社会化已经渗透到农户生产、生活、交往的方方面面：生产环节分工程度加深，社会化服务替代了传统农户自我服务；家庭资源配置外部化，劳动力、土地、资金配置市场化，生产要素的配置由家庭内部走向外部社会；农户日常生活货币化，打破了家庭自给性供给边界，经常面临短期性货币支出压力和周期性的家庭赤字；人际、户际交往范围扩大、交往频率增加、交往程度加深；家庭生产与资源配置卷入全球性生产链条和社会分工，农民由一个"家庭人"转变成了一个"社会人"。

社会化小农时期，家庭生产、生活、交往的每一个环节、每一个步骤都需要以现金购买服务和商品。社会化就是货币支出的代名词。社会化需要货币媒介和货币支撑，而货币支出是家庭社会化的交易成本。按照农户偏好，家庭货币支出可以进行排序，依次为：子女教育支出，医疗保健支出，生产支出，人情往来支出，最后是生活社会化所需要的其他货币支出，如燃料支出、电费支出、电话支出、衣物购置等。另外还有非日常性的婚、丧、嫁、娶、建房支出。可见，此阶段小农已经由生存伦理转向货币伦理，"货币伦理"是此阶段的基本行为准则。一切行为与动机都围绕货币而展开。

（三）社会化小农目标：可支配收入最大化

农民收入的概念比较多，有货币收入、人均纯收入和人均可支配收入。农民人均纯收入包括货币收入和非货币收入，后者指农民消费的粮

---

① 徐勇、邓大才：《"再识农户"与社会化小农的构建》，中国农村研究网，2005-07-05。

食、蔬菜、油料等非商品化产品的折算收入。农民人均纯收入中真正具有购买力、能够用于货币支付的，只有较少的一部分。农民可支配收入是农民人均纯收入剔除自己生产、消费部分的剩余。剩余部分具有现实购买能力，但是农民不能够自由购买，其中有一部分属于农民生产资金循环的正常回收，下年度必须继续投入生产。总体上讲，人均纯收入是利润概念，适合于对舒尔茨小农的描述和解释；农民人均纯收入中家庭自我生产和自我消费部分，属于生存概念，与生存小农的目标相对应；只有可支配收入中的货币收入才能够帮助农户缓解货币支出压力，才是社会化小农追求的目标。

（四）社会化农户目标：家庭可支配收入最大化

小农以货币收入最大化为目标，这个小农究竟是个人还是家庭呢？小农货币收入最大化应该是小农家庭货币收入最大化，而不是个人货币收入最大化。也许有人会质疑，这有区别吗？当然有区别。可以用一个最简单的例子予以说明，当个人货币收入最大化目标与家庭货币收入最大化目标发生冲突时，前者要服从后者。如农民外出打工，其收入可以保证个人货币收入最大化。如果家庭准备进行养殖业生产，可以保证家庭货币收入最大化。也许从事养殖业，家庭人均货币收入低于个人外出打工的货币收入，但是前者的家庭货币收入总额大于后者的收入总额，即打工提供的增量收入要低于养殖业提供的增量收入，此时个人货币收入最大化必须服从家庭货币收入最大化。

（五）效用最大化无法取代货币收入最大化

社会化小农理论构建有两大困难：一是货币收入最大化与效用最大化，商品小农与社会化小农如何区分；二是货币压力与生存压力、利润压力如何分别。虽然前面已经多次论及，但是没有提出令人信服的依据，笔者认为，效用最大化理论三大缺陷决定了无法取代社会化小农。

首先，小农效用理论本身的缺陷。黄宗智从生产和消费考察小农行为的方向是正确的，消费目标决定生产目标也是正确的，但是将农户两个目标统一于效用最大化值得商榷。效用最大化可以套用于任何个体和群体的行为目标。传统小农的生存最大化，属于效用最大化；马克思小农的剥削最小化也是效用最大化；舒尔茨的利润最大化也可以转化为效用最大化。表面上看，黄宗智抽象出了各个发展小农最本原性、最一般性的行为特征，却因此失去了独特性，从而无法具体分析不同类型小农的行为和动机，也就无法解释小农有悖常理的行为。

其次，黄宗智小农效用最大化理论，没有将交往、家庭生活的货币化支出纳入分析框架，而这两个部分是影响小农动机和行为的重要内容。

最关键的是黄宗智的效用理论是以生存问题没有解决为前提条件，当他将利润最大化与效用最大化目标统一为效用最大化目标后，其理论完全可以归入生存最大化理论的范畴，从而失去自己的独立性。货币收入最大化与效用最大化理论最大的区别在于，它提出了社会化小农的最终目标是货币收入最大化，小农的所有行为和选择都围绕货币收入而展开，具体而有针对性。无法用商品小农替代社会化小农，无法用效用最大化替代货币收入最大化。

（六）生存压力、利润压力无法等同货币压力

三大压力的经济基础不同。生存压力背后是粮食问题，或者说是农业问题；利润动机背后是资本问题和技术问题；货币支出压力背后是就业问题，特别是非农就业的替代问题。生存问题靠农业，靠粮食解决；利润问题靠资本、土地等要素解决；在土地、资本、技术给定前提下，货币问题只能够依靠非农就业解决。

三大压力的发展路径不同。当生存压力不在成为压力后，农民的行为选择有两个：一是追求利润；二是追求货币收入。如果生存压力解决后，小农按照马克思、亚当·斯密设计的路线"两极分化"，一部分农民变成大地方或者农业企业家，一部分农民变成农业工人或者城市就业人员，那么农户行为及其目标的确是追求利润最大化。如果小农无法按照经典理论的预期路径进行分化，生存得到基本保障的小农，其行为及目标就值得再商榷。

如果小农没有完全分化，小农仍然是小农，虽然没有达到社会化大生产的要求，但是其背景已经出现了较大的变化，农户面临的首要问题不是利润问题，而是社会化的消费支出问题，货币支付问题。农户唯一的选择是：通过充分就业获取货币收入，解决社会化的资金需求问题，解决现代

要素的社会化投入问题和后代社会化教育成本问题，以及社会化的人情交往支出问题。此时的小农没有生存压力，也没有利润压力，只有货币压力。

四 社会化小农行为：悖论解释

社会化小农追求货币收入最大化，已经从理论层面进行了分析，下面从农民悖论性的选择中进行检验和解释。

（一）长期较高利润与短期较低收入的选择

在长期较高利润和短期较低收入的选择方面，以利润最大化为导向的企业，选择前者。社会化小农，每时每刻都面临着货币支出压力，不可能按照长期利润最大化目标行为，而是尽力获取年度、季度，甚至月与天的货币收入，以满足即期的货币支出需要。最典型的是农民往往在收获季节出售农产品，此时农产品价格是整个生产周期最低的，而不是在价格最有利时再出售，农民放弃获取较高收入的机会，选择获取当期较低货币收入，并非不懂"待价而沽"的道理，只是迫于现实压力。

社会化小农面临的首要问题是应付即期的货币支出，缓解货币支出压力，维持家庭正常运转。如果农户面临的货币压力不大，或者能够通过其他方式缓解，农民就会按照舒尔茨描述的路径发展——选择长期较高利润。此时的农民就由社会化小农转化为理性小农。对于小农而言，只有先解决家庭面临的支付危机，才谈得上可持续发展，或者说只有在货币支出问题解决后，才谈得上利润最大化。我们不能武断地说，农民悖论式的选择是非理性的。农民同样理性，只不过其理性不是追求利润最大化，而是追求货币压力最小化，收支均衡化，现金收入即期化。

（二）不确定性风险收入与确定性稳定收入的选择

社会化小农时期，家庭安全已经由生存威胁，转向不能付现而破产的威胁，即受货币支出压力，面临现金支付危机、家庭预算危机。虽然现金支付危机不会威胁农户家庭的生存，但是能够破坏家庭的正常运转，影响家庭的可持续发展。鉴于这个现实背景，理性的社会化小农是按照"最大最小化"的原则进行选择：一般会选择低风险、低报酬的方案，确保家庭的正常运转。

农业结构调整的案例可以检验这一假设。近几年中央和地方政府大力宣传和倡导农业结构调整，促进农民增收，但是农户种植结构变化不大，南方是水稻、棉花、油菜，北方是小麦、玉米、花生、大豆。不是农民不知道结构调整可以获得较高的收入，而是结构调整投资大、风险大，农民承受不了结构调整失败的冲击。家中有小孩读书、儿子结婚、有可能去世的老人等即期现金支付的农户，传统收入渠道更不能受到影响，否则就会出现家庭支付危机。农民宁可种植熟悉的水稻、棉花、小麦，也不愿意种植市场风险、经济风险和投资报酬都比较大的经济作物。农民选择风险最小化，不是厌恶风险，也不是不想从高风险中获取高收入，而是受货币支出压力约束，不能够偏好高风险、高报酬的选择。

（三）清闲低收入务农与艰苦较高收入务工的选择

现在有一批学者批评说，农民外出务工受苦受累，还经常受包工头、企业剥削，不如回家务农。虽然务农收入低点，但是获得了尊重和尊严，减轻了劳动痛苦的程度。按照常理讲，此建议应受农民接受和欢迎，实际情况却与此相反，农民一如既往，成批外出务工，自愿接受"剥削"，有些人还为不能被"剥削"而苦恼。每年春节以后，农村劳动力带着希望外出，但是总有一部分人铩羽而归。还有一部分农民为了能够外出打工，到处托人找关系，请求、寻求"剥削"。农民外出务工条件艰苦，干最脏最累最苦的活，为什么还要义无反顾外出呢？为什么农民不守着炕、抱着老婆在家务农，而要别妻离子外出接受"剥削"？小煤矿经常发生事故，但是农民仍然要前赴后继呢？这不是能用利润最大化观点可以解释的，也不能用农民愚蠢、不理性这类侮辱性的观点加以解释。相反，这是农民理性的体现。农民非常实际，如果不能获得足够的货币收入，家庭生产、生活、交往就寸步难行，家庭支付危机就无法化解，外出打工受点累、冒点风险能够保证家庭正常运转，最关键的是通过打工挣钱供养子女读书，家境就有改变的希望，就有出人头地的一天。可见，社会化小农外出打工，有着现实压力和对未来的期望，其效用评价超过了个人劳累和风险。

（四）健康身体的低收入与"商品身体"的高收入选择

在农村调查时，我们经常听到农民说：即使卖血、乞讨，也要供子女读书。其实，以卖血、"卖身"等类似牺牲身体换取货币收入的现象屡见不鲜。表面上看，农民卖血、"卖身"换取货币收入是一种自残行为，卖血换取货币收入得不偿失，是非理性行为。如果将此类行为放在货币收入最大化的理论框架下，就会发现它有着自身的逻辑性。农民受货币支出压力束缚，要保证家庭正常运转，保证子女就学和家庭成员就医，必须筹措相应的货币收入。从利润最大化的角度看，卖血是以身体为商品，终究会损害身体，使劳动力的终身利润、可持续收入受到影响，不是一种理性行为；从效用最大化的角度看，卖血已经使人的身心健康都受到损害，不是最有效的行为。如果从货币收入最大化的观点看，卖血换取家庭急需的货币收入，具有内在逻辑性。卖血解决了短期的货币支出压力，平衡了家庭预期赤字，保证了家庭生产、生活、交往的暂时正常运转，避免了家庭因财政赤字而陷入困境。这就是"货币伦理"，农民围绕着货币收入进行选择，甚至不惜以身体为商品换取家庭急需的货币收入。[①]

（五）纯打工高收入与兼业打工的低收入选择

大部分长年在外打工的农民，不放弃耕地，种植少量而不能获取利润的粮食。有人可能会认为，社会化小农仍然以生存最大化为目标。其实，此观点不完全正确。打工家庭种植一定的粮食，的确是为了"糊口"，为了"口粮"。在这个意义上，打工农民是为生存而种粮，但是种粮并不是"最大化行为"，或者说不是农户的最优选择，只是应付打工而进行的风险投资。种粮保险的边际成本非常低，农民只需要少许的耕地、投入较少的劳动就能够满足全家的口粮，根本谈不上最大化问题。实际上，打工家庭的承包地仅仅是为了生产口粮，不会按照劳动投入的边际产品价值与边际成本相等安排生产，更不会进行"内卷化"生产。

---

① 笔者提出货币伦理、身体商品，不是赞成、认同农民以身体商品换取货币收入，只是解释为什么农民会以身体商品换取收入。对小农的悲惨境地，笔者甚感痛心、痛惜，呼吁建立社会性、政府性的支援网络。

打工农户种粮是为了给不确定性的打工风险进行生存保障。农民外出务工有一定的风险，可能无法找到工作，可能工作不稳定，也可能无法赚到维持家庭正常运转的收入。一旦纯务工农民没有赚到足够收入，不仅会威胁家庭持续运转，而且家庭支付危机可能会转化为生存危机。因此，耕种少量的承包地，给打工进行"生存保险"尤其必要。很明显，打工家庭的务农与务工已经有了分工，务农是对打工风险进行保险投资，务工则是追求货币最大化，或者说务农是解决吃饭问题，打工是解决用钱问题。农民不选择纯打工，而是亦工亦农，两者兼顾，是社会化小农的理性选择。

社会化小农在五个方面"有违常识"的理性选择，可以检验笔者提出的假说：社会化小农的行为、动机与商品小农、理性小农、弱势小农的动机、行为是不一样的，前者承受巨大的货币压力，时刻面临着家庭支付危机，农户的约束条件已经由生存约束转为货币约束，崇尚"货币伦理"，追求货币收入最大化，一切行为围绕着货币而展开。

第二章　社会化小农：解释当今农户的一种视角[①]

农户是农民生产、生活、交往的基本组织单元。农民与社会、农民与国家、农民与市场的联系都是以户为单位进行。中国农村经济社会及国家变动都可以从农户动机和行为中寻找内在逻辑。可以说，农户是认识中国农民和农村社会的一把钥匙。但是，在相当长时间里，农户研究几乎被学术界所遗忘，对农户的认识和解释仍然沿用已往的"生存小农""阶级小农""商品小农""理性小农"等经典理论。这些理论虽然可以解释中国改革开放以前某些类型小农的动机和行为，但很难解释当今社会化程度较高、土地均等化、税费全免等制度安排下的小农动机和行为，无法解释劳动力大规模转移、配置及外部"内卷化"现象。当今中国，小农处于"商品小农"与"理性小农"之间，还部分带有"生存小农"的特点，基本上没有"弱势小农"的痕迹。小农成分之复杂，即使用黄宗智的大综合理论也无法解释[②]。通过多年的实践观察和实地研究，笔者认为，当今小农受货币支出压力约束，以货币收入最大化为行为伦理，"支""收""往"都源于"社会"，农民生产、生活、交往都被卷入"社会化"大分工网络，属于"社会化小农"。这个概念，既是对当今农民特性的基本抽象，也是"再识农户"的基本视角，更是以农户为基点研究"三农"的分析框架。

[①] 本文发表于《学术月刊》2006 年第 7 期，是与徐勇教授合作完成的，收入本书时征得了徐勇教授的同意，在此表示感谢。

[②] ［美］黄宗智：《华北小农经济与社会变迁》，中华书局 1986 年版，第 7 页。

一 社会化小农：定义、形态与计量标准

（一）社会化小农的基本界定

社会化小农是一个解释性概念，它包括社会化小农经济、社会化小农生产、社会化小农发展阶段、社会化小农（户）、社会化农民。顾名思义，社会化小农就是社会化程度比较高的小农户，即"社会化＋小农"，或者说与外部世界交往密切，融入现代市场经济，社会化程度比较高但经营规模较小的农户。社会化小农既不同于排斥社会化、拒绝市场、对强权具有依附性的传统小农，也不同于采取企业化经营的大农场。社会化小农经济、小农生产、发展阶段是从经济形态、生产形态、发展阶段定义的概念，指社会化程度比较高的小农所组成的经济形态、生产形态和发展阶段。社会化小农发展阶段处于传统小农和社会化大生产之间，具有独立性和特质性。这个阶段与商品小农有重叠，但外延比商品化小农更大。如果将商品小农作为一个独立阶段，小农可以分为四个阶段，即传统小农、商品小农、社会化小农、理性小农。如果将商品小农并入社会化小农，小农发展只有三个阶段：传统小农、社会化小农、理性小农。本文提到的小农除非特别表述，一般指社会化小农。通过定义社会化小农，可以从字面上把握其共同特征：一是社会化程度高；二是经营规模比较小；三是一个独立的生产形态，具有与其他发展阶段不同的特质。

（二）社会化小农的形态和形式

1. 纵向层面的小农社会化形态

第一种形态：以亲缘为载体的小农社会化。考察小农社会化的形态，必须先考察社会化发展历史。从历史起源考察社会化的不同形态。人类产生以来，原始人是以部落为单位活动，部落源于血缘、姻缘关系；血缘、姻缘的延续，产生近亲、远亲和更远的亲戚。亲友往来构成最早的社会化形态：以血缘和姻缘关系为载体的小农社会化。

第二种形态：以非亲缘关系为载体的小农社会化。如果两个部落合并、联合，或者一个部落吞并另一个部落，则会产生非血缘关系的部落，部落成员之间非亲友关系生活在一个部落，部落成员的共同劳动也会产生

一种社会关系。这种非血缘性质的社会关系也是一种社会化的形态，即小农家庭之间的社会往来。家庭之间、各家庭成员之间的关系构成第二种形态的社会化：以非血缘和姻缘关系为载体的小农社会化。

第三种形态：以商品交易为载体的小农社会化。部落之间需要交换产品以满足日常生活需要，家庭不能生产所有的产品，需要与其他家庭交换劳动和产品。因此，部落之间、家庭之间、地区之间形成商品交易关系。商品交易关系将不同部落、不同家庭、不同地区联系起来，即建立了社会联系，以后发展成为企业、市场与家庭之间的商品交易。这种社会联系构成第三种形态的社会化：以商品交易为载体的小农社会化。

第四种形态：以系统为载体的小农社会化。随着社会组织和国家的产生，家庭及其成员要依附于某个组织，接受该组织的保护，或者归属于某个国家、政府，接受国家和政府的征税和公共服务，组织和政府构成了一个社会化的系统。小农家庭就与社会组织和国家、政府形成互动。这种互动就是第四种形态的社会化：以家庭与组织、国家互动为载体的小农社会化。

从上面的分析可以看出，社会化的形态主要有四种，四种形态依次出现。直到目前为止，小农社会化也无法超越这四种类型。四大形态以不同形式同时存在。四种社会化的形态构成小农社会化的本身，社会化小农的行为和活动就围绕着四种形态展开。

2. 横向层面的小农社会化形态

第一种形态：生产社会化。即小农家庭在产、供、销过程中的社会化，即产前、产中、产后的社会化。生产社会化是小农社会化的重要内容，它是区别传统自然小农和商品小农的重要标志。

产前的社会化，主要指种苗、生产资料准备过程的社会化（以水稻生产为例）。当今农户种子大部分外购，外购就是一种社会化过程。有些农户早稻晚稻种子全都外购，种子社会化程度达到100%。生产资料主要是薄膜、肥料。现在农村基本不用农家肥，肥料几乎完全购买。小农家庭无法生产薄膜，也需外购。总体而言，小农家庭产前社会化程度比较高。

产中的社会化，主要是指插秧（播种以南方插秧为例）、犁田、除草、治虫（植保）、收割等环节的社会化。（1）插秧。目前抽筋插秧采用"撒谷"和软盘抛秧，虽然"撒"和"抛"需要农民自己完成，但是撒的种子和抛秧的软盘却是通过市场交易而来的,特别是能够用来"撒"的种子,有特定的技术含量。前者是直接社会化,后者是间接社会化。(2)犁田。大部分农户不再喂养耕牛,请人犁田比较普遍;即使不请人犁田,自己也购买铁牛。请人机耕的农户,犁田基本实现社会化,购买铁牛自己犁田的农户,也因铁牛的购入而具有间接社会化性质。(3)除草和治虫。现在农民不需要下田除草,而是购买除草剂一次性解决。购买除草剂不仅使除草环节实现社会化,而且导致除草环节从此消失。治虫基本上是农户自己完成,因为治虫的劳动强度不大,而且治虫时期,农民正处农闲时节。因此,治虫的社会化程度比较低。(4)收割。收割是劳动强度最大的环节,最不易社会化的环节。现在大部分农户租用收割机或者脱粒机,农民只需要在家中收受粮食就行。收割环节基本实现社会化。

产后的社会化,主要是销售、加工和运输程序的社会化。农户已经没有家庭手工业,加工基本不存在。农产品销售主要是小商贩上门收购,社会化程度也较高。既然大部分农产品是商贩上门收购,则不存在运输问题。可见,在农业生产环节中,加工和运输环节已经因为社会化、专业化而独立。对小农产后农产品销售、加工和运输而言,社会化程度非常高。

第二种形态:生活社会化。即农户家庭日常生活和开支方面的社会化。生活社会化是已往小农经典理论忽视的内容。然而,它不仅是社会化小农的重要内容,也是区别其他经典理论的重要标志。农户家庭生活社会化主要包括教育、医疗保健、日常生活用品支出、赡养老人的社会化,等等。教育社会化是指农户家庭通过支付货币向社会购买教育的过程,对于农民来说,除政府提供的义务教育外,还要支付大量非义务教育成本。即使是义务教育,农民也要承担相当大一部分费用。教育社会化程度非常高。农村医疗保健也是如此,通过支付货币向社会购买医疗服务。

日常生活用品的支出社会化程度也逐步提高,农民不再自己缝衣而是外购;不自备柴火而是使用煤、液化气、电;农民不自己理发而到城镇理发;农民不愿意走路而是租摩托,等等。农民日常生活已经与社会大系统紧紧联系在一起,离开社会服务,农民将寸步难行。

第三种形态:交往社会化。即非商品交易、货币支出性的关系,包括人情耗费、政治关系、社会往来等。交往社会化是已往经典理论没有涉及的内容。人情往来是一种以货币、礼品为媒介的社会交往。它曾经是联系亲友、合作办大事的一种制度安排。现在人情交往则具有人情消费、人情投资等新的社会化内容,而且范围不断扩大。人情往来通过非市场性质的交易,构成了一个社会化网络图、互动图。除此之外,还有其他的非货币媒介的社会往来。

3. 小农生产要素配置的社会化

一是土地社会化。实行家庭承包责任制后,土地流动性不大。即使流动,也是农民与村集体之间的纵向流动,农户之间的横向流动较少,因而土地社会化水平较低。但是必须看到一个新趋势,2004年以后,随着农业税取消、粮食补贴制度的实施,农村土地价格由负变正,承包土地有偿横向流转开始增加。特别是有些农户还将土地作为股份参与投资,集体土地进入市场交易等,将大大加速土地要素的流动,提高土地社会化水平。

二是资金社会化。小农资金分为生活资金和生产资金,两者的社会化程度都不高。主要有两个原因:一方面,小农进行简单再生产,不必进行大规模的资金投入;另一方面,农村正式金融机构对农户金融需求的排斥,对农村贷款数量少、条件高,农民难以获得正规金融机构的资金供给。农村资金需求借助民间金融,民间金融构成农村资金社会化的主体。小农对资金的需要,大多是子女读书、建房、老人丧葬、医疗等非生产性的、非持续性的。三个因素导致小农资金社会化程度较低。

三是劳动力社会化。当前农户劳动力的社会化程度较高,除了农业必需的劳动力以外,家庭其余劳动力都进行社会化配置,农民外出打工就是家庭劳动力社会配置的重要表现。家庭劳动力除了社会化配置外,还从社会引进劳动力或者服务,即通过犁田、收割、销售等外部专业化服务引进劳动力。与传统小农不同的是,当今劳动力流入与流出相当频繁,构成了社会化小农劳动力社会化的新特点。

四是信息社会化。信息已经融入农户的生产和生活。主要通过两个途径:亲友之间的传递;电视、通信等网络传输。小农家庭已经变成现代信息传输网络的一个终端。农户的信息社会化刺激需求,加大了小农货币支出压力。农户通过信息社会化调整生产结构,改进耕作方式。信息社会化反过来又刺激其他方面的社会化。

(三) 小农社会化程度的计量与阶段划分

1. 小农社会化水平的计量

小农家庭的社会化可以分为生产、生活、交往的社会化,生产社会化可以分产前、产中、产后的社会化,生活的社会化也可以分为日常生活、教育培训、医疗保健、人情交往以及其他方面的社会化。① 可以将各种不同的环节赋予不同的权重,然后将不同环节社会化水平加总,计算农户家庭社会化的水平。

小农家庭的社会化水平可使用公式 (1) 来测算:

$$S = P_a \sum_{i=1}^{i} A_f R_f + P_b \sum_{q=1}^{i} B_q R_q \tag{1}$$

其中,S 表示一个小农家庭的社会化水平,A,B 分别代表家庭生产、生活两个方面的社会化水平,P_a 和 P_b 分别代表生产和生活两个方面在社会化水平中所占的权重;R_f 表示生产过程产前、产中、产后的权重,i = 1、2、3,R_q 表示生活过程中不同的社会生活的权重,q = 1、2、3、4 分别代表日常生活、教育、医疗和其他方面的社会化。

测算小农生产环节的社会化水平、生产过程的产中社会水平、生活过程中的日常开支和其他方面的社会化水平非常复杂,可以用公式 (2) 分别进行计算:

$$M = \sum_{e=1}^{i} C_e R_e \tag{2}$$

其中,M 表示某一个环节的社会化水平,可以是 A,也可以是 B 中的某个环节;C_e 表示某一环节中某个程序的社会化水平,如产中环节的犁田、插秧、除草、治虫、收割等程序,R_e 表示该程序在该环节中的权重。

测算小农生产程序的社会化水平时,单个程序的社会化水平等于已经社会化的单位占整个程序单位的百分比,这是计算小农家庭社会化水平的基础,可使用公式 (3):

$$C = \frac{X_s}{X} \tag{3}$$

其中,C 代表某个环节的社会化水平,X_s 代表该程序已经社会化的

---

① 为了便于计算,我们将交往的社会化并入生活的社会化。

单位，X代表整个程序的单位。

测算村庄或者地区的社会化水平时，如果要计算某个地区或者某个村的社会化水平，可以将整个地区或者村的所有农户的社会化水平加总后进行算术平均，使用公式（4）：

$$S_v = \sum_{i=n} \left(P_a \sum_{i=1}^{i} A_f R_f + P_b \sum_{q=1}^{i} B_q r_q \right) \frac{1}{N} \qquad (4)$$

其中，S_v表示某个地区或者某个村的社会化水平，N表示整个地区或者村的家庭数量。

2. 社会化水平与小农发展阶段

如果将整个小农发展历史划分为四个阶段，可以按照如下社会化水平进行判断：当家庭社会水平一般处于0—25%时，小农应该处于传统小农时期；如果家庭社会水平处于25%—50%时，小农处于商品小农时期；如果家庭社会化水平处于50%—75%时，小农处于社会化小农时期；如果处于75%—100%时，小农处于完全竞争时期。这只是一个初步的划分，并非所有的划分都按照这个类型，它可以作为一个参考。当然，这只是一个假设，是否真是如此，还要通过实践进行检验。

表1　　　　　　　　社会化水平与小农发展阶段

小农发展阶段	社会化水平的范围
传统小农时期	$0 < S < 25$
商品小农时期	$25 < S < 50$
社会化小农时期	$50 < S < 75$
完全竞争小农时期	$75 < S < 100$

二　社会化小农：理论假设与分析框架

（一）社会化小农的行为与动机：货币收入最大化

——小农卷入社会化大分工网络。改革开放以来，农户经济生活和资源配置领域更深、更广地卷入社会化进程。一是生产环节分工程度加深，社会化服务替代农户自我服务；二是家庭资源配置体系外部化，劳动力、土地、资金配置全方位走向市场和社会；三是农户生活货币化，打破了家庭自给性供给边界，农户经常面临短期性货币支出压力和周期性家庭赤字；四是人际、户际交往范围扩大，频率增加，程度加深，农户深深卷入全球化分工网络，农民由"家庭人"变成"社会人"。

——社会化分工导致巨额货币支出。农户家庭生产、生活、交往，农民吃、穿、住、行全方位社会化，生活、生产中的每一个环节、每一个步骤都需要以现金购买服务和商品。社会化的潜台词就是货币支出，社会化需要货币媒介。巨额的货币支出导致小农持续性的货币压力。货币压力改变了农户传统支出偏好。依次为家庭教育支出、医疗支出、生产支出、人情往来支出，最后为生活社会化所需要的其他支出，如燃料、电费、电话、衣物支出等。另外，还有非日常性的婚、丧、嫁、娶、建房等一次性的大额支出。社会化小农面临高社会化水平的现金支出和货币压力。

——货币压力决定农户行为与动机。社会化小农拥有一份承包地，虽然承包地不足以使小农致富，但吃饭问题基本解决，农民再也不用像恰亚诺夫"生存小农"或"道义小农"那样为生存而绞尽脑汁。社会化小农自己是"老板"，掌握着生产资料，不存在"剥削问题"，如果有剥削也是"自我剥削"，即黄宗智所说的"过密化"、恰亚诺夫所说的"自我开发"。社会化小农是理性的，其理性不表示农户像企业一样追求利润最大化，也不是像单纯消费者一样追求效用最大化。小农最重要的是保证、维持家庭正常运转，其理性表现为追求货币收入最大化，缓解生产和生活的现金支出压力。小农家庭的一切行为围绕货币展开，生产是为了最大程度的获取货币，生活要考虑最大化的节约货币。"货币伦理"是这一阶段的基本行为准则。

（二）家户变迁：家与户的统一与分离

家庭既包括家，也包括户，是一个可以拆分的概念，也是一个必须拆分的概念。家庭最好的称谓应该是家户，家庭经济行为应该是家户经济行为。家是一个血缘概念，是以血缘和姻缘关系为基础形成的基本生活单位，血缘和姻缘方面的活动和行为，称之为家的行为。户是一个行政概念，是为适应乡村管理而形成，是乡村秩序的权利载体和义务载体，是国家管理和统治的基本单位。户也是一个工作和生产单位。农村以户为单位进行生产、分配和消费，以户为单位对外进行社会化交换、交流，家庭生产、政府对家庭的服务和管理活动、家庭的社会化交流活动可以称为户的行为。归纳起来讲，家是一个血缘、姻缘单位，户是一个行政单位、管理单位和生产单位；家是消费单位、生育单位，户是生产单位和分配单位；家追求的是和美、舒适、效用最大化；户则较为现实，追求货币收入最大化，以满足社会化支出的需要、家庭成员发展和健康的需要。家承担着血缘和姻缘义务，而户承担着社会义务。家的再生产和户的再生产有区别，也有联系。

——家与户有着不同的动机和行为目标。区别家与户非常重要，从家与户的变迁、分化中可以解释很多经典理论无法解释的现象。在传统经济时期，家户是统一的，家即户，户即家。① 随着社会化程度提高，家与户逐步分离，家的行为与户的行为出现偏差，家和户在家庭中的地位也发生变化，户的范围超越家的边界，超越的距离与社会化程度成正比。家与户有不同目标，家的目标是生存和繁衍，户的目标是收入增长，特别是货币收入增加。家与户分离的程度是判定小农发展程度的重要依据。

——家户规模取决于支出—成本理论、血缘拉力—经济张力均衡。在此笔者想解决三个问题：一是家、户的规模由什么决定？二是分家由什么因素诱致？三是家与户变化趋势怎样？故而笔者提出"支出—成本均衡"理论和"血缘拉力—经济张力均衡"理论。改革开放以来，农村家庭规模的决定因素呈现多元化，总体上取决于三个方面：计划生育的外部约束、货币支出的经济约束、管理成本的内部约束。

——分家的决定因素及均衡点。分家受血缘拉力和经济（效用）张力两种力量影响，前者力量大就会维持大家庭，后者力量大就分家，分家与否取决于"血缘拉力—经济（效用）张力"的均衡。大家庭维持的均衡点是：家庭边际管理成本等于家庭边际合作收益，此时分家与不分家是一样的（科斯定理在家庭规模方面的推广）。如果前者大于后者，选择分家，否则选择维持。其实这个标准只适合家庭内部分析。我们必须将分家纳入整个社会系统考察，随着家的扩大，家庭内部分歧加大，家庭管理难度增加，管理成本增加。同时，"搭便车"行为、苦乐

---

① 林耀华在《义序的宗族研究》中分为：家、户、房、支、族五个层次，户大于家。我们主要研究改革开放以来的家与户。

不均现象也随之出现。特别是子女成家后，会形成家中之"家"，小"家"的成本要大家庭承担，而收益不会拿到大家庭平均；如果平均，小"家"的收益率就会低于"大家"收益率。正如诺斯所说，个人收益率低于社会收益率时，个人积极性就会受到影响，诱发家庭中父母与儿子、媳妇矛盾，引发已婚兄弟和未婚弟妹之间的矛盾。因此，分家是降低管理成本，使个人收益率接近家庭收益率的最佳选择，是适应高社会化程度的理性选择。

——社会交易成本与微型家庭。农村生产、生活的社会化，使农民不需要大家庭合作就能够完成农业生产，独立应对经济、自然风险。过去依靠家庭生产维持日常需要的工作已经交给社会。如今的农户不需要自己织布、缝衣、碾米、自我理发，等等。社会化程度提高，人的自主性增强、活动空间增大、需求呈现多样化，大家庭的存在反而束缚了人的个性发展，徒增成员之间的矛盾，增加管理成本。合作需求的减少，管理成本的增加，大家庭势必会为理性的农民所抛弃。现在只要子女结婚，马上就会分家。最能说明问题的是，在谈恋爱期间，女方一般会要求男方建房，独立住房成为结婚的一个必要条件。在这种情况下，大家庭难以生存，微型家庭成为普遍现象。可见，大家庭的维持是为节约社会交易成本，大家庭衰落也是为节省社会交易成本。只有社会交易成本可以解释过去的大家庭和现代微型家庭的存在性。家庭从大变小是社会化的结果，这一趋势还将继续，微型家庭或者核心家庭是未来小家庭的常态。

（三）社会化小农：生产与消费模型

小农家庭（户）在支出压力下，以货币为行为伦理，追求货币收入最大化，以满足家庭生存与发展需要。货币收入最大化，农民要考虑客观经济条件，并以既定的客观经济条件为约束，选择适当的行为方式。已往的小农经典理论要么将客观经济约束视为外生变量，要么根本不予考虑。我们将客观经济外部约束（生产约束和消费约束）内生化，即将影响农民行为的外生变量纳入社会化小农分析框架，整体考察小农户的行为方式。主要从"收"和"支"两个维度进行分析："收"的维度有两种约束模型即生产约束模型和消费约束模型Ⅰ；"支"的维度主要是消费约束模型Ⅱ。

——"生产约束模型":产出与收入正相关。1978—1990年,农产品供给整体上供不应求,特别是粮食问题没有完全解决,中国经济也没有完全融入世界经济体系。小农家庭行为与动机受制于这两个条件,属于生产约束模型,即受生产要素不足的约束。在此阶段,小农只负责生产,农产品只要生产出来,就能够以较好的价格销售出去(个别年份也存在"谷贱伤农"的情况),增产即意味着增收(货币收入),产出与收入同步增长。

——"消费约束模型Ⅰ":产出与收入负相关。1990年以后,整个国家的粮食供求基本平衡,中国经济逐步与国际接轨,国内市场逐步国际化。社会化小农获取货币收入的模型发生了质的变化。"谷贱伤农"成为一个长期性问题。在此阶段,农业生产所受到的约束条件发生了变化,市场约束成为最主要的约束,市场消费需求决定农产品价格,决定农民的货币获取数量。"增产不见得增收,减产可能还增收",产量不能完全决定农民收入,而是市场起决定性作用。生存约束、要素约束是家庭内部的约束,市场约束是家庭外部的约束,农户行为由家庭约束转向社会约束,农民增收不再主要取决于家庭。

——"消费约束模型Ⅱ":庞大的社会化消费引导小农行为。从支出角度看,在社会化小农阶段,家庭生产、生活社会化程度比较高,农民处在一个消费膨胀的社会。与恰亚诺夫"生存小农"和黄宗智"商品小农"相比,农民进入了一个"消费—欲望爆炸"的年代。在此阶段,欲望越高,消费越大,货币支出压力就越大,货币收入最大化的动机就越明显。而且,有些消费是刚性的,如子女教育、丧葬、治病费用非支出不可,因此,社会化小农阶段,农户不仅受市场约束,而且受消费支出约束。"双重约束"诱导追求货币收入最大化。

近年来,农民支出以几何级数增长,面临着前所未有的货币支出压力。在消费约束进入社会化小农分析框架后会发现,农民根本不是追求利润最大化,也不是追求生存最大化(家庭承包地确保了生存安全),而是着眼于货币支出压力。可以看到一个有趣的路径:生产生活消费社会化—货币支出压力—货币收入最大化—分工和专业化、外出务工经商—带动社会化水平的再提高—促进生产、消费社会化。

(四) 劳动力配置：社会内卷化还是家庭内卷化

已往的小农理论认为，家庭劳动力投入的方向及其影响因素，主要受制于劳动力的机会成本，即机会成本决定小农家庭劳动力的配置。笔者认为，小农家庭劳动力投入方向受两个因素影响：一是机会成本；二是生存压力和货币压力的均衡。机会成本对小农行为的影响，已往的小农理论均进行过详细分析，主要的结论是：当外部工作机会比较多，务农机会成本大于务农收益时，劳动力就会进行社会化配置。除此以外，笔者认为还应补充的是，小农家庭劳动力配置还取决于生存压力与货币压力、生存拉力与货币引力的均衡。从门德尔斯、克理特等人的原始工业化理论[①]、恰亚诺夫的生存小农理论[②]、黄宗智的商品化小农理论到舒尔茨的理性小农理论[③]，家庭生存问题越来越淡化，货币支出压力越来越大。也就是说，生存对劳动力的拉力和约束已经越来越弱，而货币支出对劳动力的压力和吸引力越来越强。如图1所示，生存拉力与货币引力在P相交，在这一点上过剩劳动力可以在农村家庭内部投入，也可以通过社会化投入，向右越过这一点，货币收入的引力大于生存拉力，家庭过剩劳动力就倾向于社会化配置。

社会化小农的劳动投入有一个极限，即务工劳力投入的边际报酬低于市场价格。在社会化小农时期，小农家庭的劳动投入分成两个部分：一是农业劳动投入；二是务工或者打工劳动投入。这两种劳动投入都与传统小农、理性小农和商品小农有所差别。

从农业劳动投入来看，1978—1990年，农业劳动力的投入与"生存小农"和黄宗智"商品小农"比较接近。因为当时外出就业机会不多，剩余劳动力必须在有限的耕地上就业。这时就出现了"一个人的活三个人干"的情形。20世纪90年代以后，农民外出就业的机会增多，人数增多，务农劳动力结构发生了很大的变化。有人戏称为"三八六一九九"（妇女、儿童、老人）部队。其实这还不够全面，年长的农民务农，年轻

---

① 徐浩：《农民经济的历史变迁》，社会科学文献出版社2002年版，第51页。
② [苏] 恰亚诺夫：《农民经济组织》，萧正洪译，中央编译出版社1996年版。
③ [美] 舒尔茨：《改造传统农业》，梁小民译，商务印书馆2003年版。

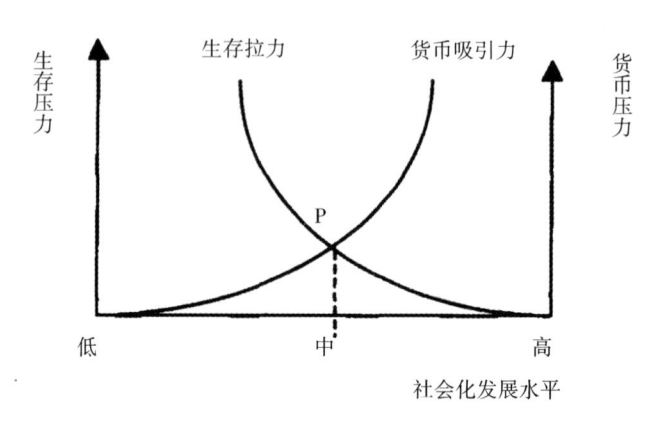

图 1　生存压力与货币压力的互动

的农民外出打工，而儿童、青少年基本退出劳动力市场。因此，劳动投入与生存小农和黄宗智"商品小农"有明显的区别，已经明显趋于家庭专业分工和企业"理性"。农业劳动投入以外出务工最低收入为标准，即当农业劳动投入的边际报酬低于外出务工最低收入时，便会停止投入。这个投入与企业型的农场相比，可能会低于按照市场规则经营农业企业的劳动力价格。即便如此，农业劳动力投入还是趋于"企业理性"，但没有完全"企业理性化"。趋于"企业理性"是小农家庭开始考虑机会成本，没有完全"企业理性化"是家庭劳动力过剩长期存在，只要能够增加家庭货币收入，即使边际报酬低于企业化经营农场的报酬，也会在所不惜。[①]

从打工的劳动投入来看，也许有人会说，打工劳动力投入与价格应该按照城镇劳动供给与需求来确定。由于打工农民没有完全城市化，还是家庭核心成员，应纳入社会化小农家庭的框架进行分析。社会化小农的本质是社会化的货币需求，社会化的货币支出以及全方位的货币支出压力迫使农民的劳动投入、使用与企业有所不同，外出打工者愿意在劳动力价值以下供给劳动。这一点与恰亚诺夫的观点相同。"如果在家庭农场核算中尚未达到基本均衡，未被满足的需求依然相当突出，那么经营农场的家庭便有强烈的刺激去扩大其工作量，去寻找劳动力的出路，哪怕是接受低水平

---

① 这与黄宗智所说的"商品小农"为生存而进行的过密化生产有点类似，为了生存，过多的投入劳动。而社会化小农则是为了货币收入，而过多投入劳动。

的劳动报酬。'出于无奈',农民去干初看起来最不利的工作。"①彼·巴·马斯洛夫在其著作《农业问题》中也提到类似的问题:地少的农民屈从于消费需求的压力和为了避免强制性失业,在租入土地时不仅支付了地租和全部纯收入,而且还要付出一部分数量可观的工资。在这种情况下,农民更多的是站在一个为失业困扰的工人角度,而不是农场主角度思考问题。我们同样可以用他的假设分析面临货币支出压力的社会化小农的打工劳动力投入行为。由于承包土地有限、家庭劳动力绝对过剩和农业生产货币收入低且不稳定,面临刚性的家庭消费支出,农民纷纷外出打工,为了增加家庭货币收入总量,打工者会接受低于劳动力市场价格的工资而工作。从这个角度看,打工农民的劳动力投入与企业的劳动力配置是不相同的。为了获取货币收入应对家庭财政赤字,打工者会在边际报酬低于劳动力市场价格时继续投入。

社会化小农与黄宗智商品小农不同的是,商品小农在生存最大化的目标下,劳动力配置是家庭内部"内卷化"(包括农业和家庭手工业),而社会化小农时期,在货币收入最大化的目标下,劳动力配置是社会"内卷化"。究竟是社会"内卷化"还是家庭"内卷化"取决于两者机会成本的比较。

(五)社会化小农:分化与资本积累

改革开放以来,小农发展状况已经与以往的经典小农理论截然不同,农户资本积累和农民的分化呈现如下特征:

首先,农业生产的资本化与社会化同步,只不过积累资本的不是生产农户,而是专业农户。大部分农户在货币支出压力下,不可能有积累,并进行生产性投资。积累是具有经营眼光的少部分农户的行为,是农村专业经营户的行为。也许初始投资根本不是依靠积累,而是向亲戚朋友融资。专业经营户的资本积累不表明资本化经营。专业户的资本化以农业分工为基础,在农业生产各个环节从事专业化服务,完全是一种市场交换行为,不是依靠雇佣劳动,不存在剥削关系。资本积累不是在家庭内部形成,而是以村落或者村群为单位发展。笔者发现,只有通过村落或者村群的考

---

① [苏]恰亚诺夫:《农民经济组织》,萧正洪译,中央编译出版社1996年版。

察，才能够发现资本积累的痕迹。如大型收割机就是在几个村的范围内服务，有些大型收割机跨省作业，等等。

其次，农村和农业高度的商品化并没有带来纯农户的资本积累，积累来自务工经商，工商积累导致农户外迁和非农化。农村和农业高度商品化和市场化并没有带来纯农户资本积累，大部分农户仍然是从事简单再生产。"斯密动力"在中国改革开放以后失效。[①] 对于具有部分积累的农户，其积累也不是来自农业、农村，而是来自非农收入，也就是说农村积累属于工商型积累。具有工商型积累的农户在使用其积累时，与马克思、亚当·斯密所设想的路径不同，不是在农业扩大再生产，而是举家外迁，完全非农化、城镇化，选择永远离开农业、农村。农户积累使用的方式是迁入城镇，并不像恰亚诺夫描述的那样，是"无产化"的农民进入城市中心，当今中国大多是"有产者"进城，"无产者"驻村。

最后，社会化小农的收入差距逐步拉大，特别是纯务工农户和纯务农农户之间的差距最大，但不存在"两极分化"和"阶级对立"问题。从笔者长期调查情况看，"人口分化"主要发生在具有打工的农户和纯农户之间，其中，主要在以劳力打工和以服务业打工之间。打工农户之间的差距和分化位居其次。虽然纯农户存在"人口分化""收入差距"问题，但是分化和差距不明显。资本积累和"人口分化"并没有导致资本主义农业大生产，而是导致具有积累的农户非农化。

（六）小农收入源泉：农业、农村抑或农民

社会化小农能否增收，增收从哪里来呢？已往的小农研究没有现成的答案，当前的农村问题研究专家也莫衷一是。笔者认为，不能简单地回答这个问题，必须将小农置于社会化大背景下进行分类考察。在此要澄清一个概念，这里所说的增收，不是指农村专业户、经济大户、从事商品贩运的农民、城郊种菜的农民，以及因土地征用而致富的农民，因为他们不具有普遍性。笔者这里重点分析社会化背景下大部分小农家庭的增收问题。

——农业无法承担小农增收的重任。农业增收就是通过种植农产品、养殖家畜水产品增收。自人类的第二次社会大分工以来，农业一直是

[①] "斯密动力"，是指商品化和市场化导致分工，分工导致经济增长。

"糊口产业"。中国尤其如此。中华人民共和国成立前农业向工商企业提供原始资本积累比较少,农业只能够勉强维持生存。中华人民共和国成立以后,政府采取非均衡发展战略,强制农村向城市工商业提供积累。从整体上看,这个阶段农业在增收,但是小农家庭却没有分享到增收的好处,新增财富成为政府扩大再生产的资本。改革开放以后,特别是1978—1985年生存和增收问题提到了同等重要的地位,政府的"让利行为"、短缺的粮食市场,使农业特别是粮食生产者收入得到较大幅度提高。此阶段农业是增收的主要来源,农业的发展同时满足增收目标和生存目标。随着粮食、棉花等大宗农产品的自给率提高和国际化程度提高,农产品市场逐步实现供需均衡。1990年以来,这个趋势更加明显。农业无法同时满足增收目标和生存目标,只能够满足家的生存和繁衍要求,无法满足户的增收要求,特别是无法满足货币收入持续增长的要求。农业像过去一样,恢复传统功能,只能满足家的生存,充当"糊口产业",无法成为"户"的增收载体。

——农村无法解决农民的就业及增收问题。也许有人会说,农业无法增收,但农村有增收的渠道。他们的方案不外乎是农村工业化和农村专业化分工。主张农村工业化以费孝通、梁漱溟、黄宗智为代表。费孝通提出的农村出路在于乡村工业化的结论是20世纪二三十年代。虽然当时外国工业产品涌入农村,破坏了小农家庭手工业生产的基础,但是还没有完全摧毁农村工业,特别是商业化的乡村发展基础,在大工业无法覆盖的领域,乡村工业还有生长空间。20世纪八九十年代,乡镇工业的发展有其特殊背景,国门基本没有打开,而工业产品市场已经放开,国有工业因为体制原因无法满足各层次市场的需要,"需求饥渴"为当时的乡村工业提供了发展的机会。但是,一旦国有企业改制完成,一旦国门敞开,在外国大型的跨国公司和国内大企业的双重挤压下,乡镇工业萎缩是题中之义。当下已经很少听到有人说以发展乡镇工业来解决农村问题了。特别是现代工业分工和市场全球化,国内外工业产品已是无所不在、无处不在、无所不有、无处不有,乡村工业的基础已经被彻底摧毁。

——农村分工和专业化也不是农民增收的源泉。农村分工和专业化不仅不能成为农民增收和农村发展的动力,反而是侵蚀农民收入的载体。亚当·斯密和马克思都认为分工和专业化能够带来资本的积累,也会导致农民分化。对于益处，两者的观点截然相反，亚当·斯密认为分工和专业化能够给农民带来好处，而马克思则认为，分工和专业化会带来两极分化，农民变成无产者。两大经典理论各执一端，究竟谁对谁错呢？从目前来看，分工和专业化提高了效率，促进了收入增长，但是收入增长主体不是大多数农民，而是从事专业服务的少数农户，或者按照马克思的说法，增收主体是进行资本积累的专业服务户。大多数农民以货币换取专业服务，同时必须让出部分纯收入。所以就农业、农村而言，分工和专业化不仅不能为大多数的家庭带来收入增量，反而还要减少收入份额。分工和专业化最大的好处，是解放了束缚在小块土地上的劳动力，解除了劳动力外出务工经商的后顾之忧。

　　社会化小农时期，农业重点解决生存问题，农村重点解决归宿问题，农民重点解决就业问题。"三农"问题就是农民问题，农民问题就是就业问题，就业问题就是消费支出诱致的货币压力问题。只有重点考察农民及其就业，才能够理解社会化小农的行为与动机。只有农民的社会化、就业的社会化，才能带来小农急需的货币收入，缓解货币支出的压力。农民是增收的源泉，是具有普遍性意义的源泉。只有抓住了农民及其就业问题，"三农"问题及农户的货币压力问题就会迎刃而解。

第三章 社会化小农：一个尝试的分析框架[①]
——兼论中国农村研究的分析框架

按照郭正林的研究，中国乡村治理的研究可以分为三大理论视野，即国家与社会、新制度主义、新政治经济学，其中国家与社会被其称为关系路径，[②] 可他并没有说明理论视野和关系路径的区别。[③] 笔者认为，郭正林先生的分类就是乡村研究的三大主流分析框架，它们能够较好地解释中国的乡村治理，但是三大分析框架只有治理载体，缺少治理主体——农民；只有国家和社会、制度和结构、经济和政治之间的关系，但是没有考察村庄政治主体——农民与社会、国家、村庄之间的互动关系。因此，笔者试图建构一个能够包含农民、村庄、社会（包括市场）、国家的分析框架——社会化小农分析框架，以此来解释中国乡村治理及其转型。

一 国家与社会分析框架

国家与社会分析框架经邓正来先生等人引进中国，即成为政治学、社

---

① 本文发表于《社会科学研究》2012年第4期。
② 郭正林：《中国农村政治研究的理论视野》，徐勇、徐增阳主编：《乡土民主的成长》，华中师范大学出版社2007年版，第522—532页。
③ 也有人将此理解为研究视角。对于什么是分析框架、研究视角、研究路径，现在说法比较多，而且经常混用。我觉得有必要做一些区分，我个人认为，应该是先有视角，然后在这个视角下使用或者创新分析框架，在框架下选择研究路径，研究路径可以理解为研究的逻辑。理论视野可以等同于分析框架。

会学、历史学、人类学等学者最爱的分析工具，以此来分析中国的乡村治理和中国农村政治。国家与社会分析框架在中国农村的研究有三种模式：国家建构论、国家社会互动论和社会独立论，其中国家建构论居主导的解释地位。

国家建构论——国家进入社会，国家建构论采取一种自上而下的研究路径，国家是建构主体，居主动地位，乡村社会是建构客体，居被动地位，国家自上而下向乡村社会渗透，形成一种强国家、弱社会的格局。国家建构的研究又可分为三个阶段：

第一阶段以美国学者杜赞奇为代表的国家渗透论。杜赞奇认为，20世纪前40年国民党政府在国家建设过程中，国家权力不断下沉，向乡村社会渗透，但是权力下沉并没有带来预期的效果，乡村财力难以支撑一个直接控制乡村社会的官僚队伍，只能依靠乡村经纪人统治乡村社会，于是出现了"政权内卷化"的问题。杜赞奇建构了一个新的概念——"权力的文化网络"，他认为"权力的文化网络"是国家统治乡村社会的基础，也是乡村治理的基础，在权力文化没有改变的情况下，国家权力下沉和改变乡村治理结构势必会失败。[①] 而中国1949年经过社会主义改造运动之后，杜赞奇所谓的"权力文化网络"——水利组织、帮会、宗族组织、通婚圈、庙会等大多不存在。[②] 因此，杜赞奇的国家建构及权力文化网络无法对中国当今的乡村治理作出有效的解释。

第二阶段以萧凤霞为代表的国家控制论。萧凤霞认为，在传统乡村社会，"天高皇帝远"皇权难下县，乡村社会有较大的政治自主性，但是近代国家通过培植和拉拢地方精英的方式，利用关系网络控制乡村社会，村庄变成了被国家控制的政治单位或"细胞组织"，从而导致村庄国家化。[③] 弗里曼、毕克伟、塞尔登在《中国乡村，社会主义国家》中，通过对河北衡水五公村的研究得出与萧凤霞类似的结论，他们的主线是，小村庄如何同国家联系起来，国家如何将村庄整合进国家政权体系。他认为，表面

---

① [印度] 杜赞奇：《文化、权利与国家：1900—1942年的华北农村》，王福明译，江苏人民出版社2004年版。
② 郭正林：《中国农村政治研究的理论视野》，徐勇、徐增阳主编：《乡土民主的成长》，华中师范大学出版社2007年版，第524页。
③ 同上书，第525页。

上是国家控制农村社会,但是实际上是农村干部控制乡村社会。① 徐勇教授在研究改革开放以后的村民自治时也曾经说过,有些村庄的"村民自治"变成"村干部自治"。他们都认为,1949年以后国家控制了乡村社会或者国家通过乡村代理人——村干部控制乡村社会。

第三阶段是以徐勇教授为代表的国家建构论。徐勇教授运用国家与社会分析框架也可以分为两个阶段,20世纪90年代中期以前研究城市—乡村政治,他将城市视为国家的寄居地,农村视为乡村自治之地,并得出"双层政治"的命题,② 他概括为国家与乡村社会"上下分立""国家统治与乡村自治分割"③。徐勇教授将上层政治与城市政治相对应,下层政治与村社自治相对应。21世纪后徐勇教授在运用国家与社会分析框架时,将"城市—乡村"二元政治演变为"国家—乡村"的二元结构,他运用吉登斯的现代民族国家概念,借助国家与社会分析框架建构了现代国家建构分析框架。在此之前,国家建设理论或者国家建构理论已有很多人讨论,但是大家都是笼统地讨论国家权力如何向乡村社会渗透,国家如何控制乡村社会。徐勇教授则从现代民族国家的概念出发具体探讨了中国民族国家的建构路径,从"政权下乡""政党下乡""政策下乡""行政下乡""法律下乡""教育下乡"等方面研究国家如何将自己的触角延伸到村庄的每一个角落。④ 徐勇教授认为,中国民族国家的建立过程就是国家向乡村社会渗透的过程。他还认为,现代国家建构是一个双向互动过程,现代民族国家既建构乡村社会,同时乡村社会、农民也建构着现代民族国家。

国家社会互动论——社会进入国家,这类研究大多是个案或者区域研究,通过对某一个个案或者某一个区域的研究来分析社会如何与国家整合,或者分析社会如何适应或者影响国家整合。社会延伸论是一种以社会为主体的自下而上的研究路径,从社会的视角研究社会与国家之间的互动关系,探讨社会如何主动与国家对接并融入国家政权体系。这种分析视角认为社会并不是被动的,它会根据社会经济条件及国家权力扩张的情况进

---

① [美]弗里曼、毕克伟、塞尔登:《中国乡村,社会主义国家》,陶鹤山译,社会科学文献出版社2002年版。
② 徐勇:《非均衡的中国政治:城市与乡村比较》,中国广播影视出版社1992年版,第3页。
③ 徐勇:《现代国家的建构与村民自治的成长》,《学习与探索》2006年第6期。
④ 徐勇:《现代国家:乡土社会与制度建构》,中国地质出版社2009年版,第203—288页。

行主动调整,具体可以分为三种类型:一是相互建构论,比较典型的是徐勇教授所说的国家和社会相互建构。二是相互渗透论,比较典型的是萧邦奇的《中国精英与政治变迁——20世纪早期的浙江省》,萧邦奇认为,地方精英对公共事务的参与就是对国家政权的渗透。兰钦也持类似的观点。① 三是互动建构"第三领域",比较有趣的观点是黄宗智先生的"第三领域",他认为,国家和社会不仅互动,而且这种互动还建构了一个"第三领域"。"在国家和社会之间存在着一个第三空间,而国家和社会又都参与其中。"第三领域既是国家化又是社会化。②

社会独立论——社会独立于国家,从事这类研究的主要是历史学或者历史社会学的学者,罗威廉教授在研究汉口时,认为晚清的汉口存在类似于西方的"市民社会"。笔者认为,在村庄领域并不存在完全的社会进入国家的情况,但是有社会抵抗国家、社会独立于国家、社会替代国家的情形。王铭铭在《村落视野中的文化与权力》中就认为,"在社会变迁过程中,民间社会力量的角色比'计划社会变迁'的角色远为重要","地方传统在现代化中的角色""地方性制度复兴"等观点和概念能够说明这一问题,③ 村落文化传统抵制国家、村庄权威替代国家权威、村庄的部分制度独立于国家等情形是存在的。秦晖、赵世瑜等从"大传统"与"小传统"出发研究乡村社会的独立性问题。这些学者都认为国家与社会有互动关系,但是乡村社会也有其独立性。按照徐勇教授的话说,"官话不能完全取代土话,普通话不能完全取代方言"。④

国家与社会分析框架的确是一个能够较好地解释国家与乡村社会、国家与社会组织关系的工具,也具有较强地解释中国乡村社会与国家关系变迁的能力。但是我们必须看到,用国家与社会分析工具研究中国乡村治理也存在诸多不足:一是国家与社会分析框架在实际分析过程中将

---

① 杨念群:《中层理论:东西方思想会通下的中国史研究》,江西教育出版社2001年版,第110页。
② [美]黄宗智:《中国的"公共领域"与"市民社会"》,《经验与理论:中国社会、经济与法律的实践历史研究》,中国人民大学出版社2007年版,第160页。
③ 王铭铭:《村落视野中的文化与权力》,生活·读书·新知三联书店1997年版,第63、135页。
④ 徐勇:《现代国家的建构与村民自治的成长》,《学习与探索》2006年第6期。

社会转化为村庄、村庄干部或者乡村组织,国家与社会的关系变成了国家与村庄、国家与村干部、国家与乡村组织的关系。这种分析"只见村庄,不见村民","只见精英,不见农民","只见社会,不见农户","社会"掩盖了个体的农民,国家与社会分析框架无法分析农民与村庄、国家的关系。二是国家与社会分析框架源于欧洲的国家与社会的对抗政治,而中国乡村社会与国家并非一种冲突和对抗关系,1949年以后虽然国家替代社会、国家压缩了社会的空间,但只是国家覆盖了社会挤占了社会,社会并没有与抢占其位置的国家发生冲突和对抗;改革开放以后国家从乡村社会逐步退出,国家与乡村社会有了法律上的边界,村庄与国家也是一种指导与被指导的关系,并不是一种冲突关系。用这种以冲突关系为基础的理论分析无冲突社会显然是乱点鸳鸯谱。三是国家与社会分析框架中的社会是一种简化了的"社会",是一种总体的"社会",社会内部没有差异性,这显然不符合现代社会的实际。其实,社会具有异质性,而且20世纪90年代以来异质性越来越强,因为此后中国小农的社会化更为迅猛,小农不仅就业社会化,而且生产、生活诸环节都已经社会化,这种以农民、农户为中心的社会变化,国家与社会分析框架不仅不能解释,而且连对这种社会现象作出调整适应的空间都不存在。所以,面对小农社会化及小农从传统小农迈进社会化小农的社会实践和社会变化,仅用国家和社会的分析框架解释中国乡村治理就勉为其难了。

二 政治经济学分析框架

马克思认为,生产力决定生产关系,经济基础决定上层建筑,因此很多西方学者将马克思的观点概括为"经济决定论"。国内外也有不少学者从经济的角度探讨了中国的乡村治理问题。从经济角度研究中国乡村治理的学者可以概括为三种类型:经济决定论、经济无关论和经济相关论,其中经济相关论又可分为正相关论、负相关论和曲线相关论。

经济决定论,"经济决定政治"是早期马克思主义者的观点,他们认为一切政治都受一定的经济和社会结构约束。俞可平转引马克思的话说,"任何政治权利都不能走出社会的经济结构以及由经济结构制约的社会文化"。① 当然俞可平教授并没说明,经济通过什么方式、通过什么机制、如何影响、如何决定政治。从经济角度分析国家与村庄之间关系比较著名的还有美国政治学者裴宜理,裴宜理的问题意识非常明确:为什么淮北会经常发生叛乱?他认为经济和自然条件是重要的决定因素,淮北地区人均资源少,水资源缺乏,因此,这些地方的村庄形成了两种策略:第一种生存模式,可以称掠夺性策略;第二种生存模式,针对第一种模式产生了防御性策略,即努力保护自己的财产。② 前一种村庄以偷窃、走私、绑架为主,后者以保护村庄为主,如果国家干预则会产生武装叛乱,因此,经济生态条件决定了这一地区村庄之间的紧张关系和村庄内部的凝聚关系以及村庄与国家的紧张关系,要跳出这种掠夺——防护策略循环,必须解决当地的经济生态条件。裴宜理对淮北经济生态与村庄、国家之间互动机制的研究是笔者所见过的最为成功、最有见地的研究。

史卫民也认为,"农村经济是村民自治赖以生存的基础"③。他认为,经济对政治主要有两个功能:一是经济基础功能;二是财政保障。白钢也坚持认为:"上层建筑要适合经济基础的性质;农村劳动组合的形式要与生产力发展水平相适应。"④ 另外,很多受过马克思主义学术训练的学者都坚持这个观点,但很多只是强调这个观点,并没有深入研究或者思考:经济怎样、如何决定政治,其机制、渠道如何。所以,政治经济学的决定论并没有深入分析中国传统乡村治理与当今村民自治的经济基础的区别,两者之间有何异同,其影响机制有什么差别。因此,只能说"经济决定政治"是这类学者研究的大前提。

经济相关论,这类研究学者比较多。他们认为,经济与乡村治理有一定的关系,经济影响约束着乡村治理。黄宗智先生从一个比较长的时段讨论了相关问题。明清以来中国人地矛盾更加尖锐,导致"经济内卷化",

---

① 尹冬华选编:《从管理到治理:中国地方治理现状》,中央编译出版社 2006 年版,第 28 页。
② [美]裴宜理:《华北的叛乱者与革命者(1845—1945)》,池子华、刘平译,商务印书馆 2007 年版,第 11 页。
③ 史卫民:《中国村民自治走向未来》,徐勇、徐增阳主编:《乡土民主的成长》,华中师范大学出版社 2007 年版,第 48 页。
④ 白钢:《选举与治理:中国村民自治研究》,中国社会科学出版社 2001 年版,第 44 页。

"经济内卷化"导致了社会分化,社会分化的村庄与国家呈现不同的关系:紧密内聚的村庄,团结对外;高度分化的村庄,任凭摆布;半无产化的村庄,在官僚与村庄的拉锯战中折腾。[1] 村庄与国家之间呈现紧张的关系。黄宗智还通过对江南几个村庄的研究,分析了1949年以后集体化经济与村庄的关系,他认为,生产队与国家是一种"家长制"的关系,国家政权几乎完全地控制了生产队的生产决策权。改革开放后,自由市场经济的发展和农民对家庭决策权的部分恢复,也显示了国家权力的横向收缩。国家与农民的关系将成为何种状态,至今还未见分晓。[2]

项继权教授从集体经济的角度对村庄经济发展水平与乡村治理关系作出了卓有成效的研究。他将集体经济作为乡村治理的背景来研究,也就是将集体经济作为一个经济约束条件来讨论村庄经济对乡村治理的影响。他认为,乡村治理每次变化都与农村基本经济制度,特别是农村产权制度、农业经营方式紧密相关,产权制度与经营制度的变化必然会对村庄治理的功能、结构、过程、效率产生影响。[3] 他还认为,产权结构、合作化、集体化都是一种组织方式。但是项继权教授并没对包括村庄集体经济在内的整个经济与乡村治理是什么关系进行研究,特别是除了集体经济的其他经济与乡村治理的关系是怎样,他并没有着墨。

经济与乡村治理的相关性研究比较多,但是得出的结论或截然相反,或南辕北辙,一部分学者认为两者是正相关关系,也有一部分学者认为两者是负相关关系,还有人认为两者是曲线相关的关系。一是坚持经济发展水平与乡村治理是正相关的关系。欧博文认为,在集体经济较发达、经济比较富裕的村庄,村民自治推行比较容易,高度的参与度总与集体经济发达相关。[4] 胡荣也认为,经济发展水平与村民自治呈正相关,经济发展的相对水平对于村民的参与来说至关重要,即相对生活水平较高的村民,其参与程度也较高。[5] 二是坚持经济发展水平与乡村治理是负相关的关系。

---

[1] [美]黄宗智:《华北的小农经济与社会变迁》,中华书局2000年版,第314页。
[2] [美]黄宗智:《长江三角洲小农家庭与乡村发展》,中华书局2000年版,第322页。
[3] 项继权:《集体经济背景下的乡村治理》,华中师范大学出版社2002年版。
[4] 胡荣:《经济发展与竞争性的村委会选举》,徐勇、徐增阳主编:《乡土民主的成长》,华中师范大学出版社2007年版,第303页。
[5] 同上书,第320页。

劳伦斯认为，以农业为主的比较贫穷村庄的村级民主走在前面。爱泼斯坦认为，经济发展水平居于中等且本省农业和工业发展比较好的村庄，村级选举搞得比较好。戴慕珍则直接认为："经济发展水平与村民自治的实施具有一种反比的关系。"① 三是坚持经济发展水平与乡村治理是曲线相关的关系。史天健认为，经济发展水平与民主选举的关系是一种凹曲线的关系，随着经济发展水平的提高而下降。②

经济无关论，经济无关论认为经济发展水平与乡村治理或者乡村秩序没有相关性。持类似观点的学者大多是人类学和社会学的学者。张静教授就持此类观点，她认为："对于乡村社会日益发生的冲突现象，经济式处理很难提供特别帮助，相反，它容易使人将乡村的'秩序稳定'障碍归结为经济发展水平，即穷所致。"她认为，不是经济基础，而是社会基础导致了冲突，"在相当多的地区，乡村基层政权与其应当依赖的社会基础之间存在脱节现象，导致冲突不断产生。""从政治社会学的立场看，基层秩序仅仅由'经济致富'并不能得到保证，需要把基层政权作为一个重要的政治分析单位，来认识基层社会的冲突和秩序问题。"③ 其实张静教授只是说不能从经济角度分析当今乡村的冲突和秩序脱节问题，将其归于经济无关论有些武断和失当，但是她主张社会决定论却是无可否认的。

经济无关论则与政治经济学分析框架没有关系，在此不予讨论。经济决定论和经济相关论有两种研究路径，历史学者从农民和村庄的经济条件出发研究农民的行为及农民与村庄、国家的治理关系；政治学者主要是研究村庄整体经济的发达程度与经济发展的关系，因此他们研究的是村庄整体。这类研究有这样几个问题需要解决：一是个体经济发达但整体经济不发达对治理有什么影响？二是在集体经济与农民个体经济中，谁是乡村治理的基础？三是经济基础与治理的内在机制如何？黄宗智与裴宜理对传统经济基础与乡村治理的内在机制做出了卓越的研究，当今社会化小农与治理的关系如何超越黄宗智和裴宜理的解释？四是小农社会化或者小农从传统小农迈向社会化小农后经济基础与乡村治理的关系又发生了什么变化？

---

① 胡荣：《经济发展与竞争性的村委会选举》，徐勇、徐增阳主编：《乡土民主的成长》，华中师范大学出版社2007年版，第321页。

② 同上。

③ 张静：《基层政权：乡村制度诸问题》，上海人民出版社2007年版，第2—3页。

五是在经济、社会、制度、文化众多的变量中，经济变量的作用和地位怎样？这些问题，运用政治经济学分析框架的学者都没有完全解决，进一步的研究需要在新的框架下展开。

三 制度主义分析框架

改革开放以来，伴随中国经济体制改革，制度分析逐渐成为中国的显学。各个学科都以制度为工具分析中国的经济社会问题。制度工具也是分析中国乡村社会的重要工具，社会学、人类学、政治学、经济学在制度这个分析工具上找到了共同点。相对于国家与社会、政治经济学分析框架对乡村治理分析的间接性或者对村庄分析的整体性，制度主义分析框架则是直接分析乡村治理制度，分析村民自治制度。制度主义在乡村治理研究的运用主要分为三个方向：作为研究对象的制度、作为研究工具的制度、作为研究结构的制度。

作为研究对象的制度，是将乡村治理和村民自治作为研究对象，研究乡村治理本身或村民自治。徐勇教授是比较早将乡村治理和村民自治作为研究对象的学者。他在《非均衡的中国政治：城市与乡村比较》中就将农村政治作为研究对象，虽然中国农村政治是他的研究对象，但是毕竟使用的是国家与社会分析框架。[1] 在其博士论文《中国农村村民自治》中则直接将村民自治制度作为研究对象，分析了中国村民自治的兴起制度体系、组织形式、规则与程序、运作模式等问题，这是中国较早将制度作为研究对象的专著。[2] 此后，他与张厚安教授、项继权教授等再次以村民自治为分析对象，推出了一部力作——《中国农村村级治理》，对22个村庄的治理进行理论与经验研究，[3] 将以制度为研究对象的村民自治再次向前推进了一步。这些著作比较重要的观点就是村民自治对乡村民主的推动作用及如何完善村民自治制度。徐勇教授对乡村治理有一个经典的概括：乡政村治。这是对改革开放后中国乡村治理政治格局的一个基本判断、基

---

[1] 徐勇：《非均衡的中国政治：城市与乡村比较》，中国广播影视出版社1992年版，第10—12页。
[2] 徐勇：《中国农村村民自治》，华中师范大学出版社1997年版，第52—133页。
[3] 张厚安、徐勇、项继权等：《中国农村村级治理》，华中师范大学出版社2000年版。

本概括。

白钢也是比较早以村民自治为研究对象的学者,他与赵寿星主编的《选举与治理:中国村民自治研究》中对村民自治制度进行分析,以传统治理、农村人民公社为对象对比分析了村民自治的产生根源、特点、功能和局限性。还分析了在村民自治中农民的政治参与,村民自治与法制的关系,村庄治理与乡镇的关系,着重讨论了各地选举案例及存在的问题与可能的发展方向。[1] 白钢的研究主要以问题意识为导向,对村民自治存在的问题及社会经济环境变化对村民自治的影响进行分析。

辛秋水、王振耀、史卫民、袁达毅、郭正林、郎友兴、史天健、詹成付等学者也采用制度主义的分析框架。他们从不同的角度将村民自治作为研究对象。辛秋水从文化的角度研究村庄治理,赵树凯从组织的角度探讨村庄治理,王振耀从村治基础的视角研究村民自治,袁达毅则对《村组法》本身进行制度性研究,卢福营从社会分层和村庄精英的角度研究村庄治理,何包钢则研究村民自治与民主的契合性及对民主的作用和功效,等等。这些研究的一个重要特点是将村民自治制度作为核心,但是将村民自治置于中心则看不到村民自治的影响因素、约束条件、社会环境,也就是说没有从因果关系的角度解释中国村民自治制度是由什么因素决定、如何形成、又将如何变动等。

作为分析工具的制度,还有一类研究将制度作为一个研究工具,把制度当成用来分析经济社会现象的工具,如村民自治制度对经济、社会的影响,这与政治经济学分析框架正好相反,后者是研究经济对乡村治理的影响,而作为分析工具的制度——村民自治制度成为了自变量,经济、社会、政治成了因变量。专注于这类研究的主要是经济学或者社会学的学者,将村民自治制度作为一种工具分析农村的经济社会现象,因为经济学者的落脚点是经济问题,社会学者的关注点是社会问题,政策和理论关怀目标不同对以制度为分析工具的学者来说,村民自治制度不是研究对象,但却是重要的影响因素。如党国英先生就是如此,"从少数地方的经验观察看,村民自治与经济发展之间已经显示出良性互动。村民自治搞得好的地方,政府对经济活动的不当干预减少了,农民的不合理负担减轻了,产

---

[1] 白钢:《选举与治理:中国村民自治研究》,中国社会科学出版社2001年版,第44页。

权关系模糊有所克服,社会交易成本下降,经济发展的速度自然提高了。"① 姚洋就曾经用村民自治分析对健康/经济的影响,政治学者本身也会研究村民自治对经济/社会的影响,戴慕珍认为,苏南乡镇企业的发展主要得益于农村基层干部基于自身政治和经济利益的考虑而寻找新的权力资源的结果。卢迈也得出同样的结论,乡村组织对经济具有推动作用。金山爱认为,乡镇干部的责任制比经济激励更能够推动村庄经济增长。② 作为分析工具的制度能够较好地解释经济社会现象的发生、发展和发现,但是对于村民自治制度本身的研究却没有帮助,因为它是研究其他经济社会现象的工具,而不是研究自己的工具。简单地说,它是为别人提供"嫁衣"和"武器",但是对于研究自己却没有多大的帮助。

作为结构功能的制度,还有一类学者也使用制度主义分析框架,但是他们的侧重点在于结构—制度问题或者制度—结构问题。他们通过制度结构或者治理结构的分析研究乡村治理制。作为结构功能的制度主要研究如下结构:乡村关系、村支两委的关系、村庄与农民的关系、村庄与村民代表、村庄内部不同群体的关系及与村庄的关系,等等。张静将制度—结构作为一种分析工具来研究乡村制度及基层政权,并将此与孙立平等人的过程—事件法进行对比。③ 比较典型的是徐勇、徐增阳从农民流动的角度研究村民自治,认为农民流动改变了乡村的人口结构进而对乡村治理产生冲击。④ 刘筱红、吴治平从性别角度研究村民自治,卢福营从社会分层的角度研究对村庄治理的影响,白钢等学者研究乡镇政府与村民委员会的关系、村支两委的关系。阿魄曼则从法律的角度研究村支两委和村庄与乡镇的关系。概括起来,作为结构功能的制度主要包括三类:一是从结构的角度研究,不同部分之间的权力关系及其制度规范,如张静、白钢、阿魄曼的研究,笔者借用张静的说法,将这种研究称为"结构—制度法";⑤ 二

---

① 党国英:《村民自治的现实和未来》,《乡镇论坛》2002年第24期。
② 郭正林:《中国农村政治研究的理论视野》,徐勇、徐增阳主编:《乡土民主的成长》,华中师范大学出版社2007年版,第531页。
③ 张静:《基层政权:乡村制度诸问题》,上海人民出版社2007年版,第10—11页。
④ 徐勇、徐增阳:《流动中的乡村治理:对农民流动的政治社会学分析》,中国社会科学出版社2003年版,第5页。
⑤ 张静:《基层政权:乡村制度诸问题》,上海人民出版社2007年版,第12页。

是从功能的角度研究，村民自治内部不同部分的关系，如徐勇、刘筱红、卢福营等，这种研究称为"功能—制度法"；三是从历史的角度研究，徐勇教授的《非均衡的中国政治：城市与乡村比较》《中国农村村民自治》及与张厚安、项继权教授的 22 村比较都是从历史视角进行研究，这种研究方法可以称为"历史—制度法"。按照徐勇教授的说法，历史—制度主要是寻找某些制度变迁的节点，从节点中寻找变迁的规律，徐勇教授的历史—制度分析方法是为了解决结构功能及制度的静态性问题而引入的一种改良研究方法。

作为结构功能的制度，能够比较好地了解制度各个部分、该制度与其他制度之间的关系以及该制度历史变迁"节点"的轨迹和逻辑，但是不能从农民的角度研究村庄治理，也不从动态的角度分析村民自治，更重要的是该种研究方法是就制度而研究制度，因此不能找到究竟是什么决定制度、什么约束制度、什么影响制度。

四　一个尝试的选择：社会化小农分析框架

国家与社会、政治经济学、制度主义三大分析框架能够解释中国乡村治理的很多现象和问题，但也有不少局限性，尚无法解决如下问题：一是如何从农民个体出发来解释中国的乡村治理问题；二是如何从动态的视角解释中国乡村治理的变迁问题，特别是社会化小农与传统小农之间的异同问题，即社会化小农与传统小农相比：什么变了，什么没变，变化对乡村治理有什么影响；三是如何从农民的经济社会基础来探讨中国乡村治理，从社会基础探讨乡村治理的研究比较多，但从经济基础探讨乡村治理的主要是历史学家，而历史学家则放弃了当今，如何从当今已经变化了的经济基础来探讨中国乡村治理的研究尚不太多，即使有也是点到为止，对于影响机制、冲击机理则鲜有人研究；四是如何从农民—村庄—市场以及农民—村庄—社会的路径研究或者说将经济、社会的影响用一个框架统驭起来研究中国乡村治理，这也是三大分析框架无法完成的任务。针对三大分析框架面临的解释难题或者分析效度，笔者试图抛砖引玉，将社会化小农作为分析框架，从农民个体出发，从经济与社会视角研究中国乡村治理，从小农社会化对乡村治理的冲击中寻找治理模式的决定因素以及冲击机理。

笔者将社会化小农作为分析框架也有一种试验的意图。国家与社会、政治经济学、制度主义三大分析框架都是从西方引进的分析工具，而且源于西方的经验，我们能否从本土的经验中提炼出一种能够解释中国乡村治理的分析框架呢？华中师范大学中国农村问题研究中心一直在从这方面进行探索和思考，徐勇教授提出社会化小农以来，笔者就力图将社会化作为一个范式，将小农社会化作为一个分析视角，将社会化小农作为一个分析框架来分析中国农民的动机和行为，这个我们已经做了大量的前期研究工作，笔者拟将社会化小农作为一个分析框架来研究中国的乡村治理。

社会化小农分析框架有两个关键点：一是小农走向社会；二是社会进入小农。社会化小农中的社会包括市场和"社会"本身，当然从一定意义来说，市场是融入社会的，但是两者之间也有区别，社会无法替代市场。这是研究的起点。所以，社会化小农是包括了社会和市场的一个基础性概念，而且社会化小农从农民个体出发来探讨中国的乡村治理问题，是一种从下至上，兼顾从上至下，同时也考虑了从内向外和从外向内的概念和框架，这种内外、上下结合的分析框架是国家与社会、政治经济学、制度主义这种比较宏观、比较整体、比较静态的分析框架所不具有的。运用社会化小农分析框架，可以从以下三组关系展开研究：

小农—市场—村庄关系，小农社会化首先从两个方面体现出来，一是小农生产、生活环节的市场化。小农生产、生活环节的市场化将小农与外部、全球市场紧密联系起来，市场化使小农不仅受自然风险、村庄精英影响，而且更受外部市场的影响，小农面临着波谲云诡的市场风险，不确定因素大大不同于传统小农和农村人民公社时期，甚至不同于改革开放初期。小农的收益不再取决于村庄内部的因素，而是很大程度取决于外部因素。虽然小农还是小农，但是影响小农收益的因素、小农博弈和交往的主体发生了巨大变化，针对这些变化，小农对村庄、村庄治理提出了新的要求，小农与村庄的关系也因社会化而发生了改变，可以社会化小农为工具分析小农—市场—村庄的关系。二是小农就业的社会化。小农不仅生产、生活环节市场化，而且小农就业也社会化。家庭承包责任制使小农能够自由择业，小农受生存压力、货币压力的影响，[①] 纷纷外出务工经商。小农就业的外部化并没有改变小农的性质，小农依然"小"，小农还是为小农，但是小农的生存方式发生了巨大的变化：管理对象或者治理主体都不在村庄，如何推进村民自治，这给村庄带来了巨大的挑战，可以社会化小农为工具分析小农—就业外部化—村庄三者之间的关系。

小农—社会—村庄关系，顾名思义，社会化小农是小农与社会的结合，小农不仅进入市场，小农还进入"社会"[②]。与传统小农相比，小农进入"社会"主要体现在两个方面：一是村庄内部小农之间的关系发生了变化。传统乡村社会，小农之间以互惠、人情换工的方式进行交往，不以货币为计量单位，也就是说小农之间是不需要货币的，社会交往主要根据礼俗、家庭伦理、儒家传统进行，村庄也充分利用这三者进行治理。但是小农社会化完全改变了村庄交往规则，儒家文化和宗族伦理的式微，礼俗的简化，并且在小农之间的交往中融入了货币和市场因素，货币和市场讲求平等、自愿、自主、民主。二是小农与村外的关系更加密切和频繁。在传统乡村社会中，小农几乎不与村庄外部交往，而如今村庄边界已被小农社会化所侵蚀和消解，小农与村庄外部交流越来越多，交往越来越频繁，小农的生产、生活圈大大扩展，已经超越了村庄边界。小农与村庄外部交往也对村庄的治理提出新的需要，村庄治理内容和治理范围也要发生改变。小农社会化完全颠覆了小农之间的社会交往关系，如何根据变化了的乡村社会关系治理乡村，也是当前要研究的重要内容，可以通过小农—社会—村庄路径研究村庄的治理，也只有用社会化小农分析框架才能够实现。

小农—村庄—国家关系，社会化小农通过三个渠道与外部交往：小农市场渠道；小农—社会渠道；小农—村庄及国家渠道。前面已经分析了前两个渠道，在此分析小农与村庄国家的关系，这组关系在社会化小农时期也发生了急剧的变化。在社会化小农时期，国家对乡村和农户的渗透呈现出两个变化：一是行政权力的退出，农村人民公社时期的强制动员机制从

[①] 邓大才：《社会化小农：动机与行为》，《华中师范大学学报》2006 年第 3 期。

[②] 这里的"社会"是不包括市场的"纯社会"，如果将社会分成两个部分，一个是市场社会，一个是"社会"社会，两者共同构成大社会。

乡村退回到乡镇，行政职能借助村庄媒介发挥作用，国家不再与农民直接打交道，特别2002年以后尤其如此；二是国家服务职能或国家对农村的支持力度逐步增强，国家不再通过强制动员和行政权力与农民打交道，而是依靠为农民提供服务，为农民提供补贴这种"软手段"来获取更大的合法性和农民支持。徐勇教授以国家建构来描述国家在新时期对乡村社会的影响，笔者将其定义为小农在政治方面的社会化[①]，小农通过村庄与国家建立联系，同时小农在很多方面也会直接与国家发生关系。显然，小农社会化或者社会化小农时期，村庄与农民、国家之间的关系都发生了改变，这些都需要村庄对此做出调整和回应。

本文讨论的三组关系中，政治经济学分析框架也可以在一定程度上分析小农—市场—村庄之间的关系，但是无法将小农个体纳入分析范畴；国家与社会分析框架也可以在一定程度上解释小农—村庄—国家之间的关系，但是国家与社会分析框架也同样无法将小农个体纳入分析框架；制度主义分析框架也只能对小农—村庄—国家之间的关系进行解释，对其他两组关系则无能为力。总体来看，三大分析框架虽然有一定的优势，但都无法同时对"三组关系"进行合理的、有效的解释，然而在社会化小农分析框架下，"三组关系"可以得到比较完整的解释。这也是本文提出将社会化小农作为一个分析框架的理由，当然这只是一种尝试，成功与否则另当别论。

---

① 我在此用的小农在政治方面的社会化并不同于政治社会化，两者之间有些区别。

第四章 农民生育偏好与行为：社会解构模型[①]
——对当今部分农民生育偏好及行为逆变的一个解释

对于农民的生育动机与行为，专家学者都从农民生育偏好，即农民"生多少""生什么""什么时候生"三个方面考察，现有的理论和分析框架都是围绕着"生男而多生""生男而早生"的偏好及行为而建构的，如功能论、效用能、文化论、需求论等都是如此。但是20世纪末期以来，部分地区农民的生育偏好及行为发生了较大的变化，农民从"多生"转向"少生"、从"生男"偏好转向"男女无所谓"。这种偏好与行为变化具有革命性的意义。为什么会发生这样的变化呢？现在以"生男、多生、早生"为问题意识所建构的生育理论与分析框架无法解释这种相反变化。本文借鉴吉登斯社会学的社会结构理论和经济学的成本约束理论，建构"社会解构模型"，以此解释中国部分地区部分农民生育偏好与行为的新变化。

一 文献梳理与问题提出

农民生育偏好与行为是经济学家、社会学家的重要研究内容，归纳起来大约有四大理论系列：生育效用论、生育功能论、生育文化论和生育需求论。

[①] 本文发表于《社会科学研究》2008年第5期。

(一) 生育效用论

生育效用论是从经济学的角度考察农民的生育偏好及行为。效用理论可以追溯到马尔萨斯。他认为，生育数量取决于结婚年龄和生育能力，同时认为收入会影响生育数量。马尔萨斯并没有具体研究生育偏好及其选择，只是研究了家庭对生育数量的两种控制方法：一是主动控制，即"道德控制"；二是被动控制，即"罪恶控制"。达尔文在马尔萨斯的基础上提出了自然选择论，这属于典型的"能者多生"的进化论观点。[①] 其实达尔文的"能者多生"的观点只有效用论意义，而没有效用论实质。斯宾格勒首先提出了家庭规模的"成本—效用"理论，用成本与效用分析家庭人口的最优规模。其实真正将经济学引入家庭及其生育领域的是贝克尔，他在《人类行为的经济分析》中考察了生育偏好、选择及其影响因素。他认为子女是一种"心理收入"或"满足的来源"，可以将子女看成一种"消费商品"；子女还可以提供货币，因而还是一种"生产品"。作为耐用消费品，子女被认为可以提供"效用"，作为生产品，子女可以提供收入和帮助。[②] 效用取决于偏好，而偏好又由信仰、种族、年龄等因素决定，特别是受家庭收入、扶养成本及子女提供的"效用"共同决定，[③] "（子女带来）收入增加和价格的下降会增加对子女的需求"[④]，"如果孩子干家务、在家庭作坊或市场上劳动，对家庭收入做出了贡献，那么，孩子的净成本就会减少。因此，孩子'收入'潜力的增加会扩大孩子的需求"。[⑤] 显然，效用增加和扶养成本的降低会刺激家庭增加子女数量。[⑥] 如果用偏好表示，就是生育的效用偏好，即追求子女提供的效用最大化，同时家庭根据相关约束条件选择最佳子女数量。贝克尔既从需求层面进行了分析，也从供给层面分析了家庭生育的偏好，及在相关变量约束下的主体

---

① ［美］加里·S. 贝克尔：《家庭论》，王献生、王宇译，商务印书馆2005年版，第162页。

② 同上书，第211页。

③ 同上书，第212页。

④ 同上书，第233页。

⑤ 同上书，第165页。

⑥ 按照心理学分类，需求是较为浅层次的愿望和认识，依次为需求、目标、动机、行为。

选择行为。

贝克尔的生育效用理论为学界用经济学的理论和方法研究社会家庭、生育问题提供了新的范式，特别是与中国学者不同的是，他既从需求视角进行考察，也从供给视角进行了考察。但是贝克尔的生育效用理论也有不少缺陷：一是该理论是以西方文化传统为研究对象，是生育文化约束较弱条件的经验概括和总结；二是该理论主要是从经济角度进行分析，放弃了人所具有的一些"人性动机"，即假定人主要受经济约束，对其他的因素具有免疫能力；三是该理论受经济学研究范式的影响，是个体主义研究方法，即决策者是个人，而不是家庭，从个人效用最大化的角度考虑问题，此理解可以较好地解释西方家庭的生育动机与行为，但是无法合理地解释中国农民的生育动机和行为，中国农民是以家庭为单位考虑生育需求、动机与行为；中国农民受传统宗族文化的浸染，传宗接代与继嗣问题内化为农民的责任；四是中国的传统生育文化也对农民的生育动机和行为有着巨大的影响。贝克尔的生育效用理论无法对中国农民，特别是当今中国农民的生育动机及行为选择做出合理的解释。[①]

（二）生育功能论

所谓生育功能论就是从功能角度分析生育偏好及其行为，即生育子女干什么，多生育子女为的什么，拼命生育男孩图的什么。生育功能理论主要分为三个方面：一是劳力说；二是养老说；三是还债说。俗语"不孝有三，无后为大""不能断子绝孙"等都是此种观念的具体体现。生育功能论者的典型学者是李银河，她认为，"对劳动力尤其是对男劳力的需求，仍然是农民要生孩子（特别是男孩）的一个强烈动因"，"农村孩子至少在婚前是为父母劳动的"。李银河也支持生育养老说，"除了以子女作为直接的劳动力之外，农民还把生育子女作为老年生活保险的主要投资方式"，"还有期待儿子媳妇提供照顾老年生活的服务这样一种动机"。[②] 另外李银河还持还债论的观点，"生养孩子是为了报父母的生养之恩，把

[①] 对于成本效用理论，国内学者李银河、穆光宗、罗丽艳、闵建辉等也进行过相关研究。
[②] 李银河：《生育与村落文化：一爷之孙》，文化艺术出版社 2003 年版，第 91—95 页。

生孩子叫作'还债',由此衍生出'讨债'和'还债'的说法"。① 但是后来,李银河又将劳力说、养老说归结为投资与效用的追求,她一方面反对生育效用论,一方面又坚持生育效用论,她的生育理论充满了矛盾。其实,农民生育的劳力、养老动机是一种典型的功能性需求。当然如果要用效用来概括,所有的行为、包括文化规范都可以归纳为效用。对于生育功能论还有不少学者对此做出过学术增量贡献,如梁中堂、景跃军、殷丰、方向新、陈永平、邓小敏、李永时、唐贵忠、董辉等在20世纪90年代就对此进行过深入研究。

(三) 生育文化论

生育文化论包涵多种观点和学说。首先,人类学家认为,文化在生育中起了重大作用。生育文化论者可以追溯到英国人类学家马林诺夫斯基,他认为,"家庭不是生物团体的单位,婚姻不是单纯的两性结合","种族的需要并不是靠单纯的生理行动及生理作用而满足的,而是一套传统的规则和一套相关的物质文化的设备活动的结果"。② 费孝通继承了老师的文化论传统,并以中国经验进行了研究,他认为,"'种族'需要绵续是发生生育制度的基础","生育制度是人类种族绵延的人为保障","种族绵延是人们所要达到的一个目的,为了要达到这个目的,所以发生种种活动,形成我在这里想提出来分析的生育制度"。费老认为生育制度或者生育文化就是种族绵延的产物,种族绵延是生育的目的,也是生育的动机。他又认为,生育是一项"损己利人"的事情,一项"吃亏不讨好"的事情,可是人人还乐此不疲,而且还要多生。这就是由儒家和祖传下来的种族绵延、传宗接代的文化所决定的。李银河也持同样的观点,生育偏好是由文化所决定的,主要体现为"家本位"和"村庄面子","他们从一降生入世就落入了'生存繁衍原则'的生活逻辑之中,一生的主要目的是为了家庭的传宗接代和兴旺发达,在'家'面前,'个人'是微不足道的,人人的享乐是无足轻重的"。"我们发现,农民在生育、结婚、丧葬

---

① 李银河、陈俊杰:《个人本位、家本位与生育观念》,《社会学研究》1993年第2期,第87—83页。

② 费孝通:《生育制度》,商务印书馆1999年版,第45页。

这些事上，全都显出一种'身不由己'的样子。为什么要生孩子？因为不生别人要骂'绝后'……在婚丧嫁娶、红白喜事的投资数目上，个人选择的余地是多么小。在农民心中重得不得了的'面子'、'别人的闲话'，实际上就是文化规范的压力"①。李银河将此归结为东方式的"耻辱文化"，"不愿这样做或做不到的人就会蒙受耻辱。很明显，这正是村落文化中的人们拼命要生儿育女的一大动因"。② 刘中一不同意李银河的生育养老说，借用布什亚的符号社会学理论进行分析，"农民眼里的性别偏好和婴儿出生性别选择行为在实质上已经不仅仅是简单地出于养老的现实效用考虑，而更多的是追求一种与养老无关的符号意义"。③ 他的结论是，人们偏好生男孩、拼命多生只不过追求的是一种表面性的符号意义。养儿防老只不过是一个幌子、一个表面的借口而已。同时刘中一又借助布迪厄实践理论，通过建构"场域"和"惯习"两个概念解释农民的生育动机与行为，"在农民生育行为的研究过程中，场域和惯习概念的逻辑展开，不仅能够有效地规避以往研究中在个人与社会（文化）之间非此即彼的选择，而且也可以有效地将行动者和社会结构双向能动性集中起来，从而使研究结论更加深刻、更加贴近于现实。"④ 郑卫东借助阿尔切的"文化与能动者"理论建构了一个"社会结构—文化"解释模式，以此解释20世纪80年代以来农民生育率的下降和生育文化的变化，他认为，"社会结构因素与文化因素在共同的载体行动者身上发生互动，使得行动者表现出具有一定自主性的生育行动，这种生育行动的结果必然对行动者以及周围群体的生育观念发生影响，从而巩固或者修正了原来的生育文化内容，这就是生育文化的精致化。"⑤ 其实郑卫东的观点与黄平的主体与结构的二重互动有相似性。刘爽还提出了"文化—制度"解释模式。

---

① 李银河、陈俊杰：《个人本位、家本位与生育观念》，《社会学研究》1993年第2期，第87—83页。

② 李银河：《生育与村落文化：一爷之孙》，文化艺术出版社2003年版，第85页。

③ 刘中一：《"养儿防老"观念的后现代主义解读》，《中国农业大学学报》（社会科学版）2005年第3期，第86—90页。

④ 刘中一：《场域、惯习与农民生育行为：布迪厄实践理论视角下农民生育行为》，《社会》2005年第6期，第126—140页。

⑤ 郑卫东：《村落社会变迁与生育文化》，上海人民出版社2007年版，第14页。

（四）生育需求论

穆光宗和陈俊杰通过建立需求层次理论解释农民的生育偏好，他们认为，生育偏好中存在一种由文化自觉编排好的内在逻辑，不能用成本—效用理论解释中国农民的生育偏好及其行为，而应该对"本土文化"进行深入的剖析，寻找中国农民生育的内在决策机制，这个机制由六种层次不同的需求组成：即"终极价值的需求""继嗣需求""情感需求""续梦需求""社会需求""经济需求"，在观念层面上，自终极价值的需求而传宗接代的需求，再情感需求和续梦需求，在现象层面上，则包括社会需求和经济需求。[①] 李具恒也持生育需求论的观点，他将农民的生育需求分为内在需求和外在需求，农民的生育行为是由内在需求和外在需求共同决定的。[②] 需求论其实是一种对上述各种理论的综合，将农民生育的各种观点以"需求"的方式进行综合和概括。

上述理论都能够在现实中得到经验支持，也能够部分解释农民的多生、生男、早生的生育偏好和行为，但是这些理论无法合理地解释"适度生育""生男生女皆可"的生育动机和行为。20世纪末期以来部分地区农民改变了"拼命生育、非生男孩不可"的生育理念，转向"适度生育、男女皆可"的生育动机与行为。对于这一变化，一些学者已经进行过探讨，如陈俊杰、穆光宗、邬沧萍、贾珊、顾宝昌、郑卫东等，分别从制度、文化、经济等方面进行解释，但是仍然沿袭传统的研究进路。

（五）假设性陈述

农民生育偏好及行为的改变，经济、制度、文化及其三者组成的系统都发生过作用，但是这些作用可以归纳为一个因素：社会化。农户特别是生育主体卷入社会化的程度越来越深，水平越来越高，农民生育不是仅仅依靠家庭就能够完成了，即农民生育小孩不仅仅是家庭的事，不仅仅扶养就完事了。过去，小孩一旦出生，"产品"就已经完成。但是现在小孩子

[①] 穆光宗、陈俊杰：《中国农民生育需求的层次结构》，《人口研究》1996年第2期，第25—33页。

[②] 李具恒：《中国农民的生育需求再认识》，《西北人口》1998年第2期，第24—26页。

是一个"社会产品",必须经过社会化的过程、经过社会化的检验才能够变成合格"产品",在出生与成为合格"产品"之间,有很长的路要走,要花费大量的心血和经济成本。社会化这条流水线将淘汰"不合格产品","不合格产品"将难以生存。笔者认为,生育变成了家庭和社会共同决定的事情,社会化过程影响着现代父母的生育偏好和生育行为。

二 农民生育偏好与行为：逆传统生育

如果说前几年农民大多偏好于"生男、多生、早生","适度生育、生男生女都一样、晚生"是极少数,2000年以来,少生、生男生女都一样,甚至喜欢生育女孩的现象在一些地区的农村中开始出现。笔者曾经深度访谈的四个村庄：河南府君寺村、湖南湖村、江西长冈村、四川鲁家庵村,呈现出完全不同的生育偏好和选择,湖村和鲁家庵村的大部分农民已经改变了传统的生育偏好,而府君寺村和长冈村则沿袭传统的生育偏好。

生育偏好转换以一定生育数量为基础。传统生育偏好也有一个基础,必须生育一个男孩,生育男孩的动机导致了多生和早生的偏好,多生和早生都是围绕着生男动机而展开的,必须"有男孩"是传统生育偏好的基础,也是传统生育观念的基本逻辑,更是农民接受既定生育数量和结构的基础,如一男多女、一男一女,甚至一男。湖南湖村、四川鲁家庵村的农民偏好于"适度生育、生男生女一个样",也有一个前提条件,必须有生育。也就是说,必须生育一个小孩。生育是人的天性,也是做人的职责,更是家庭绵续的需要。调查中发现,两村的青年农民选择"丁克家庭"的几乎没有。一般而言,结婚后很快就选择生育。他们认为,反正要生育,晚生还不如早生,生后了了一桩心事。另外,结婚就选择生育,也与青年农民希望早些完成生育任务,方便外出打工有关。只有生育小孩后,外出打工,长辈们才安心,年轻人也认为生育了事后,可以放心在外面打拼。农民将生育看成一桩事、一个任务、一个责任。既然是任务,就会有数量要求,必须完成；既然是任务,早完成,早了事,早方便。只有在完成生育任务的基础上,才有可能有其他的偏好选择。生育一胎是其他生育偏好选择的基础。也就是说,生育偏好的转变是以一定的生育数量为基础的,达到了这个基础,家庭才会放心,农民也会安心,才不会再追求更多的生育数量。可见,传统生育偏好与湖村、鲁家庵村的生育偏好大相径庭,前者以生男为系列偏好的基础,后者以生育为系列偏好的基础。

内心偏好男孩,生育后则是男女一个样。传统生育偏好不管是内心,还是情绪表现都是偏好生育男孩,需求愿望、动机、目标和行为都非常明确——生育男孩,只有生到男孩,才算完成任务。由于浸染传统的生育观念,湖村、鲁家庵村农民内心还是偏好男孩,这种期盼至今没有多大的变化。但是期盼的强度已经大大减弱。虽然农民内心有生育男孩的期盼,但是一旦生育,则接受既成事实,男女都能够接受。在两个村庄,调查时笔者问年轻人,你们想要男孩还是女孩?他们都会说"男女一样","女孩还好些"。其实如果只生一胎,他们的内心还是希望生育一个男孩。但是小孩一旦降生,男孩女孩都可以接受,即"生男孩好,生女孩也不赖"。显然"生男生女一个样"也有一个前提条件,在既成事实基础之上,它是事后确认原则,也是一个被动接受的原则。但是农民能够从"非要生男不可"到"事后被动接受"也是一个不小的进步。

有些农民甚至走得更远,喜欢生育女孩。传统生育偏好中,即使存在少数农民持生男生女无所谓的态度,但是要说喜欢生育女孩的人则是凤毛麟角。在传统观念中,女孩总被认为是"赔钱货",即使不认为是"赔钱货",也谈不上喜欢的地步,可以说在传统生育偏好中,大部分农民对女孩的偏好属于中性,只有总是生育女孩的家庭才会对女孩有一定的成见,但是极少有人说喜欢生育女孩。在湖南湖村、四川鲁家庵村的调查中,笔者还发现有些青年农民偏好生育女孩。这种偏好在湖南湖村有不少。笔者问他们喜欢女孩的理由,往往说是"女孩贴心","女孩对父母好些","女孩负担轻些"。他们认为,嫁女的费用相对于娶媳妇少多了,有就多给嫁妆,没有就少给嫁妆。四川鲁家庵村也有同样的观点,女孩对父母更关心,经常能够嘘寒问暖。女儿读书也可以少读几年,教育成本也低些,当然能够读书的女孩,父母都会支持,但是大部分农民认为女孩少读几年也没有关系。特别是湖村女孩在服务行业工作的多,打工收入高,对父母的反馈也多,女孩脱离农村的机会也多些。这些因素促成不少青年农民偏好生育女孩,它与传统生育观念背道而驰。虽然持类似观念的农民还不是特别多,但是我们应该将此看成一个新现象予以关注,它的出现肯定有其内在的逻辑。

只完成生育任务，打死都不多生。传统生育偏好是"男孩主导型"，为了生育男孩，必然会导致某些家庭多生、早生的偏好，当然也有些家庭偏好多生育，认为"多子多福"。湖村与鲁家庵村的农民在生育一个小孩后，大多不再生育，家里是独子的可能会选择生育第二胎。在鲁家庵村，笔者问农民，为什么不想再生了？"一个都养不活，怎么还能生两个呢"，"生得起，养不起呀"。笔者又问，是不是超生罚款太重了，交不起罚款？"现在是罚得起，但是养不起"。笔者又问一些老人家，你们不想要一个孙子吗？"我想要，他们不生，有什么办法。"鲁家庵村的有些青年人反映，"打死都不生了"。从湖村来看，湖村在10年前农民就不想多生了，他们认为，"生儿好，生女也不赖"，"多生受累，少生幸福"，"多儿多女多冤家"。当然老一辈的人还是希望儿媳能够多生一胎，能够再生育一个男孩，有些甚至用利益诱导，"生儿将负担全部费用"，"生后我们带"，等等，有些晚辈开玩笑说："要生，你们生，打死我也不生了。"[①] 可见，"男孩主导型"的生育偏好必定导致多生，"生育任务型"的生育偏好肯定是"打死都不多生"。

经过湖南湖村、四川鲁家庵村的对比分析可以发现，与传统生育偏好相比，两村的生育逻辑、生育偏好、生育行为及生育决策权都发生了较大的变化。

生育逻辑已经从"生男"逻辑转向"生育"逻辑。"生男"逻辑是以生男为动机、目标和行为的一系列关系，在"生男"逻辑下，农民夫妇必须要有男孩，如果没有生到男孩，必须继续生育，直到生育男孩为止，生男逻辑必然导致"多生"。"生育"逻辑是以完成生育任务为动机、目标和行为的一系列关系，农民夫妇将生育视为自己做人的责任，也将此视为家庭发展的需要，但是只要完成生育任务，即只要生育小孩（不管男女）就行。虽然两者都具有强制性，但是强制性的内容不同，导致生育的结果也就大相径庭。

生育偏好已经从"多生"偏好转向"适可"偏好。生育偏好是心理层面的，它包括愿望、动机和目标。生育偏好是一个系列，从传统生育偏好系列来看，包括生男、多生、早生三个偏好。由于湖南湖村和四川鲁家

---

① 邓大才：《湖村经济》，中国社会科学出版社1997年版，第25页。

庵村的生育逻辑已经从"生男"逻辑转向"生育"逻辑,因此生育的主导偏好也就发生了较大的变化,从"男孩主导型"的生育偏好系列转向"生育任务型"偏好系列,前者偏好"多生",后者偏好"生育即可",适度、适可在现实中表现为生育一胎,生了即行。

生育行为已经从"非理性"转向"理性"。理性就是讲求生育的成本和收益,传统生育偏好和行为使生育成为"吃亏不讨好"的事情,这是一个理性的人不会选择的事情。从湖村和鲁家庵村的情况来看,这种生育的"非理性"行为开始让位于"理性",农民不再愿意多生,也不再追求非生男孩不可,而是选择生育适度,打死都不多生,不罚款都不生。农民生育行为方面开始走向理性。

生育决策权已经从"家本位"分化成"家本位"和"个人本位"的结合。从湖村和鲁家庵村来看,农民的生育决策权已经从"家本位"向"个人本位"转移。生育与否是"家本位"决策,生育是家庭的事情,生育数量则是"个人本位"决策,生多生少变成了个人的事情,即"生不生"仍然是"家本位","生多生少"则是"个人本位",由青年农民夫妇自己决定。生育决策权由"家本位"转向二元并立,"家本位"和"个人本位"共同选择。

另外,湖村和鲁家庵村生育偏好与传统生育偏好相比,还有一个方面没有完全改变,即"早生"偏好。"生男主导型"的生育偏好体系必然导致早生,同样"生育任务型"的生育偏好体系同样会导致早生。前者为生男孩而早生,早得男孩,早完成任务。后者为生育而早生,早生育,早了事;早生育,早完成任务;早生育,早摆脱束缚。也就是说,如果生育决策仍然是"家本位"与"个人本位"共同决定,如果生育仍然是一个必须完成的任务,则早生肯定避免不了,因为它内生于"生育任务型"的生育偏好体系之中。

三 农民生育偏好逆变的解释:社会解构模型

现在有关农民生育偏好与行为的理论大多是围绕农民为什么生男、多生、早生而建构的,如文化论、需求论、功能论都是解释多生、生男的理论,成本—效用论既可以解释多生,也可以解释少生,但是中国学者已经从多方面对此理论在中国的解释力进行了批判，难道此理论不能解释中国农民多生、生男、早生的偏好，解释中国农民少生、生男生女一个样就有效吗？显然，我们需要对湖村和鲁家庵村农民生育偏好的逆向变化，即农民为什么选择少生，生男生女皆可以接受，而且打死也不愿意多生寻求其他的解释。笔者认为，有必要对新出现的生育偏好与行为建构新的解释模型。对于湖村和鲁家庵村的生育偏好变化，不能说是文化的单一作用，也不能说是功能的失效，更不是经济因素的约束，但是有一点可以肯定，农民所面对的经济、社会、政治、文化结构发生了变化，生育主体偏好的变化是对结构变化的一种反应。不管是文化层面，还是经济、社会层面，有一点是共同的：农民的社会化水平提高，社会性质增强。过去个人面对的是家庭和家族的约束，现在个人面对的是社会和家庭的约束，而且社会约束超越了家庭约束，即社会化嵌入家庭，社会化改变了农民所面临的社会经济文化系统，根据系统调整偏好及行为是农民的理性选择。

农民生育偏好及行为的改变主要是生育性别的选择与生育数量的选择，现在存在的理论都不足以解释这一逆向变化，笔者在此建构一个"社会解构模型"，即社会化从反方向解构农民的生育偏好及行为，从经济社会化、文化社会化及功能社会化三个维度解构传统农民的生育偏好及行为的变化。

（一）养育货币化：经济解构

湖村与鲁家庵村农民生育观念的改变，在很大程度上是经济约束条件发生了很大的变化。过去农民养育子女的成本很低，只要"给碗饭吃"就行了，是一种自然的"放养模型"，吃饭是养育的最大成本和最大约束，如果有能力保证子女有碗饭吃就能够生育。它是自然经济、传统农业经济在生育观念和行为上的体现。但是在市场化、社会化程度大大提高的当今，能够"给碗饭吃"已经不是生育的约束条件，因为家庭承包责任制的安排，吃饭问题基本解决，现在农民生育面临的约束条件是养育货币化的问题，社会化和市场化条件下，养育成本是用货币来体现和衡量的。生育时、培育时、结婚时能否拿出货币完成子女养育任务和责任成了父母生育的最大约束条件。一是生育成本货币化，现在青年农民也讲究优生，也讲究健康和卫生，怀孕期间需要大量的营养品，生育时也倾向到医院生育,这些都需要钱,生个小孩少说也需要4000—5000元。过去只需要几碗米饭、几十个鸡蛋、几斤红糖就够了,消炎都不需要。二是培育货币化,过去的小孩,有钱就送到学堂读几年书,没有钱就算了,一切都根据家庭经济条件而定。但是当今小孩子必须读书,不读书很难在社会上生存,可读书需要大笔货币成本,小学读书一年要1500元左右,鲁家庵村已经没有村办小学,必须到乡镇中心小学读书,一年起码得要3000元。初中和高中分别为3000元和5000元。大学就不用说了,按照目前的水平,一年10000元。农民很容易就能够算出来,两口子的收入只能够维持一个小孩子的培育成本。三是结婚成本,农民对子女一般有一个选择,选择读书,结婚基本不资助,如果不选择读书,结婚成本由父母资助。现在青年农民结婚可不容易,修栋新房起码得5万—8万元,举行婚礼起码也得两三万元,结婚需要10万元左右。湖村大约是这个水平,鲁家庵村结婚成本较低,因为青年农民不愿意在家建房,结婚并不必然需要新房。从湖村来看,农民前半辈子的积蓄只能够支持一个儿子结婚。养育的货币化和巨额养育成本是当今农民生育偏好及行为的经济约束,现在不仅要生育,还要养育,生育成本有限,养育成本却是一个天文数字。在生多生少、生男生女方面,任何农民都会掂量掂量。可见养育的货币化、养育的社会化从反向解构农民的传统生育偏好及行为。

(二)示范社会化:文化解构

生育问题研究的学者大多认为,中国农民热衷于"只亏不赚"的生育偏好和行为,只能从文化方面进行解释。笔者也认为,文化的确能够解释农民的一些表面上看起来"非理性"的偏好和行为。同样随着家庭融入社会、劳动力的社会化配置,这些经济社会变化对生育文化产生了巨大的冲击,从反方向解构传统的生育偏好及行为。示范社会化其实只是一个极不严谨的概念,因为它无法概括社会化对农民生育文化的侵蚀和解构,但是它影响和改变着农民的生育偏好和行为。示范社会化主要体现在两个方面:

农民外出打工、接触外部信息形成的外部文化对乡土生育文化的侵蚀和解构。农民外出打工,接触到城市文化和现代文明,城市文化和现代文明追求生育质量,而不是生育数量,追求的是幸福,而不是多子多福。城市文化和现代文明的追求体现在生育、生活质量方面，而不是体现在男孩、多子方面；城市文化和现代文明追求个体理性，这些都对进城的青年农民产生巨大的影响，而且青年农民打工后，自己的独立性大大增强，经济的独立也会反过来支撑青年农民接受城市文化和现代文明，促使农民获得生育方面的部分决策权，即获得生育决策的相对独立。另外，电视和现代教育也都对农民传统生育文化产生侵蚀作用，特别是现在进入生育年龄的青年农民大多是观看现代电视、学习现代知识长大的一代，他们接受现代文明和科学生育文化的经历与传统文化对他们的影响一样深远。

本地青年农民的先锋性偏好和行为对乡土生育文化的冲击和瓦解。农民生育偏好及行为的改变与本村少数农民生育选择的示范效应也有较大的关系，有部分外出打工或者读书较多的青年农民，偏好于少生、生男生女都一样，而且身体力行。这部分农民对其他青年农民有较大的示范效应。少生、生男生女都一样的观念模仿、学习将会导致乡土性生育文化的瓦解和放弃。另外，"少生"或者"生男生女都一样"都会导致一个结果：只生育一个小孩，不论男女都接受和认可，也心满意足。只生育一个小孩的家庭与生育两三个小孩家庭的家庭负担、家庭幸福水平有相当大的差距，前者幸福、潇洒，后者贫穷、痛苦，进入生育年龄的青年农民看在眼里，也会记在心上，轮到自己选择时即使受一些家庭、长辈的压力也会抵制，而且会以前者为榜样进行说服和辩护。所以，在养育经济约束日趋严峻的情况下，先锋农民的示范效应将会迅速击溃传统乡土生育的防线。外部新文化的冲击和内部新文化的侵蚀将会迅速瓦解传统的生育文化，即传统的生育偏好和行为将会被解构。

（三）功能多样化：需求解构

对农民拥有根深蒂固的传统生育偏好与行为的解释，除了文化论、经济论外，还有功能论与需求论。这两大理论从正方向影响农民的生育偏好和行为。在社会解构理论看来，正是因为相关功能的多样化，导致了功能理论和需求理论的失效，或者说农民相关功能性需求的多样化解构了农民的相关功能性需求，导致了农民生育偏好及行为的改变。总体而言，功能多样化主要包括养老功能的失灵、劳动力功能的市场化、还债功能的淡漠化。

养老功能的失效。从笔者的调查来看，湖村和鲁家庵村农民的养老则是一个很难界定的概念，什么时候养老？怎么养老？在两个村庄我都没有发现养老比较好的模式。现在农村名义上是养儿防老，或者儿子养老，其实大部分老年农民是自己养活自己，占调查样本总数的37.43%，另外就是与儿女住在一起的养老模式，大约占39.67%。[1] 也就是说有接近40%的农民养老主要依靠自己。农民基本没有退休的概念，除非自己走不动，只要能够走动，就不会需要儿子养老，当然儿子也不会养老。跟着儿女生活的农民也并非完全是享福，只要能够下床就必须劳动，很难说与儿子生活在一起的老年人就是儿子提供养老，其实年迈父母提供的贡献可能还大于儿子提供的养老。这可以从兄弟们争抢父母亲看出端倪，大家都要充分利用父母的剩余劳动价值。可以说养老只是有口饭吃而已。养儿防老功能的式微势必影响农民生男、多生子女的生育偏好和选择。因此，有些农民戏言：养儿还不如养猪，说明了现实的残酷和人情的冷漠。

劳动力功能的市场化。传统生育偏好和行为还有一个功能性需求——劳动力需求，希望多生育、多得劳动力。农民有句俗话："人少好过年，人多好插田""人多力量大，人多办事容易"。但是现在劳动力需求功能已经大大下降，特别是湖村主要农产品的生产环节几乎全部社会化和市场化，几乎不需要劳力就能够完成农业生产，即使是手无缚鸡之力的儿童和年迈体衰的老年人，也能够从事种植业生产。农民再也不用担心劳动力不足了。劳动力需求功能的衰弱当然会从反方向影响农民的生育偏好和行为。

还债功能的淡漠性。传统生育偏好还将生育比喻成还债，但是现在青年农民根本不认同这个观念，特别是许多"80后"的青年农民更是如此。"80后"一代青年农民与城市"80后"青年一样，以自我为中心，个体本位强于家庭本位，个人主义重于家庭集体主义，只有认为父母欠自己的，很少有认为自己欠父母的。孝观念的淡化，必然导致还债功能弱化。青年农民压根儿不存在生育还债的观点，自然会影响其生育偏好。

上述分析清楚地显示，支持传统生育偏好和行为的四大理论基本上被社会化的三个维度所解构，三个维度瓦解、击溃农民传统的生育偏好及其

---

[1] 邓大才：《湖村经济》，中国社会科学出版社1997年版，第276页。

行为。它们并非作用相同、力度一样。

经济解构力是最重要的约束条件，它是农民生育性别、生育数量选择的门槛，没有达到一定的经济条件，根本没有能力生育更多的小孩。因为现在不像从前，不用通过市场、货币和社会就能够将小孩养大成人，现在的小孩要经过社会化的过程和社会化的检验，需要货币将小孩扶养成人，而货币是农民最为缺少的东西，也是最难获得的东西。经济解构力是农民生育偏好的重要基础，也是农民生育动机和行为的根本约束。

文化解构力是次重要的影响因素，它是农民生育性别、生育数量选择变化的环境和条件变量。在经济约束和货币支付压力下，受过城市文化和现代文明熏陶的青年农民，在本地先锋青年农民的示范下，找到回击传统乡土生育文化的借口，也找到了拒绝传统生育文化要求的理由。在预期的经济压力下，在城市文化和现代文明的影响下，在本地先锋青年的示范下，传统生育文化逐渐失去往日的约束和规范能力，传统的生育偏好和行为也逐渐被修正。

需求解构力是最不重要的影响因素，它是农民生育性别、生育数量选择变化的辅助变量。农民生育功能论主要从需求角度考察农民的生育偏好和行为，但是随着市场化、社会化的推进，农民生育方面的一些功能性需求相继失效，或者市场化，或者淡漠化，生育方面的功能已经非常简单：完成生育任务，再也不具有其他的功能性需求。因此，需求解构力也从反方向影响着农民的生育偏好和行为。

三个维度的作用力其实有一个共同的内容就是社会化，生育及家庭的社会化，生产、生活和交往的社会化瓦解了传统的生育文化，解构了农民的传统生育偏好和生育文化。因此，这个解释模型可以概括为"社会解构模型"。

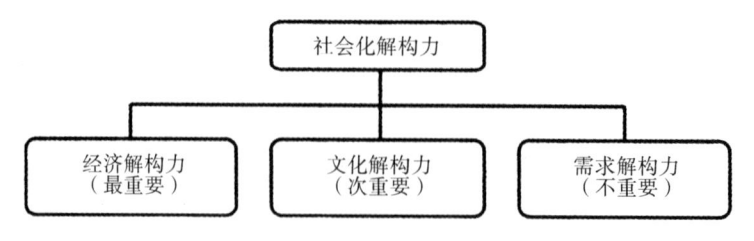

四 几个简单结论

通过对农民生育偏好及行为逆向变化的分析和解释，可以得出如下几个简单结论：

1. 农民生育偏好及其行为在某些地区的确已经发生了革命性的变化。这些地区是市场化、社会化程度比较高的地区，农户生育和生产、生活、交往的货币需求增加。货币压力加大的地区，同时也是农民与外部交往密切，特别是劳动力外出务工经商比较多的地区，而促成传统生育文化瓦解的先锋青年的示范效应也起了巨大的推动作用。必须看到，农民生育偏好及行为的逆向变化已经开始，但是并不特别普遍，同时我们也不能证明，2000年以来部分地区农民的生育偏好和生育行为的变化是传统生育偏好和生育行为变化的转折点（拐点），还是一种随机的突变点。

2. 农民生育偏好及其行为的变化是对结构变化的反应。农民生育偏好和行为的改变是农民对经济、社会、文化结构变化的反应，生育的经济约束条件升高，社会功能需求的多样化，以及文化约束和规范能力的降低，都为农民生育偏好和行为的改变提供了动力和压力。湖村和鲁家庵村大部分农民选择少生、生男生女一样就是农民这个生育主体面对结构变化，进行反复调整和调适的结果。其他地方的农民可能还没有完全调整到位，或者正处于调试之中。如果是这样，我们可以大胆推测，目前就是农民传统的生育偏好和行为改变的转折时期。

3. 农民生育偏好及行为的变化是"家本位"决策—行为单位向"家本位"和"个人本位"决策—行为单位转变的结果。过去由家决策并由家承担风险，但是劳动力的社会化配置导致决策—行动单位发生了位移，虽然总体上以家为决策单位，但是外出务工劳动力的风险承担却个人化，个人化的风险承担者也就分担了部分决策权利，从而导致了决策—行为单位的二元化。生育与否由家决策，生男生女、生多生少由个人决策，面临社会化风险的个人，必然从理性的角度选择生育行为。

4. 社会解构模型能够较好地解释农民生育偏好及行为的变化。传统生育偏好及行为理论只能解释农民多生、生男的现象，但是无法解释农民少生、生男生女一样的现象。社会解构模型从经济、文化、功能三个维度解释经济、文化、需求从反方向瓦解、侵蚀、解构传统生育文化，并逐步促使农民改变传统的生育偏好和行为。在三个维度或者三个变量中，经济约束条件和经济变量是最主要的变量，解释能力最强。

第五章 农民行动单位：集体、农户与个人[①]
——兼论当代中国农民行动单位演变轨迹

从已有的研究来看，农民行动大致可以分为个人、农户和集体行动单位。所谓农民行动单位就是农民表达愿望、动机、需求、目标及行为的单位。笔者认为，农民主要以家庭为行动单位，只有面临群体性死亡危机时，才会以集体为行动单位。另外，随着家庭经济条件的改善，个体行动与家庭行动会出现一定的分离，个人从等同于、从属于家庭行动转向服务于、独立于家庭行动。

一　农民行动单位的分析框架

农民是一个非常特殊的群体，生产与生活融为一体；谋生与谋利融为一体；赡养与抚养融为一体；对内与对外行动融于一体。农民的诸多特性决定了其行动主要以户（或家庭）为单位展开，农民个人行动和集体行动都是对农户经济条件变化的反应[②]。

（一）农民行动单位：家庭为绝对主体

农户是农民生产、生活、交往的基本组织单元，农户构成了中国农村

---

① 本文发表于《天津社会科学》2008 年第 5 期。
② 在此笔者将家庭等同于农户，两者经常混用。在人类学家研究中，家与户是有区别的，家指家庭，户是家庭的集合，包括已经分家的几个小家庭；家是血缘单位，户是行政单位；家对内，户对外。

社会的"细胞"①。农民以户为基础进行决策、核算和交往,农民的愿望、动机、需求、目标和行为都围绕户而展开和实施,户是农民行动单位的主体。

农民以户为单位组织生产。中国几千年的农耕生产,除了 20 年左右的集体生产外,都是以家庭为单位组织的,以家为单位生产有其必然性。首先,家是由具有血缘关系的成员组成,合伙吃饭、合伙劳动,以血缘为纽带而形成的家,能够较有效地克服"搭便车"问题。其次,农业生产无法单独完成,需要多人合作,小农生产的剩余不多,不可能雇工生产,在此条件下选择家庭成员合作完成生产是最优选择。最后,小农依靠耕地难以完全解决家庭的生存问题,必须根据农闲与农忙、年龄与性别合理安排家庭成员的内部分工,提高劳动和资源配置效率,尽可能多地获取生存资源。黄宗智认为,"商品化的家庭手工业成为补充种植业收入不足、养家糊口和维持再生产的主要手段。两者的结合是那里的小农生存和再生产的关键"②,显然,手工业、零工和耕地是家庭生存的"两根拐杖"。费孝通认为,手工业、辅助企业是家庭生存必不可少的③。可见,"搭便车"问题决定了农民合作单位不能超越家的范围,农业生产的性质要求农民合作不能小到个人,即便如此,还需要内部劳动力的合理组织和分工,才能够确保家的生存和应付刚性的外部需求。农民以家为单位从事生产经营是现实的必然选择。

农民以户为单位生活。现代家庭生产与生活是分离的,以社会化的方式生产劳动,获取社会资源回家生活。但是,农民生产和生活融为一体、谋生与谋利融为一体,就像恰亚诺夫和黄宗智所说,生产和生活很难分得清。资金中哪部分用来生产,哪部分用来生活分不清。生产的农户性质决定了小农必须以家为单位生活。如果生产以农户为单位,生活以个人为单位,则存在一个分配问题。家庭伦理、血缘成员的利他性决定了成员之间没有分配的必要。较少的生存资源,如果再次分配将会危及成员的生存。以家为单位生活具有规模性,家庭成员合伙生活能够创造"1 + 1 > 2"的

---

① 徐勇:《"再识农户"与社会化小农建构》,《华中师范大学学报》(人文社会科学版) 2006 年第 3 期。

② [美] 黄宗智:《长江三角洲小农家庭与乡村发展》,中华书局 2000 年版,第 105 页。

③ 费孝通:《江村经济:中国农民的生活》,商务印书馆 2001 年版,第 176 页。

规模效应。特别是教育、婚嫁、丧葬、建房、生病等重大的事情都非一人之力能够完成，需要家庭成员同舟共济、共渡难关。"合则勉强度日，分则危机重重"。以户为单位生活是农民的现实选择，有其内在的经济必然性。

超"户"的集体生活是否可行？1959—1961年"大食堂"企图将农民生产、生活全面社会化，但是生活方面也只有吃饭的集体化，而且不到三年就散伙，其代价是全国非正常死亡3250万人[①]。生产的农户性质、家庭生活的规模性质决定了农民不能以个人为生活单位，也不能超越家庭而生活，只有家才是农民生活的最优单位，它既有家庭伦理性，又有规模经济性。

农民以户为单位交往。小农生产环节，自然属性占主导；小农生活环节，家庭属性占主导；小农交往环节，社会属性占主导。交往是农民社会性需求的重要组成部分，从属于生产、生活，但也有其特殊性。因为交往并不涉及生存问题和安全问题，只要个人交往不影响家庭的生产和生活，一般不会受到太多干涉。从这个角度来看，家庭个别成员有一定的自由交往空间。但是，正式交往还是以家为单位，这主要体现在两个方面：一是农民与村庄、市场和国家的交往，如税费征纳、产品交易、福利补贴等必须以家庭为单位，否则不被接收和认可；二是农民与乡邻、亲属的交往以家庭为单位，这涉及面子、互惠、节约的问题，如人情往来，不可能父母送了礼，子女还送礼。可见，在交往中农民个人有一定的自由度和空间，但必须以节约家庭支出为条件，以赢得家庭"面子"、尊严为目标，以不影响家庭生存或者其他需求为前提，也就是说农民个人交往服务于、服从于家庭交往。

通过上述分析可以得出如下结论：不管过去还是将来，只要农民生存方式不发生较大的变化，农民以户为单位决策和核算，以户为单位确定需求和动机就不会改变，以户为单位确定收入与支出、评估生存危险与安全也不会改变，以户为行动单位的格局更不会改变。

(二) 家庭、个人行动单位的背离

农民以户为单位进行决策和核算，以户为单位确定需求并采取行动，

---

① 曹树基：《1959—1961年中国的人口死亡及其成因》，《中国人口科学》2005年第1期。

并不表明户是"铁板一块",没有任何松动、不受任何影响。农民以户为行动单位有前提条件,它的变化势必影响农民以户为主体的行动单位。

家庭经济条件对以户为主体的行动单位产生背离作用。笔者在讨论农民的动机与行为时曾经提出一个农民动机的演进逻辑:随着家庭经济走出生存险境,将会迈进货币陷阱,跨越货币陷阱将会进入利润困境[①]。经济条件的好转将会使农民逐渐摆脱生存危机,但会受到货币支付压力的困扰;货币支付压力也会随着家庭经济条件的好转而缓解,但家庭将会面临与企业家类似的利润问题。经济条件是农民动机转换和升级的经济基础,动机决定行为,行为影响行动单位。在家庭生存危机期,农民的个人行动必须完全与家庭行为一致,个人从属于家庭追求生存资源的需要。进入货币危机时期,个人行为必须服务于家庭追求货币收入的需要,货币支付压力最大的危害是导致家庭社会化过程中断,但不会饿死人,此约束小于生存约束;在此约束下家庭成员特别是独立性较强的成员,只要服务于家庭对货币收入的追求,只要其目标与家庭一致,可以有一定的行动选择空间,个人行动的自由度相对于生存危机期也有所扩大。进入利润最大化时期,个人行动可以统一于家庭行动,也可以独立于家庭行动,个人行动的自由度和空间扩大。显然,家庭经济条件的变化会逐步扩大个人行动自由和空间,从而影响农民的行动单位。

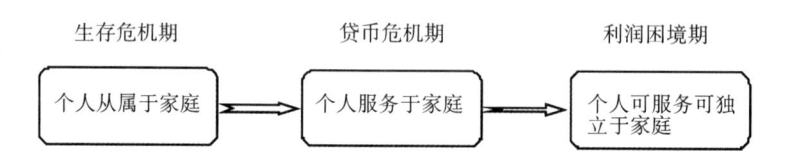

生存危机期	货币危机期	利润困境期
个人从属于家庭	→ 个人服务于家庭	→ 个人可服务可独立于家庭

生产的社会化程度也可以影响农民的行动单位。传统农业时期,以一家一户为单位从事生产。农业生产对劳动力的需求具有集中性、周期性的特点。生产的家庭合作性源于农民个体无法凭一己之力完成农业生产,此时农民行动必须以家为单位进行。反之,生产的合作性决定了农民行动单位的家庭化。随着农业生产环节的逐步社会化,播种、除草、治虫、收割等需要集中使用劳动力的环节逐步市场化,只要出钱就能够享用专业化的

---

① 邓大才:《社会化小农:动机与行为》,《华中师范大学学报》(人文社会科学版)2006年第3期。

服务，生产环节和程序逐渐社会化、市场化，个人可以借助社会方式完成整个农业生产。生产的社会化削弱了家庭合作的动因，也解放了受约束的家庭劳动力，扩大了家庭成员的行动自由和空间。但这也只是为个人行动空间的扩大提供了可能，个人行动与家庭行动关系的变化还取决于家庭经济条件所处的阶段。也就是说生产的社会性是农民个人行动背离家庭行动的充分条件，但不是必要条件。

劳动力的社会性也会影响个人行动和家庭行动之间的关系。传统农业时期，劳动力主要从事家庭农业生产，只有在农闲时期主要劳动力才会外出打零工，打零工只是家庭生产的补充，其收入只占生存资源的很少一部分。随着劳动力外出务工经商机会增多，其收入在家庭收入中的比重提高，打工者的行动空间也因为打工地点远离家乡和打工收入的增多而扩大。如果打工者是家庭的主要成员，即家庭男女户主外出打工，其行为仍然以家庭为单位，因为他们代表着家庭；如果打工者是属于户主的后代，其行动要具体分析，如果家庭生存问题没有完全解决，年轻打工者必须从属于家庭行动；如果家庭陷入货币支付陷阱，打工者必须服务于家庭行动；如果家庭的货币支付压力不是特别大，打工者可依自己的需求来行动，而不必顾及家庭，此时年轻打工者从一个"家庭人"变成一个"社会人""经济人"。

（三）个人偏好的加总与农户偏好的加总

诺贝尔经济学奖得主阿罗证明，一般情况下个人偏好无法加总形成集体偏好，只有在非常严格的假定下才有可能。经济学将此结论称为"阿罗不可能性定理"。该定理的一个重要前提条件是，人是理性的，是"经济人"，追求个人利益最大化。有学者说，集体偏好都搞不清楚，怎么能够知道集体的需求呢？按照黑格尔和马克思的说法，"人民"都搞不清楚，怎么知道"公意"是什么呢？因此，考察行动只能以个人为单位。这个假定对于普通的、互不相识的人来讲的确有点道理，但是用于家庭成员之间则行不通。家庭成员之间存在利他性，无法用阿罗不可能性定理解释。

家庭成员的个人偏好能够加总，家庭行动具有可能性和可靠性。家庭成员之间的血缘关系决定了家庭成员之间可以利他、可以为其他成员做出牺牲，家庭成员生产、生活不需要监督，大家能够比较自觉地以家庭为单位考虑问题和采取行动，由于家庭成员都是以家庭为行动单位，家庭行动的管理和监督成本较低，和谐的家庭可以忽略不计，家庭成员付出的劳动将以家庭收入的形式体现，即使个体劳动投入的利益小于家庭利益，个体行动者也不会计较，因为家是成员的共建目标，个体行动的正外部性即使存在，也是在家庭成员之间分享，"肥水不流外人田"。家庭成员之间的血缘性、利他性、奉献性，正外部性的无差异性，使家庭成员之间的"搭便车"的企图不存在，家庭成员之间的偏好、愿望、需求能够直接相加，个体偏好基本等同于家庭偏好。家庭偏好加总也可以从"上阵父子兵""打仗亲兄弟"等俗语得到另类证实。由于家庭成员的个人偏好能够加总，因此以家庭为行动单位就具有可能性，也具有可靠性。

家庭内部成员之间的偏好可以加总，使家庭行动单位成为可能，那么农户之间的偏好怎样呢？其实农户之间的偏好就是阿罗所证实的没有血缘关系的个人之间的加总问题。农户是理性的"经济人"，追求家庭收益最大化[1]，农户选择集体行动时存在"搭便车"问题，"有理性的、寻求自我利益的个人不会采取行动以实现他们共同的或集体的利益"[2]。按照阿罗不可能性定理，集体行动还是能够完成，只不过需要严格的假定条件，条件太苛刻，在现实世界不可能实现。因此，农户偏好加总为集体偏好根本不可能实现，农民以集体为单位行动就比较困难，特别是这个集体并不是以企业形式出现的组织，而是如马克思所说的"（农民）好像一袋马铃薯是由袋中的一个个马铃薯所集成的那样"[3]，村庄就是"同名数"的"马铃薯"小农相加组成。由此，我们可以推导出农户之间的个人偏好很难加总，集体行动很难形成，集体行动要发生除非有外部强制力，如裴宜理所研究的淮北农民的集体行动能够实现，其动因是生存动机，即外部自然和社会灾害将农民推到生存边缘而采取的集体自救行动[4]。

在此可以推导出如下一个假设性陈述：在农民经济条件变好后，农民

---

[1] 也许是生存最大化，也许是货币收入最大化，也可能是利润最大化。
[2] [美]曼瑟尔·奥尔森：《集体行动的逻辑》，陈郁、郭宇峰译，上海三联书店、上海人民出版社1995年版，第2页。
[3] 《马克思恩格斯选集》第1卷，人民出版社1973年版，第695页。
[4] [美]裴宜理：《华北的叛乱者与革命者（1845—1945）》，池子华、刘平译，商务印书馆2007年版，第5页。

个体行动会逐渐偏离家庭行动，在农民经济条件变得使人无法生存时，农民将采取联合家庭的集体行动进行自救。换句话说，以集体为行动单位是比较极端的情况：农民不采取集体行动就会面临死亡，集体行为是农民面对群体性死亡时的反应；在经济条件相当好的情况下，在家庭不存在生存和支付危机时，家庭成员有独立于家庭行动的可能，而且也有较多的个体行动；在大部分时间、大部分地区，农民还面临着生存危机和货币支付压力，因此必须以家庭为行动单位，即使在前两种条件下，家庭行动也是集体行动、个体行动的基础和前提。显然，个体行动偏离家庭行动、集体行动超越家庭行动取决于经济条件、生产和劳动力社会化三个因素，其中经济条件起决定性作用。

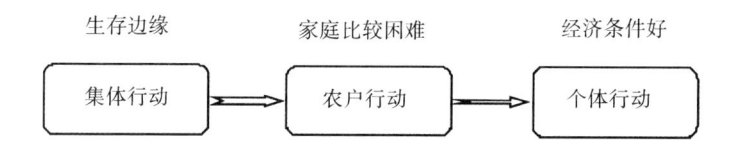

```
  生存边缘           家庭比较困难          经济条件好
┌────────┐         ┌────────┐         ┌────────┐
│ 集体行动 │ ←────→ │ 农户行动 │ ←────→ │ 个体行动 │
└────────┘         └────────┘         └────────┘
```

二 当代中国农民行动单位的演变

农民行动单位以家庭为主体，也会有偏离家庭行动单位的个人行动和集体行动，只不过其程度有时偏离较大，有时偏离较小。中华人民共和国成立以来的农民行动单位与理论演绎的行动单位的变化大体一致，主要经历了三个阶段。

（一）个人行动从属于农户行动

改革开放前以及改革初期，农民主要是以家庭为单位行动，家庭行动淹没和掩盖了个人行动，只能够看到家庭需求、动机和行为。此阶段小农家庭面临着生存威胁，全家必须齐心协力最大化地争取生存资源。此阶段又分为两种类型：一是个人行动等同于家庭行动时期，如1949年到初级合作社时期以及改革开放的头几年，农民以家庭生存资源最大化为目标，个人行动等同于家庭行动；二是个人行动从属于家庭行动，如高级合作社和集体化时期，这一阶段名义上个人有收入分配，可以独立于家庭，但是分配的资源不足以生存，需要以家庭的形式共渡难关，如壮年劳动力的粮食不够吃，需要以小孩或者老年人的口粮补充。此时，家庭成员虽然具有名义上的独立性，但受生存资源短缺的约束，没有实际的独立能力，必须依赖于家庭、依靠家庭，个人行动从属于家庭行动，追求生存最大化，即追求将家庭成员的命运从"生存边缘"推进到"生存安全区"。

（二）个人行动服务于农户行动

改革开放以后，随着外部就业机会的增多，农民纷纷外出务工经商，劳动力社会化程度大大提高，为打工者提供了个人行动的机会，但是这种机会必须与家庭经济条件结合。同时，随着农民外出打工，农业生产环节开始出现专业化的市场服务，收割环节有收割机，犁田环节有铁犁租赁，其他环节有专门的零工雇请，生产环节的社会化也为个人行动提供了条件。务工经商大大增加了家庭增量收入，农民以生存为目标转向以挣钱为目标，经济条件也由最低需求转向较高需求。外出打工者特别是年轻的打工者的行动有了一定的自由度，其收入在保证家庭货币支付顺利的前提下有了一定的选择空间。生产、劳动力的社会化与家庭经济条件的好转，扩大了务工劳动力的行动自由度和独立支配空间。但是外出务工者也必须服务于农户的行动，其自由度和支配空间，只有在确保家庭不出现支付危机的前提下才允许保留。

（三）个人行动独立于农户行动

2000年以后，农民的行动单位变得更加复杂。户主为主要劳动力且外出务工的家庭，即"上有老，下有小"的家庭，不管是户主，还是老人、小孩，其行动必须从属于家庭、服务于家庭。也有一部分父母、子女都是主要劳动力的家庭，家庭负担不重，全家人都能够挣钱，经济条件比较宽裕，户主不管是在家种田，还是外出务工都能够应付家庭货币支付，不需要子女支持和分担，这类家庭以利润最大化为目标，特别是以长期收益为目标，生产、打工的主要目标是帮助子女储蓄结婚费用、建房费用。这类家庭外出务工经商的子女们，个人行动独立于家庭行动。中国两千多年的农民历史，到目前才出现真正意义上的个人独立于家庭的行动。至于是否真正不考虑家庭行动，还要取决于打工者及父母的态度，但是个人有独立于家庭行动的能力和机会是毋庸置疑的。同时，也必须看到此类家庭随着子女结婚，很快会从利润最大化动机的家庭，分化为多种货币收入最大化动机的家庭。结婚、建房、分家、生子都会使新建家庭及老家庭从利润最大化动机家庭转化为货币收入最大化家庭。当然，尽管每家每户都有一块承包地，但很少有农户会退回到生存最大化为动机的家庭。农民行动单位的循环与传统大家庭分家导致后代贫穷有着同样的逻辑。这表明，从总体上看，个人独立于家庭的行动在增多，但是非常不稳定，随着分家和家庭大事的出现，又有倒退的危险，概括起来说是"阶梯形上升"，即小农行为由个人从属于家庭转向服务于家庭，由服务于家庭转向独立于家庭，具有向前发展的趋势，但是也有倒退的情况。

不管是从理论层面分析，还是从实践层面考察，农民都是以家庭为单位从事生产、生活、交往，以家庭为单位进行决策和核算，以家庭为单位确定需求、动机、目标，并以家庭为单位采取行动实现既定目标。家庭是农民行动的主要单位。经济学家追求个体理性与家庭追求收益最大化并没有冲突，对于普通的个人，在社会经济活动中，在不考虑家庭的情况下，势必与经济学家的基本假设相同。但是，如果将家庭作为一个重要的约束条件，作为农民的个人，作为家庭成员的个人，作为父母或子女的个人，必须以家庭为行动单位，个人行动必须等同于、从属于或者服从于家庭行动。

虽然农民以家庭为行动单位，但是，家庭行动与个人行动会有一定的偏离。家庭行动与个人行动的偏离程度由三个因素决定：经济条件、生产的社会化、劳动力的社会化。三个变量都从正向影响偏离程度，三者的提高都会促使个人行动偏离家庭行动，除非特殊情况，家庭仍然是农民的主导行动单位，对于小规模经营的农民来说更是如此。在三个变量中，经济条件是最基本的因素，属于核心变量，后两个变量是前提变量。

农民以集体或者个人为行动单位都是比较罕见的情况。在农民进入以利润为行动目标以后，吃饭和用钱都不受家庭及其成员的约束，此时个人行动的空间和自由度最大，个人行动可以独立于家庭行动，但是对于中国的小农而言，独立行动只有很短的时期，随着结婚、分家又会回归社会化小农时期。另外还有一个比较极端的情况，在农民及其家庭面临着死亡危机时，家庭行动会让位于集体行动，诸多家庭会联合起来采取集体行为，追求生存资源。

第六章 "圈层理论"与社会化小农[①]

——小农社会化的路径与动力研究

经济学家认为小农通过市场走向社会化,政治学家认为小农为了权利走向社会化,心理学家认为小农因为情感需要走向社会化。笔者认为,小农通过圈层走向社会化,而且不同的约束条件、不同的时期有不同的圈层;同一时期也有不同类型的圈层,主导圈层决定其他圈层的活动范围,决定小农社会化的空间和边界;主导性圈层随着小农经济动机和目标的变化而改变。

一 "圈层理论"与小农

"圈层理论"是一个地理学的概念,经济学家、社会学家和人类学家将其引入并改造用来分析经济社会关系。圈层理论大致可以分为三大类:一是圈内关系研究;二是小圈子突破边界走向大社会和大市场的研究,从内向外突破和社会化;三是外部力量渗透进小圈子的研究,从外向内渗透和被动社会化。

圈层理论的创始人是德国经济学家杜能,他在研究工业生产布局理论时,以城市为中心,根据农业耕作序列,从近到远将产业布局分为六个圈层:自由农作、林业、轮栽作物制、轮作休闲制、三区农作制、畜牧。[②]

[①] 本文发表于《华中师范大学学报》(人文社会科学版)2009年第1期。
[②] [德]约翰·冯·杜能:《孤立国同农业和国民经济的关系》,吴衡康译,商务印书馆1997年版,第20—190页。

杜能从静态的视角考察农产品的生产布局和流动路径，但他没有将生产的主体——农民及其社会关系纳入分析框架。

施坚雅第一次将圈层理论用来分析乡村结构与社会关系。施氏以流通网络将农民行为依次划分为四级市场：小市、基层市场、中间市场与中心市场，分别以村庄、基层市场、县城或者中心城市为中心。① 施坚雅认为，农民主要活动于基层市场，大部分的商品买卖都在此进行，婚姻和社会交往大都集中在基层市场内，市场圈与婚姻圈、交往圈大体一致。② 小农在基层市场中从事生产、生活和交往活动，货物通过不同层级的市场上下流动，市场体系将小农与外部连接起来。

杜赞奇在驳斥施坚雅的市场圈与婚姻圈、社交圈不一致的基础上，提出了文化网络的概念。杜赞奇认为，婚姻圈、社交圈并不一定会与基层市场吻合，农民的商品交易行为、婚姻选择范围与社会交往的半径嵌入在文化网络中，农民在文化网络共同体中买卖商品、选择配偶、相互交际、参与组织及其他社会活动。③ 杜赞奇认为，国民党政府 30 年代的权力下沉和国家建构的失败就是因为没有契合乡村文化网络而造成的。

费孝通则用"差序格局"这个概念来代替圈层理论，在形容亲属关系以及社会关系时用了一个非常形象的比喻："以'己'为中心，像石子投入水中，和别人所联系成的社会关系，不像团体中的分子一般大家立在一个平面上的，而且像水的波纹一般，一圈圈推出去，愈推愈远，也愈推愈薄。"④ 他认为："社会关系是逐渐从一个一个人推出去的……社会范围是一根根私人联系所构成的网络。"⑤ 费孝通主要从亲属圈的维度探讨农民之间的关系以及农民交往的社会化路径。

弗里德曼在《中国东南的宗族组织》一书中认为，"中国南方的'氏

---

① [美]施坚雅：《中国农村的市场和社会结构》，史建云、徐秀丽译，中国社会科学出版社 1998 年版，第 4 页。
② 同上书，第 40—45 页。
③ [印度]杜赞奇：《文化、权力与国家：1900—1942 年的华北农村》，王福明译，江苏人民出版社 2004 年版，第 14—15 页。
④ 费孝通：《乡土中国》，上海人民出版社 2006 年版，第 22—23 页。
⑤ 同上书，第 25 页。

族'与费孝通关于汉人社会的规划不相适应"[1],建议以宗族组织或者宗族关系——"宗族圈"为单位研究汉人社会及乡村关系。庄孔韶的《银翅》中对林耀华的"均衡论"有所修正和发展,提出了类蛛网式社会解释模式,将人际关系网络看作类蛛网结构。[2] 在市场网络、文化网络及亲属网络之外,还有更大的圈层理论:一是施坚雅将市场圈层理论扩大到整个中国,将中国分成八大区域,每个区域有中心,区域之间的边界地区为边缘区,形成核心—边缘圈层结构,施氏以此理论探讨物流与人流在核心与边缘区之间的流动。[3] 二是彭慕兰运用沿海—腹地以及核心—边缘圈层结构考察山东运河区域的衰落。当然施与彭的核心—边缘或者沿海—腹地理论并不是研究农民与社会的关系,而是用圈层理论解释区域之间的影响关系,以及农民在此外部影响下的行为与逻辑。[4] 三是萧凤霞、刘志伟、郑振满等基于对华南地区的研究,建议以"区域社会"为研究单位,将村庄放在区域社会中进行考察,从某种程度上看,这也是一种比较大的圈层理论。

前辈们的研究为我们解释小农社会化提供了不少启示,但是他们的研究还有三个方面的不足:一是没有将时间纳入圈层理论,以此考察不同时期的圈层演变;二是没有考察同一时期不同圈层之间的关系;三是没有研究推动圈层变化的动力及其约束条件。鉴于此,本文准备将时间变量纳入圈层理论,探讨小农社会化的演变路径、动力、条件及圈层之间的关系。笔者认为,随着时间的推移,主导小农生产生活和交往的圈层依次为市场圈、就业圈与投资圈,行为空间不断扩大,行动边界不断伸展,小农的社会化程度不断加深;小农通过市场圈、就业圈与投资圈逐步走向社会化;市场圈对应于小农的生存动机与目标、就业圈对应于小农的货币收入动机与目标,投资圈则与利润动机相连。

---

[1] [英] 弗里德曼:《中国东南的宗族组织》,刘晓春译,上海人民出版社2000年版,第1—2页。

[2] 庄孔韶:《银翅:中国的地方社会与文化变迁》,生活·读书·新知三联书店2000年版,第476—478页。

[3] [美] 施坚雅:《中华晚期帝国的城市》,叶光庭等译,中华书局2000年版,第3页。

[4] [美] 彭慕兰:《腹地建构:华北内地的国家、社会和经济(1853—1937)》,马俊亚译,社会科学文献出版社2005年版,第311页。

二 小农与"市场圈"

从不同的维度考察,同一时期、同一区域可以有不同的圈层,关键问题是以什么样的圈层为研究对象能够比较完整地展示乡村结构及农民与社会、市场之间的关系,在众多的圈层中什么圈层居主导地位、起基础性作用。笔者认为,传统乡村社会基层市场圈层是农民活动的基础性圈层,其他圈层依附于、派生于或者决定于基层市场圈层。

农户生存动机与目标内生于市场圈。按照恰亚诺夫的说法,农户追求生产—消费的均衡,① 按照斯科特的说法,农户追求家庭"安全第一"。② 笔者认为,农民在不同的时期有不同的动机与目标,在传统社会农户追求生存最大化。③ 其生存动机与目标实现的最大的空间就是施坚雅所说的"市场圈"。一方面,在传统农业社会,农民的外部就业机会比较少,家庭生存目标要求农民将大部分的时间用于从事食物生产,为了获得最大化的食物产品,只好在单位土地上投入更多的劳动,进行"过密化"生产。④ 生存性的生产活动主要在市场圈,而且集中于市场圈的村庄或者集镇。另一方面,农户仅依靠农业无法解决生存问题,必须借助于劳务市场和家庭手工业。"多数织布农户在务农所得不足养家糊口的压力之下,将无别处可用的家庭辅助劳动力投入家庭手工业……商品化的家庭手工业成为补充种植业收入不足、养家糊口和维持再生产的主要手段。"⑤ 家庭手工产品成为小农维生的拐杖。农民的这根拐杖主要边界就是市场圈,农户家庭手工产品在基层市场内销售,农闲时劳动力在市场圈内务工或者经商。基层市场圈是农户获取生存保障和经济安全的最大边界,也是必须到达的边界,太大没有必要,太小无法实现生存目标。

---

① [苏]恰亚诺夫:《农民经济组织》,萧正洪译,中央编译出版社1996年版,第9—10页。
② [美]斯科特:《农民的道义经济学:东南亚的反叛与生存》,程立显、刘建译,译林出版社2001年版,第6页。
③ 邓大才:《社会化小农:动机与行为》,《华中师范大学学报》(人文社会科学版)2006年第3期。
④ [美]黄宗智:《长江三角洲小农家庭与乡村发展》,中华书局2000年版,第11页。
⑤ 同上书,第307页。

交易内容与需求决定市场圈的主导地位。传统乡村社会，农户很少与社会和市场打交道，生产生活需求大多家庭供给，"农民家庭差不多生产了自己所需要的一切：食物、用具和衣服"①。"乡土社会是个小农经济，在经济上每个农家，除了盐铁之外，必要时很可关门自给"②。显然，传统乡村社会农户大部分生产生活用品都是自我供给，只有不能生产的日常生活用品才向市场购买。日常生活用品无法全部在村庄"小市"购买，基层市场能够基本满足，农民不需要前往更远、更大的中间市场。施坚雅对此有专门的分析，基层市场指"一种农村市场，它满足了农民家庭所有正常的贸易需求：家庭自产不用的物品通常在那里出售；家庭需用不自产的物品通常在那里购买"。斯科波尔也持同类观点，"传统中国共同体的基本单位并非个体村落……而是包括一组村庄的市场共同体……共同体才是他们真正的世界。他们经常到定期市场做买卖"③。传统乡村社会农户受生存约束和财富约束，很少有超出基层市场供给的需求，卖出与买进都能够在基层市场完成。因此，基层市场圈是传统农户生产生活所需和所售商品的最大经济性边界，也是保持正常家庭生活必须到达的社会性边界。

其他圈层决定于、依附于、从属于市场圈。对于与基层市场圈交织在一起的其他圈层，施坚雅也进行过详细的描述和考察，基层市场圈是"小农生活的圈子"，也是中国社会最基本单位④，施氏认为，无论是婚姻，还是接生婆、裁缝，甚至秘密社会、宗教组织、复合宗族、方言和习惯等均以此为单位和边界，即婚姻圈、劳务圈、社会组织圈、文化传统圈等都与基层市场吻合或者重叠或者相交叉或者相容。虽然施坚雅考察了基层市场圈与其他社会圈层之间的关系，但是他并没有论证这些圈层谁先谁后、谁主谁次。在施氏理论中，市场圈与婚姻圈、庙会管理同等重要。笔者的疑问是，为什么不能以后者作为主导圈层，偏偏选择前者呢？其实按照施氏的研究，我们可能还能推导出是其他社会圈决定市场圈，"当一个农民对他的基层市场区域之外的社会区域却全无了解时，会引起某些结构

---

① 《马克思恩格斯全集》第20卷、第8卷，人民出版社1973年版，第297页。
② 费孝通：《乡土中国》，上海人民出版社2006年版，第45页。
③ [美] 黄宗智：《华北的小农经济与社会变迁》，中华书局1986年版，第23页。
④ 同上。

上的后果"①。杜赞奇就以婚姻圈与市场圈的不吻合否定基层市场圈理论，提出文化网络圈理论。显然，只有解决了基层市场圈与其他社会圈层之间的主次关系，才能够避免类似循环批评的问题。

其实要证明基层市场圈为基础性、主导性圈层并不是难事。按照马斯洛的动机需求层次理论，农民首先要满足的是生存问题，生存问题解决后才会有其他的动机和需求，当生存没有满足时所有的需要和行为都必须以其为基础和前提。传统乡村社会生存问题仍然是农民最大的问题，农民的生产、生活和交往都必须以此为基础和条件，一切活动都必须围绕着生存而展开，生存决定其他的活动和需求。农民的生存依靠两个途径：一是种地；二是家庭手工业和打零工。前者的行为空间是村庄边界，后者的行为空间是基层市场边界。生存空间决定了婚姻、劳务、祭祀、文化等圈层。其中，文化圈层、劳务圈层产生于生存空间，婚姻圈依附于生存空间，祭祀圈以基层市场为中心向外辐射，其中心位于生存空间，社会组织、秘密社会存在的目标也是为了生存，其活动范围可能越过生存空间，但主要活动在生存空间。可见，其他各类社会性圈层要么源于生存空间，要么依附于生存空间，要么从属于生存空间，要么维持于生存空间。

以生存空间划界的基层市场圈是农民的理性选择。因为农民对基层市场圈非常熟悉，信息充分，而且基层市场能够提供基本的商品交易平台，农民在基层市场内活动可以节省诸多的交通、谈判、信息、契约等交易成本，而且交易、交往活动受到乡村社会伦理（"熟人社会"）的支持，降低了受骗、被欺诈的风险。农民能够在基层市场圈内完成所有的交易行为和交往活动，不需要越出边界，越出边界会增加交易成本，还可能会危及刚好满足的生存安全。显然，生存空间决定的基层市场圈正好符合"科斯定理"，类似企业与市场的边界一样，它也是家庭活动的最大边界，在此边界上边际生存成本等于边际交易成本。不管是婚姻、还是其他社会活动，越出了这个边界，势必增加交易成本，从而会抵消、耗费农民边界扩张所获得的生存收益，导致生存安全程度下降。可见，以基层市场圈为活动边界和行为空间成了传统乡村社会农民的理性选择。

---

① ［美］施坚雅：《中国农村的市场和社会结构》，史建云、徐秀丽译，中国社会科学出版社1998年版，第45页。

三 小农与"就业圈"

传统乡村社会小农以生存为目标，以基层市场圈为行为活动空间，这一局面持续了很长的时间，即使商品和市场的出现，帝国主义入侵，也没有改变，"伴随着国际资本主义而来的加速商品化没有带来质的变化，而只是小农经济的进一步过密化"，小农"真正的质变性发展是通过大多是集体所有的乡村工业和副业发展而实现的农业的反过密化"。[①] 黄宗智先生认为，明清以来小农的家庭生产格局基本没有变化，只是集体化改变了一切，集体化改造时期是传统乡村社会的转折时期。其实，笔者认同黄宗智先生的结论，中国小农真正的转折点不是1949年，也不是集体化，而是1978年以后的改革开放时期，小农全方位社会化从根本上改变了传统小农的动机和行为目标以及市场圈存在的条件，进入了"就业圈"主导圈层时期。

1978年以后中国乡村社会的变化主要有两个：第一个变化是小农越来越小。1949年、1978年、2006年人均耕地分别为2.71亩、1.55亩、1.39亩。虽然小农经营规模越来越小，但是乡村社会及小农并没有按照亚当·斯密和马克思设计的社会化大生产路径演进，而是以小家庭为单位走向社会化。虽然小农越来越小，但生存问题却没有恶化。这得益于家庭承包责任制，小农都分到一块面积不等的责任田，责任田又因粮种技术的改进，其产量大幅提高。1949年小麦、水稻每公顷产量分别为642公斤和1892公斤；1978年两者为1845公斤、3978公斤；2006年两者分别为4550公斤和6232公斤。虽然小农越来越小，但小农的衣食倒再也无忧，困扰了几千年的吃饭穿衣问题基本解决。

吃饭问题的解决具有革命性的意义，它才是小农告别传统走向新阶段的转折点。这也是我不认同有些学者将集体化改造时期视为传统乡村社会转折时期的依据。小农的集体化改造，从制度层面讲发生了翻天覆地的变化，农民从家庭人变成了集体人，土地从自家的变成了集体的，但是困扰中国政府和小农几千年的生存问题依然没有解决，农民还是无法吃饱，集体化只能说是政府和小农为了解决吃饭问题的一种制度安排而已，整个社

[①] [美] 黄宗智：《长江三角洲小农家庭与乡村发展》，中华书局2000年版，第14—17页。

会的经济基础和社会需求没有发生任何变化。1978年以来吃饭问题的基本解决却不可与集体化制度安排同日而语,小农生存问题的约束条件从此改变,所以1978年以来的这段时间才是中国小农发生质变性的转折时期。

第二个变化是小农的社会化程度越来越高。过去小农可以关起门过日子,正如马克思所说,农民的生活资料和生产资料"差不多都是自给自足的……他们取得生活资料多半是靠与自然交换,而不是靠与社会交往"①。农户经济生活、资源配置、政治生活领域更深、更广地卷入社会化、市场化、政治化的进程中,生产、生活、交往方式社会化程度大大提高,农民变成了一个"社会性动物":生产环节分工程度加深,社会化服务替代了传统的农户自我服务,社会分工代替了家庭分工;家庭资源配置体系外部化,劳动力、土地、资金配置全方位走向市场,生产要素的配置由家庭走向外部社会;农户生活货币化,打破了家庭自给性供给边界,农户经常面临短期性货币支出压力和周期性的家庭赤字;农户与外界的交往范围扩大、交往频率增加、交往程度加深,农户深深卷入了全球化分工网络,病虫害、禽流感等疫情危机、质量风险与安全等社会问题不断冲击、威胁农户,农民由一个"家庭人"转变成了一个"社会人"。②

小农全方位、深度社会化带来了巨大的货币支付压力,农民不再为吃饭而发愁,但是要为货币支付而担心。小农生产要花钱——种子、化肥、农药以及耕种收割,样样都需要货币购买或者雇请;小农生活要花钱更是数不胜数——教育、医疗、建房、子女结婚、生育、丧葬,项项都是吸钞票的机器;交往方面也是水涨船高,进入了"人情猛于虎"的年代——老人、小孩的生日、过年过节的拜访、人生的几大喜事、建房考学参军都少不了人情往来。当今中国小农"支出千只手,收入一条线"。农民以传统的收入网络支付现代社会化的支出捉襟见肘、力不从心。③虽然社会化小农不再在齐颈深的水中行走,但还在波涛汹涌的大海中行船,一旦有突如其来的支出压力,便会险象环生,随时翻船。可见小农已经从生存死亡线走下来,却落入了货币支付陷阱。生存问题的解决及货币支付问题的出

---

① 《马克思恩格斯全集》第8卷,人民出版社2006年版,第217页。
② 徐勇、邓大才:《社会化小农:解释当今农户的一个视角》,《学术月刊》2006年第6期。
③ 邓大才:《湖村经济》,中国社会科学出版社2006年版,第366—367页。

现，改变了小农的约束条件，当今的小农不再受生存约束，而是受货币收入约束，小农经济伦理由"生存"伦理转为"货币"伦理；小农目标由生存最大化转为货币收入最大化，小农的一切行为围绕货币而展开。①

传统乡村社会小农为了解决生存问题，依靠的是家庭手工业和打零工这"两根拐杖"。现在是否还能够依靠这两根拐杖呢？小农能够在基层市场圈内解决生存问题，是否可以在基层市场圈内解决货币收入问题呢？笔者认为，小农能够在基层市场圈内解决生存问题，但是不能够解决货币收入问题。先讨论前一个问题，"两根拐杖"之一的家庭手工业已经没有生存空间，家庭手工产品已经为专业化、规模化、标准化、低成本的城市机器工业产品所替代；另一根拐杖打零工也因为地主的取消以及耕作生产的机械化和专业化而消失，现在村庄和集市挣钱的机会极少，无法支撑常态化的家庭货币支付危机。

"两根拐杖"失灵、土地增收无望②，农民投资没有资本，也没有能力，现在农民只能依靠最富裕的资源——劳动力，依靠劳动力越过基层市场圈而解决货币支付问题。因此，农户利用丰裕的劳动力走出家庭、越过村庄和基层市场，进入城市寻找就业机会和增收途径成为唯一的选择。就业的社会化成为解决货币危机和压力的"新拐杖"，就业社会网络成为解决货币压力的最大边界。"就业圈"便成为社会化小农的行为空间和活动边界，也成为学者们考察当今小农动机和行为，研究乡村社会的重要单位和主要圈层。

"就业圈"是由货币收入动机和目标所决定的，也是由缓解货币压力的动机与行为所划定，具有内生性和决定性作用。同样其他社会圈层也由"就业圈"所派生、所主导。"就业圈"最先决定的就是婚姻圈，随着就业范围的扩展和外出的频繁，农民择偶的范围也随之扩大，我们能够看到"本地媳妇外来郎"的现象，更经常的是"外来媳妇本地郎"的情形。虽然跨省的婚姻还不是太多，但是跨市、跨县特别是跨基层市场圈的婚姻已屡见不鲜。这说明了两个问题：随着就业圈跨越市场圈，婚姻圈也随之跨

---

① 邓大才：《社会化小农：动机与行为》，《华中师范大学学报》（人文社会科学版）2006年第3期。

② 邓大才：《湖村经济》，中国社会科学出版社2006年版，第359—361页。

越市场圈。这就可以非常清晰地看到就业圈与市场圈主次关系和先后关系，前者为先、为主，后者为后、为次。另外，与就业圈相伴的还有"犯罪圈""乞讨圈""炒房圈""传销圈"秘密社会、社会组织等。显然，就业圈具有基础性、主导性、先入性的作用，其他社会圈是派生的、附属的，并与就业圈吻合。不管是就业圈，还是其他社会圈都以家乡为中心，以就业路线为半径，呈现一个圆形圈层布局。

四　小农与"投资圈"

生存问题解决后，货币问题浮上台面，货币收入问题解决后，又将产生什么问题呢？生存问题决定于基层市场圈，货币问题决定于就业网络圈，那么货币支付危机解决后的农户的行为将会产生什么样的圈层呢？笔者认为，货币问题解决后是利润问题，以利润为目标的农户动机与行为将与"投资圈"相伴。

我们将小农分为三个阶段，传统小农、社会化小农和现代小农（见下表），[①] 传统小农追求生存最大化，其行为决定基层市场圈；社会化小农追求货币收入最大化，其行为决定就业圈；现代小农追求利润最大化，其行为边界由小农追求利润行为所决定的，笔者称之为投资圈。舒尔茨在《改造传统农业》中认为，小农要跳出传统农业，获取更多的利润，必须进行投资——教育投资以及新技术、新设备等方面的投资，才能够实现。[②] 投资是小农获得更多利润的途径，投资也是解决现代小农难题的唯一途径，投资路线与半径决定投资圈的边界与规模。

小农动机与行为圈层之间的关系

	市场圈	就业圈	投资圈
小农动机	生存最大化	货币收入最大化	利润最大化
小农性质	传统小农	社会化小农	现代小农
圈层边界	日常商品及其零工边界	打工边界	投资边界及产品边界

---

① 徐勇、邓大才：《社会化小农：解释当今农户的一个视角》，《学术月刊》2006年第6期。
② ［美］舒尔茨：《改造传统农业》，梁小民译，商务印书馆1987年版，第140—150页。

市场圈层的边界取决于农户日常商品交易边界、手工产品交换边界和零工获取边界，就业圈层取决于农民务工经商的范围，投资圈的规模和范围则取决于两个方面：一是投资的范围。农户投资有多远则其边界就有多大。如四川不少农民前往新疆承包棉地，中西部不少农民前往江浙承包耕地，还有内陆农民承包城市周围的菜地。二是投资产业的产品的销售范围。投资圈的确定与就业圈有些不同，投资圈的决定除了投资边界外，还有产品的销售边界，两者共同决定投资圈的范围。当今农户生产早已不是传统乡村社会清一色的"粮＋猪＋鸡"结构，还有大量经济作物、养殖业产品，这些方面是为市场而生产的，投资这些产业的农户需要拓展销售市场，产品销售所到之处，也就是农民行为所到之地。因此，投资圈的确定就由投资本身的范围与产品的销售范围共同决定。

也许有人会问，投资圈是否具有现实性？其实，根据圈层理论及社会化小农理论预测，投资圈层应该取代就业圈。实际上，现在投资圈也存在。只不过以投资圈活动的农民比较少。现在中国，一部分农民为生存而奔波，大部分的农民为货币收入而苦恼，小部分农民为利润而忧心，可以说"一个中国，三个世界"。这一小部分以利润为动机的农民，只能从投资进行考察才能完整地展现他们的行为、活动及其对村庄政治社会生态的影响。这部分以利润为动机的农民主要包括四类：一是东部沿海地区，已经比较富裕的农民，在本地或者外地进行经济作物、养殖业投资，如浙江省的农民前往湖南、湖北吊养珍珠。二是中西部地区的农民前往东部地区、城郊地区，投资种植、养殖业，如四川省、重庆市的农民前往江苏、浙江承包土地种植蔬菜。三是部分投资购买收割、耕作设施，从事跨区域的农业专业化服务，如南方有些农户购买收割机前往北方收购小麦。四是农民在本地投资经济作物、养殖业，如河北遵化的农民投资种植葡萄，湖南、湖北的农民投资从事水产养殖或者特种畜牧养殖等。

以利润为导向所确定的投资圈依然起主导作用和基础作用。投资圈决定投资农民的活动和行为空间，在投资圈内行为和活动的农民也扩大了其他社会圈层。婚姻圈随着投资而形成，社会关系网络也因投资与销售而建立，社会组织也因投资而扩展，文化传统和风俗习惯也因投资而向外传播，庙会或者宗教习俗也因投资而推广。这些适合于前三类以利润为导向的农民。对于第四类以利润为导向的农民，则主要是以农产品的销售而划定投资圈,这种圈层也能够部分地扩大社会化圈层,但是产品的影响较之人本身的影响要小,因此这类投资圈所派生的婚姻圈、交际圈、文化圈远远地小于投资圈。从这里也可以证伪杜赞奇提出的婚姻圈越过市场圈,不会与市场圈吻合的命题。可以肯定说,投资圈不可能由婚姻圈、交往圈等其他圈层决定,而只能是投资主导其他社会圈层,而投资圈又是由农民追求利润的投资行为所决定的。

五 结论

从传统小农、社会化小农到现代小农,农民行为的主导圈层分别为基层市场圈、就业网络圈及投资圈,而且主导圈层依次更替,圈层越来越大,范围越来越广。伴随着主导圈层的更替及范围扩大,小农社会化程度越来越大,小农的社会化程度也越来越深。从圈层理论来看,基层市场圈—就业圈—投资圈是小农社会化的基本路径。

小农活动与行为的主导圈层不是随意划定的,而且由当时小农的最主要的动机和目标确定的,不同的目标下有不同的活动和行为方式,有不同的伸展空间。生存动机决定小农生存空间——基层市场圈,货币动机决定小农的货币收入获取空间——就业圈,利润动机决定小农的利润取得空间——投资圈。小农的行动与动机决定主导圈层,小农以基本动机为动力逐步社会化。主导圈层决定其他社会圈层,社会圈层派生于主导圈层。基层市场圈、就业圈和投资圈是传统小农、社会化小农和现代小农的主导圈,这些主导圈先于其他圈层而形成,其他圈层派生于、依附于、从属于主导圈层,一般而言其他社会圈层小于或者重合于主导圈层。

中国的小农走向了不同于欧美国家的路子,也不同于马克思所设想的社会化大生产的路子。欧美的小农现代化是直接从乡村走向城市,直接从传统小农走向现代小农,没有社会化小农这个阶段。同样中国小农的发展也不同于马克思的设想,马克思认为,小农最终要被消灭掉,小农是落后的,实践证明马克思的设想在中国并没有实现,小农不仅没有被消灭,而且还生机勃勃,小农不是通过社会化大生产走向现代化、走向资本主义,而是通过就业社会化、投资社会化而逐步发展。

小农的圈层理论也体现了施坚雅的圈层理论的强大解释能力,但是中国小农的实践也发展和修正了施坚雅的市场圈层理论。小农活动和行为空间不是一成不变的，而是随着小农基本问题的发展而变化。小农的圈层理论修正了施坚雅认定的基层市场圈与其他圈层同等重要的观点，另外，小农行为的圈层理论也证伪了杜赞奇的文化网络命题，同时也证伪了以集体化为传统农业经济转折点的观点。

第七章 社会化小农与乡村治理条件的演变[①]
——从空间、权威与话语维度考察

改革开放以来，小农迅速社会化，逐渐演变成社会化小农[②]。小农的社会化或者社会化小农对乡村治理具有革命性的影响，它全方位影响乡村社会、乡村社会的治理结构，特别是小农的社会化改变了乡村治理的条件。笔者认为，小农社会化拓宽了治理的空间，改变了治理的手段、规则、过程和话语。

一 治理空间

顾名思义，治理的空间是指治理的范围以及在此范围内的内容和对象。传统小农时期，乡村社会的治理空间就是村庄范围内的公共性事务，因为村与村之间隔绝，治理的边界非常清楚，村庄边界是其治理范围，村治理的主要内容是赋税、教化、纠纷调解以及简单的村庄公共工程等四项。但是社会化小农则改变了治理的空间，治理范围更广，治理内容更多，治理对象更复杂。

1. 社会化小农与治理范围

按照马克思的说法，传统小农"生产方式不是使他们相互交往，而

[①] 本文发表于《社会科学》2011年第8期。
[②] 社会化小农是一个解释性概念，它包括社会化小农经济、社会化小农生产、社会化小农发展阶段、社会化小农（主体）。顾名思义，社会化小农就是社会化程度非常高的小农，即"社会化＋小农"，或者说与外部世界交往密切、融入现代市场经济、社会化程度比较高，但是经营规模比较小的农民、农户。

是使他们相互隔离"[①]。

　　费孝通先生也认为,"孤立、隔膜是就村和村之间的关系而说的"[②]。也就是说,传统乡村社会,村与村之间的交往比较少。费孝通还认为,乡土社会富有地域性,活动范围有地域限制[③]。即使有交往也是一种地域交往,而不是一种利益交往,"各个小农彼此间只存在有地域联系"[④]。传统小农的地域性和非利益性就决定了村庄治理的边界,地域以内甚至是村庄以内才是治理范围,村庄以外的交流是利益性的,不大需要治理。从而确定了治理的范围和对象。

　　小农社会化则打破了这种地域性、非利益性限制。社会化小农从两个方面突破地域和利益限制：一是农户家庭劳动力的社会化配置突破了传统小农的地域性限制,现在农民外出务工、经商非常频繁,动辄几千里,有些农民还到国外"打洋工"。农民工流动到哪里,治理就应该跟到哪里。务工经商的农民是村庄的村民,有地、有房、有直系亲戚、有小孩教育,与村庄有扯不断的关系,他们在外地的一举一动都牵扯着村庄,有些也会成为村庄的公共事务。现在有些地方已经在逐步建立同乡会、打工支部这类的组织,这就是乡村治理的一种延伸。所以小农社会化突破了传统乡村社会治理的地域限制,农民工流动之处就是治理之地。

　　小农社会化也突破非利益化限制。农民外出打工其根本目的就是获取货币收入,小农内部的社会化同样以利益为纽带[⑤]。小农生产社会化,就是以货币为媒介的社会化,小农买卖各种商品、服务,从而使小农与外部世界、小生产与全球市场联系起来,其联系机制是市场,其联系媒介是货币。市场和货币都是利益的体现。通过市场、货币建立起来的外界利益联系,也变成了治理的内容,村庄通过信息服务、联络、维权等方式参与小农与外界的交易,如村庄帮助农民对外销售农产品,帮助农民获取种苗,帮助购买到假种子的农民维权等。所以,小农内部社会化同样也拓展了村

---

　　① 《马克思恩格斯选集》第1卷,人民出版社1972年版,第693页。
　　② 费孝通：《乡土本色》,载《乡土中国》,上海人民出版社2006年版,第7页。
　　③ 同上。
　　④ 《马克思恩格斯选集》第1卷,人民出版社1972年版,第693页。
　　⑤ 本文将小农劳动力外部就业称之为外部社会化,将小农生产、生活各个环节的社会化称之为内部社会化。

庄的治理范围。

2. 社会化小农与治理内容

传统乡村社会，村庄的治理内容比较简单，费孝通认为，村庄公共事务就是"包括灌溉、自卫、调解人们的争吵、互援、娱乐和宗族活动"[①]。张仲礼认为，村庄及其士绅承担"公益活动、排解纠纷、兴修公共工程，有时还组织团练和征税等许多事务"[②]。传统乡村社会村庄的公共事务就是四大类：纠纷调解、协助赋税征收、村庄娱乐活动、简单的村庄工程，如修桥补路、小型水利等。概括起来就是小农与自然、村庄内部小农之间交往，小农与国家交往的治理。小农社会化则使农民生产、生活、交往更加复杂，从而大大拓展村庄的治理内容。

小农社会化则突破了小农交往的范围，特别是劳动力社会化使小农突破地域限制，小农与外地、小农与外部企业之间建立起了联系。小农生产生活社会化则使小农与市场建立起了紧密的联系，特别是社会化小农有相当大一部分农产品必须通过市场销售，市场对小农的影响超过了国家、村庄和自然。在传统乡村社会中，小农与三类主体相联系：自然、村民、国家；社会化小农时期，小农还要有与外地企业、社会市场进行交往，而且这两种交往对小农的经济收入有着更大的影响。

村庄治理是小农自己完成不了的事情，必须通过合作组织来完成，传统乡村治理协助小农处理与自然、村民和国家的关系，社会化小农时期，小农交往的范围扩大，小农还要与外地企业和社会市场进行利益交往。因此，村庄治理的内容也要根据小农交往的内容和对象而进行改变。如小农与市场交往，村庄可以提供信息服务；小农可以代表村庄与外地企业进行交涉以保护务工农民的权益；小农与务工输入地交往，村庄要通过输入地了解计划生育的情况等。

小农与国家之间的关系也更加复杂，虽然已经没有教化、租税征收功能，但是维持村庄秩序、调解村庄纠纷的功能依然存在，而且还增加了不少新的内容，如农产品的标准与质量安全、畜禽疾病的防治、村庄卫生、政策宣传、政府服务等都需要村庄协助，还有国家对生产的支持支援、国

---

① 费孝通：《中国绅士》，中国社会科学出版社 2006 年版，第 50 页。
② 张仲礼：《中国绅士研究》，上海人民出版社 2008 年版，第 40 页。

家对农民的养老医疗保障等也需要村庄协助完成。这些都是小农社会化后国家针对社会化小农而出台的扶持政策，它们也改变丰富和发展着村庄治理的内容，即村庄也要与时俱进，将这些与小农社会化紧密相连的内容纳入治理的范畴。

3. 社会化小农与治理对象

传统乡村社会，小农不流动，小农自给，外部声音、外部影响无法进入村庄，村庄治理相对比较简单。按照徐勇和徐增阳的话说：当时是"管住了土地，就管住了农民"[1]。有时甚至不管，也不会有什么大的问题。所以，传统乡村社会的治理对象比较简单，农民只需要关注村庄边界内的人和事以及与政府必要有限的交往。小农社会化则使平静的村庄起了波澜，小农交往复杂了，村庄治理也相应地复杂了。白钢认为："自主权范围的大小，即自治边界的广狭，决定着自治的强度和性质。"[2] 同样，村庄的边界和村民交往的对象决定着村庄的治理对象。对于治理对象的研究，徐勇和徐增阳只是认为，农民的流动使治理难以达致治理对象[3]。其实，小农社会化使治理对象更多、更复杂。

如果将治理分为管理和协调，则超出村庄以外的范围，社会化小农与其他主体的交往，需要村庄治理，这种治理可以称之为协调；村庄内部的事务，则可能称之为管理。当然究竟是选择管理还是选择协调，则应根据实际需要而定。小农社会化使村庄的治理对象增多，对于村庄内部而言，有外来人口进入村庄，外来人口与村民的交往，外来人口的经济、社会和政治权利需要村庄来维持、协调和保护。还有外部企业及其商品进入村庄，商品所到之处产生的问题需要村庄处理和衔接。还有村民与市场打交道过程中成立的各种各样的经济组织、经济协会也成了村庄治理的对象，需要村庄予以规范和引导。显然，社会化小农与市场的横向交往，增加了村庄治理的内容。

另外，传统治理对象也出现了分化，有相当大一部分治理主体外出务

---

[1] 徐勇、徐增阳：《流动中的乡村治理：对农民流动的政治社会学分析》，中国社会科学出版社2003年版，第73页。

[2] 白钢、赵寿星：《选举与治理》，中国社会科学出版社2001年版，第3页。

[3] 徐勇、徐增阳：《流动中的乡村治理：对农民流动的政治社会学分析》，中国社会科学出版社2003年版，第72页。

工经商，家里都是一些老年人、小孩和妇女，有人戏言现在农村是"389961部队"，村庄治理究竟治理谁？治理"389961部队"？这显然不行，因为还有相当大一部分壮劳力在外面打工；治理务工经商的壮劳力？这也不行，他们全部在外面，不能"捡了芝麻，丢了西瓜"。所以农民流动，还需要村庄将治理范围向外延伸，将外部务工经商的农民及其发生利益纠纷的主体纳入治理范围。

二 治理权威

对于传统乡村社会权威的来源有不同的说法。张静认为，"地方权威并非任何人可以承担，它的权力地位获得与三个因素直接有关：财富、学位及其在地方体中的公共身份。"[①] 笔者认为，传统乡村社会治理的权威来源主要有五个：土地权威、伦理权威、长老权威、地缘权威、知识和身份赋予的权威，其实五个权威可以概括为四个：通过以血缘和宗族形成的权威、以年龄和经验形成的权威、以知识和国家赋予身份形成的权威、以土地形成的经济权威。中国能够维持几千年的变化，就依靠农民的不流动及其村庄权威。小农社会化则改变了乡村社会的经济社会结构，小农不仅突破了村庄边界进入广阔的社会和市场，而且村庄内部小农也随着市场而相互渗透。传统乡村权威衰落、新的权威崛起，从而改变了乡村社会的权力结构和治理基础。

1. 经济权威的崛起

传统乡村社会没有真正的经济权威，地主依靠数量较多的土地及经济势力有一定的支配权，但是并没有纯粹的经济权威，土地权威也要依靠身份、声望等成就其权威。传统乡村社会有很多"土财主"，他们虽然有钱，但是并没有得到农民的尊重，即"有钱无威"。所以本文将依靠土地形成的权威冠之以土地权威，而不是经济权威。

经济规模和财富是形成经济权威的重要条件。家庭承包责任制及小农社会化，小农有了自主性和创造性，许多人依靠自己的勤奋和聪明才智积累产业和财富。如果产业在当地，其经营所有者必是当地最有威望的人，

---

① 张静：《基层政权：乡村制度诸问题》，上海人民出版社2007年版，第18页。

他们能够与乡村干部"平起平坐",有些甚至是县政府的客人。有些人在外地拥有产业,虽然不能利用当地的政权官员和官僚系统,但是他们也能够利用自己的财富积累声望,如捐建公益设施、资助乡民,从而成为村庄的经济权威。当然现在中国大部分地区,这类经济权威还是少数,大部分的经济权威可能只拥有一台收割机,或者只拥有几个赚钱不太多的鱼塘,或者是拥有一些比较挣钱的经济作物,或者很会打工,积累了一些小财富而已,但是在当地人眼中,他们都是凭能力挣的钱,因此他们都受到当地农民尊重,从而形成经济权威。

中国有句古话,"有钱能使鬼推磨",这句话在现在仍然有效,有钱的人往往比较容易成为村庄的权威人士。农民有一定的经济实力后还要通过一定的机制才能够变成经济权威,其机制主要有三个:一是通过与基层政府官员的联系,借助政权系统获得和实现权威;二是通过产业和经济势力造福乡亲来赚取声望而获得权威;三是通过产业和经济势力带动当地老百姓致富而成为老百姓拥戴的权威。发财致富后不关心村庄、对村民冷漠是无法形成村庄经济权威的。前两种权威是主动努力形成,后一种是自然形成。

2. 能力权威的出现

有钱、有产业容易形成经济权威,没有钱、没有产业也能够形成权威,即通过自己的能力形成威权。传统乡村社会就有这类人,他们并不是特别富有,但是凭借自己的能力跻身于村庄权威之列。传统乡村社会比较常见的是拥有武术功夫的人,他们比较容易拥有权威;悬壶济世的医生也能够成为当地有名且有权威的人,等等。能力权威就是马克思所说的地缘权威,他们不是凭借财富,也不是凭借身份,而是凭借自己某个方面在地域社会中的影响而成为权威。徐勇和徐增阳将此定义为能力性权力与身份性权力相对应,"所谓能力性权力主要指权力来源于个人超凡出众的能力。这种能力只能是在一个资源开放的社会生态里,通过竞争获得的"[①]。

小农社会化产生了更多的能力权威,这些能力权威在村庄内外均能够产生。如打工群体中,有些农民很会游说,很能够找关系,能够帮助其他

---

① 徐勇、徐增阳:《流动中的乡村治理:对农民流动的政治社会学分析》,中国社会科学出版社 2003 年版,第 65 页。

农民找到工作，能够将大家团结起来。其实我们如果仔细观察就会发现，农民外出务工经商大多是三个一群，五个一伙，有些甚至都到同一个城市或者同一个企业，在这伙人中最活跃、最具组织能力的人就会演变成村庄的权威。在村庄内部有些人也会成为权威，如《大河移民上访的故事》中的林老师，没有产业优势，也没有财富，但是他却成为农民上访的领袖。另外还有一类农民，在当地黑白两道都能够吃得开，有些甚至还与乡镇干部交得上关系，这类农民也因交际广泛在当地有脸面，能够解决问题、摆平问题而成为村庄的权威。

社会化小农时期，由于传统手艺的衰落，或者由于传统产业被标准化的工厂产品替代，手艺人逐渐减少，手艺、武术为载体成为能力权威的数量在减少，而通过交际、交往、交流而成为能力权威的人在增加。概括起来就是三类人：一是能办事的；二是能反抗的；三是能处事的。这三类都与小农的社会化分不开，在传统乡村社会中都不可能形成三类权威。能力权威其实是一种社会权威，它与经济权威和行政权威相对立，是一种社会权威，它最有可能向行政权威转化。

3. 行政权威的延续

传统乡村社会是皇权不下县，"中央派遣的官员到知县为止，不再下去了。自上向下的单轨只筑到县衙门就停了，并不到每家人家大门前或大门之内的"，县衙门与农民家庭大门之间的距离是交给地方的，所以构成了中央集权的专制体制和地方自治体制[①]。国家建构导致政权下乡，晚清和民国政府都推行保甲制度，从而造成如徐勇所说的"政权下乡"[②]，保甲是国家政权向下的延伸，它是国家一级政权。虽然保甲并不成功，但是他们代表国家的权力，收粮收税，管理乡村事物。保甲不同于乡约，乡约是跑腿的，没有权，保甲有权。保甲制度也被根据地政府和解放初期的新中国所借用，称为村镇政权或政府[③]。后来虽然取消村镇政权，但是建立了农村人民公社，村庄变成了大队，大队及其干部也是一种行政权力。按照徐勇的说法，这段时间村庄权威具有明显的外部赋权特征，"中国农村

---

① 费孝通：《乡土重建》，载《乡土中国》，上海人民出版社2006年版，第149页。
② 徐勇：《"政权下乡"：现代国家对乡土社会的整合》，《贵州社会科学》2007年第11期。
③ 白钢、赵寿星：《选举与治理》，中国社会科学出版社2001年版，第27页。

基层权力的获取具有突出的国家外赋特性"[1]。1982年开始建立村庄。这些都是行政组织,行政组织也形成一种权威,这种权威是传统乡村社会权威的延续,当然两者之间的性质可能有些差别。

1987年以后的村民委员会及其干部构成了自治权威,这种权威是一种民选权威。徐勇等将改革开放以后村庄的权威分为体制性权威和自致性权威。前者是体制赋予的,后者是个人自身能力或特殊的影响力从村庄获得的。后者越来越多,前者越来越少[2]。可见村民自治以后,村庄领导的权威主要有两种:一是自致权威;二是民选权威。前者必须通过后者而得以确认,否则就只是一种社会权威。

恩格斯说:"权威与自治是相对的东西,它们的应用范围是随着社会发展阶段的不同而改变的。"[3] 社会化小农时期,村庄的权威发生了翻天覆地的变化,长老权威、伦理权威、土地权威逐渐消失,士绅的知识、身份权威也消失,代之而起的是经济权威和能力权威以及由村民选举产生的民主权威。经济权威、能力权威属于社会权威,民主权威属于赋权的行政性权威。在一定条件下经济权威、能力权威能够转化为民主权威。可见小农社会化不仅改变乡村的经济社会结构,而且改变了乡村的权力结构。因此,现有的行政权威必须寻找新的立足点:"中国正在改革和转型之中,经济生活的市场化、社会利益的多元化正在强烈地作用于人们的政治理念,公众对于政治权威的理解和认同正在发生改革,过去认为天经地义的权威需要寻找并确立新的根基。"[4]

三 治理话语

小农社会化除了拓展治理空间,冲击和改变着治理权威外,还改造和建构着乡村社会的话语体系,特别是社会化还建构着乡村社会的治理话语。改革开放以来,在小农社会化过程中,小农分别经过了话语平

---

[1] 张厚安等:《中国农村村级治理:22个村的调查和比较》,华中师范大学出版社2000年版,第39页。
[2] 同上书,第42页。
[3] 《马克思恩格斯选集》第3卷,人民出版社1995年版,第226页。
[4] 赵树凯:《农民的政治:迷茫与断想》,《中国发展观察》2009年第8期。

等、话语武器和话语系统三个阶段，形成了比较独特的乡村治理话语体系。

福柯先生有句名言：话语即权力。"话语优势也会构成一种权力关系，即话语权。"[①] 传统乡村社会是一个凝固的社会，信息单一，谁能够掌握话语权力，谁就能占据主导地位。"传统乡村社会，家长、族长、乡长、村长得以获得村治权力，相当程度取决于他们特殊的话语权。"[②] 在传统乡村社会，士绅宣读国家政策，操纵教化系统，能够代表村庄与官员对话，可以说整个话语系统掌握在具有知识和懂得政策的士绅地主手中，士绅地主具有话语方面的优势。传统乡村社会话语系统具有以下几个方面的特点：一是单向性，"传统乡村社会的话语系统具有单向性，即接受话语信息是单一的"，[③] 即自上而下的单向传递话语，士绅是发话者，农民是受话者。二是话语内容比较单一，话语内容要么是伦理教化，要么是国家政策的宣讲。三是话语系统掌握在少数人手中，传统乡村社会话语一般掌握在有知识、有经济势力的士绅地主手中。但是小农的社会化则改变了小农在村庄中的话语劣势，从而改变了整个乡村社会的话语体系。

1. 市场话语与话语平等

不管是在传统乡村社会，还是在人民公社时期，一般的农民是没有话语权力的，只有听和顺从的权力。改革开放以后，小农获得了承包地，有了经营自主的权利，有了选择职业的权利，小农的生产、生活已经不依赖于人民公社，也不依赖于士绅地主控制的村庄。农民在生产生活中形成了自己的话语体系。农民既不像传统乡村社会被动地接受教化的话语，也不像人民公社时期"不满"还要"假装拥护"官方话语。农民的话语回归生产、回归生活。这种话语体系与村干部的政策话语相对立，互不隶属，互不干扰。

在社会化过程中，小农与市场主体交往越来越多，小农外出务工、经商越来越远、越来越频繁，小农在交往中形成了市场性话语和交往性话

[①] 徐勇、徐增阳：《流动中的乡村治理：对农民流动的政治社会学分析》，中国社会科学出版社2003年版，第66页。

[②] 同上书，第67页。

[③] 同上。

语。不少农民通过收看电视、读书、读报还掌握国家政策话语，能够利用国家政策性话语与乡村干部进行对话，利用国家政策性话语保护自己的权利。在这个过程中，中国小农第一次与村庄管理精英掌握同样的话语，具有了平等的话语权利。掌握话语权利的农民再也不惧怕乡镇干部，他们能够振振有词地反驳乡村干部的不合理话语、不合理的治理活动。虽有些农民利用自己的市场话语能够击败村庄管理精英。如不少务工经商的农民返乡竞选村委会，他们不仅熟悉市场话语，而且熟悉政策话语，还熟悉底层社会的话语，因此他们经常击败村庄干部而当选。

小农社会化不仅创造了农民的话语体系，而且也使小农掌握了市场话语体系。由于开放的社会和多渠道的新闻媒体，小农还能够学习官方的政策话语体系，掌握和运用政策话语。笔者在调查中发现，有不少农民是当地的政策和法律专家，非常熟悉法律和政策，有些村庄干部都不是他们的对手。一旦村庄干部不是这些农民的对手时，他们就采取回避策略或者利用行政话语不讲道理。显然这是小农掌握话语及其运用官方话语体系改变了自己的社会地位，否则只会被村庄干部忽悠。可见没有小农的社会化，小农就不可能与村庄管理精英拥有平等的话语权利，也不能形成自己的话语体系。

2. 抗争话语与话语武器

社会化小农相对国家话语体系来说微不足道，但是他们的话语却能够与村庄干部的话语相抗衡、相抗争。传统乡村社会农民除了造反外，很难掌握反制村庄精英的话语武器和话语系统。但是小农的社会化使农民有了能够抗争村庄精英的话语，还掌握了如斯科特所说的"弱者的武器"。对于前者而言，农民如果感觉到自己的权益受到村庄的侵害，他们就会利用上访，来维护自己的权益。许多上访者形成了自己的话语体系：反击话语体系。同时，有些农民还利用新闻媒体来传播争取更有利于自己的话语系统，与村庄精英相抗衡。当然农民的抗争话语体系必须借助于外部力量，如国家信访系统和新闻媒体。如《大河移民上访的故事》中的林老师就是通过抗争性话语与乡村、基层政府相抗衡。

小农社会化过程中，小农还会利用"弱者的武器"来反击、抗衡村庄精英。斯科特在研究东南亚的农民反抗中提出了一个新的概念——"弱者的武器"，"弱者的武器"中有一种就是话语。农民会利用"恶意的流言蜚语、人格污蔑、起外号、谣传"反抗村庄精英①。当然村庄也会利用话语体系反击农民的"弱者的武器"。由于社会化小农是一个流动的社会,小农运用的"弱者的武器"很容易向外传播,并且随着小农社会化范围的扩大而扩大。抗争话语和话语武器能够给村庄精英施加很大的压力,迫使他们改弦更张,使其治理行为能够与村民利益基本一致。社会化小农时期,农民利用弱者的话语武器不同于传统乡村社会,这些话语武器能够随着社会化而向外传播——包括纵向传播和横向传播,从而对村庄治理层施加压力。社会化造就了小农的话语和话语体系,同时社会化也是小农的话语体系发挥作用的重要途径,离开了社会化,小农话语和话语体系都失去了载体。

3. 话语整合与话语系统

农民是乡村社会的治理主体,他们能够形成自己的话语和话语体系,同样村庄管理精英在治理过程中也会借鉴上级政府和村庄话语进行话语整合,形成独特的乡村治理话语,这种治理话语是植根于乡村社会的"官话",按照斯科特的说法就是农民与村庄精英争夺话语权力②。

小农社会化在改变、改造农民话语及其话语体系时,同时也是改变、改造村庄的治理话语。1987年以来中国实施村民自治,农民自己行使村庄管理的权利。小农参与村庄选举、民主管理过程中会将自己的话语与官方话语结合,形成独特的话语体系,如吉林省梨树县平安村创造的"海选",还有河北农民创造的"两推一选"等都是农民的话语与官方话语结合形成的本土化的治理话语。同时,村庄管理精英也会借鉴群众性的话语和市场话语,将官方话语、市场话语、群众话语结合起来,形成治理话语系统。在农民看来这种话语系统是"官话",因为它们很虚,是村干部用来应付上级和外来人员的;在政府看来是"土话",它们是用来说明和解释乡村工作的。笔者在调查过程中与村庄干部座谈时,乡村干部经常使用这样的本土化的"官话"来应付我们。

当然如果本土性"官话"只是应付上级和记者、调查人员还好,但是这套官话系统还会经过适当改造,变成村庄的治理话语。村庄管理精英

---

① [美]斯科特:《弱者的武器》,郑广怀等译,译林出版社2007年版,第342页。
② 同上。

不能用纯粹的政策话语，因为老百姓听不懂，也不愿听，也不能用纯粹的农民话语，因为没有权威。所以村庄管理精英必须整合话语，将官方的政策话语、农民的底层话语、市场的交易话语整合成农民能够听得懂，又能够说服人的话语——治理话语。现在不少大学生村官或者选调生不能适应农村工作，一个重要原因就是村庄有自己独特的话语系统。还有人说，"现在县长好当，村长难做"，也是一般人容易掌握官方的政策话语，但是难以掌握本土化的、需要整合的治理话语。治理话语系统是村庄管理精英与农民争夺村庄话语权过程的结果。乡村治理话语既是小农社会化的结果，也是社会化小农的创造。

第二编 农民与市场

第八章 从"以业为商"到"以农为市"[①]
——社会化小农的市场维度考察

小农与市场的关系是确定小农性质的主要标准，也是认识小农的重要视角。表面上看，当今小农与传统小农没有区别，规模几乎没有变化，仍然以农业为生，孤立、封闭、隔离。其实当今小农与传统小农相去甚远，已经从过去极少的"以业为商"变成如今大量的"以农为市"，从过去单一纵向交换的商品关系变成当今纵横交错的市场关系，从过去的伦理、人情二元交往体系变成当前的货币、伦理、人情三元交易体系，货币关系取代了大部分的伦理、人情关系。从市场的视角看，小农已经走出了孤立、封闭、分散状态，变成社会化的农户和农民。

一 传统小农："以业为商"

传统小农与市场的关系有三个主要特点：一是以家庭消费剩余的农产品和家庭手工业产品为商品与市场交换；二是小农与市场交换是纵向的关系，即农户→村庄小市→基层市场→中间市场→中心市场，[②] 三是小农之间的交往、交流、交换以非货币的方式进行。第一个特征说明了小农生产、生活的自然、自给性质，交换具有剩余性；第二个特征说明小农孤立、隔离和封闭的性质，小农以纵向性交易为主；第三个特征说明了小农

[①] 本文发表于《华中师范大学学报》（人文社会科学版）2007年第4期。

[②] 施坚雅将传统小农的市场结构分为小市、基层市场、中间市场和中心市场，小农一般在基层市场中进行农产品和生活必需品的交换。

共同体内部的熟人性、非货币性、道德性。小农与市场关系的三个特征可以化约为"以业为商"。

（一）小农交易的剩余性

马克思认为，传统小农的生产主要是满足家庭需要，只有多余的产品才会出售，"农民家庭差不多生产了自己所需要的一切：食物、用具和衣服。只有当他们在满足自己的需要以后还能生产更多的东西时，他们才开始生产商品；这种投入社会交换即拿出出卖的多余产品就成了商品。"①传统小农出售农产品的目的，只是换回家庭不能生产的日用必需消费品，即"简单商品流通——为买而卖"②。农民的生活资料和生产资料"差不多都是自给自足的……他们取得生活资料多半是靠与自然交换，而不是靠与社会交往"③。"乡土社会是个小农经济，在经济上每个农家，除了盐铁之外，必要时很可能关门自给"④。显然传统小农与市场发生关系是出售多余农产品，交换具有剩余性。

黄宗智曾经将小农与市场的关系分为"剥削推动的商品化""生存推动的商品化"与"谋利推动的商品化"⑤。小农为谋生的商品化包括两个部分：一是家庭消费剩余产品出售换取生活必需的日常用品；二是为维持家庭生存，劳动力外出帮工或者从事家庭手工业。按照黄宗智的说法，"小农手工业或帮工"维持中国传统农业的稳定与延续。"多数织布农户在务农所得不足养家糊口的压力之下，将无别处可用的家庭辅助劳动力投入家庭手工业……商品化的家庭手工业成为补充种植业收入不足、养家糊口和维持再生产的主要手段。两者的结合是那里的小农生存和再生产的关键。"⑥家庭手工产品成为商品是小农维生的拐杖。

马克思和黄宗智都认为，传统小农只有部分农产品和手工业产品进入市场，前者是"农业"的产品，后者是"家庭副业"的产品，笔者将此

---

① 《马克思恩格斯全集》第 20 卷，人民出版社 1973 年版，第 297 页。
② 《马克思恩格斯全集》第 23 卷，人民出版社 1973 年版，第 173 页。
③ 《马克思恩格斯全集》第 8 卷，人民出版社 1973 年版，第 271 页。
④ 费孝通：《乡土中国》，上海人民出版社 2006 年版，第 52 页。
⑤ ［美］黄宗智：《长江三角洲小农家庭与乡村发展》，中华书局 2000 年版，第 105 页。
⑥ 同上书，第 307 页。

称为"以业为商","业"即"农业"和"家庭手工业"。除此以外,小农的生产过程、家庭其他资源都没有变成商品,最重要的资源——劳动力也没有成为商品。

(二) 小农交易的纵向性

纵向交换意味着小农之间、村庄之间、基层市场之间相互隔离、缺乏横向交易。小农的隔离性体现在农户、村庄和市场三个方面。

"马铃薯似"的小农与隔离的农户。对于小农的"隔离性",马克思论述得最充分、最透彻。"小农人数众多,他们的生活条件相同,但是彼此间并没有发生多种多样的关系。他们的生产方式不是使他们互相交往,而是使他们相互隔离。"因为小农生产条件相同、生产结构相同,双方没交换的条件,也没有交换的需求,更没有交换的动力。"一小块土地,一个农户和一个家庭;旁边是另一小块土地,另一个农民和另一个家庭;一批这样的单位就形成一个村子;一批这样的村子形成一个省……(小农)由一些同名数相加形成的,好像一袋马铃薯是由袋中的一个个马铃薯所集成的那样。"[1] 村庄就是同质的小农简单相加组成,市场也是由结构相同的"同名数"村庄构成。小农之间、村庄之间相互隔离,没有交换和交易的内在需求,"马铃薯"之间不仅没有化学变化,甚至连物理变化都没有。

"蜂窝结构"的村庄与分离的市场。施坚雅认为小农只与所在区域的市场进行纵向交易,不与其他村庄发生横向交换,市场之间就像"蜂窝"的"蜂眼"一样,彼此不相连,填满所有的乡村。"建立了新的村庄,它们填满了旧有村庄组成的独立圆环之间的空白。由集镇放射出的6条道路延伸到了外环的村庄,市场区域逐步扩大并互相挤压成为六边形。"[2] "角落(圆形之间的空隙)通过圆形互相挤压而得到利用,直到生产一个蜂窝图形。"[3] 舒绣文(Vivienne Shue)将此称为"蜂窝结构"。小农只与自己所在村庄的基层市场或中间市场发生联系,而不与邻近的其他基层市场

---

[1] 《马克思恩格斯选集》第1卷,人民出版社1973年版,第693页。

[2] [美] 施坚雅:《中国农村的市场和社会结构》,史建云、徐秀丽译,中国社会科学出版社1998年版,第73页。

[3] 同上书,第113页。

发生联系，基层市场之间既不往来也不竞争。"当建立新的基层市场时，所采用的集期要尽量不与邻近的中间市场发生冲突，而不管邻近的基层市场的集期。"① 农民生活在一个自给自足的社会中，这个社会不是村庄而是基层市场社区，农民以走出基层市场社区为"外出"，姑娘绣的花都带有她所在基层市场社区所特有的花样，不同基层市场之间的语言有差别，只有同一市场的人才能够完全理解，游走在不同市场社区的小商贩甚至要使用不同的计量工具，否则无法进行交易②。小农只有一个交易的"窗口"——社区市场，通过这个"窗口"进行必需品的输入与输出。

斯科波尔也持同类观点，认为小农以市场作为共同体，在共同体内部进行市场交换，"传统中国共同体的基本单位并非个体村落……而是包括一组村庄的市场共同体……共同体才是他们真正的世界。他们经常到定期市场集做买卖"。基层市场是"小农的社会生活的圈子"，是中国社会的最基本单位。③ 基层市场社区边界构成了小农交易的边界，基层市场之间交换少，不构成竞争，各市场独立运行，形成一个个相互隔离的"煤球的蜂眼"，"蜂窝结构"导致了市场隔离和村庄隔离。

"细胞组织"的社区与纵向的市场。虽然各个基层市场之间不来往，但是基层市场内部却有着较密切的商品交易。萧凤霞（Helen F. Sui）从政治学的角度分析了村庄的隔离性与对外交流的纵向性，传统乡村的确是"天高皇帝远，皇权难下县"，乡村有较大的政治自主性，它是国家统治的基本单元，也是基本的社会"细胞组织"④。虽然萧凤霞是考察村庄与政治的关系，但她的研究也透露了一个信息：村庄这个细胞组织不与其他的村庄发生联系，只与乡、县、省等政权单位发生纵向联系。施坚雅也得出了同样的结论，农民不能生产的日常必需品通过中心市场→中间市场→基层市场→农户向下传输，农产品通过农户→基层市场→中间市场→中心市场向上传输，小农与市场发生纵向联系，在低一级市场不能满足需求时

---

① [美] 施坚雅：《中国农村的市场和社会结构》，史建云、徐秀丽译，中国社会科学出版社1998年版，第27—28页。
② 同上书，第40—51页。
③ [美] 黄宗智：《华北的小农经济与社会变迁》，中华书局2000年版，第23页。
④ 郭正林：《当今中国农村政治研究的理论视界》，《中共福建省委党校学报》2003年第7期。

才求助于高一级市场。小农与市场联系的区域性和纵向性是由传统习惯和交易成本决定的，即使国家强制力也无法改变。施坚雅认为，农村人民公社的失败就"源于没有把新的单位与由农村贸易所形成的自然社会经济系统结合起来"①。显然"细胞组织"与纵向交易传统根深蒂固，不依外部强制而改变，强制改变必然导致失败。

（三）小农交往的非货币性

村庄内部小农之间一般不进行商品交易，而是人情交易，不需要支付货币报酬，"人情"是小农之间交往的计量工具。

地缘无市。村民之间一般没有市场关系，也没有货币交换。"在日常生活中，当某人家有搬运笨重东西等类似的家务活动，需要额外的劳力时，邻居们齐来帮忙。如果经济拮据，也可向邻居借到小额贷款，不需要利息。"② 在生产环节，小农之间很少采用市场化的雇工形式。"即使自己家里劳力足以耕种自己的农田，也需要和别家换工……换工的性质是信用，所以一定要利用亲戚朋友邻里等感情关系。"③ 另外，家里的婚嫁、丧葬、建房等重大活动，亲戚朋友也无偿帮忙，不过是主要提供烟酒饭菜，要牢记这份"人情"。

血缘无商。乡土社会是熟人社会、血缘社会，商业是不存在的。如果要交易必须"在血缘之外建立商业基础。街市时常不在村子里，而在一片空场上，各地的人到这特定的地方，各以'无情的身份出现'……在这在门前是邻舍，到了街集上才是'陌生人'。"④

村庄内部开店面的，除了穷苦的老年人摆个摊子外，大多是外边来的商贩，商业在血缘和地缘之外发展。费孝通认为，村庄内部之间的交换要通过外部市场除掉血缘关系和熟人关系，然后以"陌生"的面孔讨价还价、进行货币交换，即熟人之间的交易要"陌生化""面具化"，否则难以启齿。

---

① ［美］施坚雅：《中国农村的市场和社会结构》，史建云、徐秀丽译，中国社会科学出版社1998年版，第132—167页。
② 费孝通：《江村经济》，上海人民出版社2006年版，第70页。
③ 曹幸穗：《旧中国苏南农家经济研究》，中央编译出版社1996年版，第334页。
④ 费孝通：《乡土中国》，上海人民出版社2006年版，第61页。

"人情无价"。在熟人社会、血缘社会中，小农之间不言商、不言利，人与人之间的交往、交流、交换不以货币来衡量，而是以"人情"来计算。家庭之间的帮助不用进行人与币、物与币的兑换，而是用一个非常笼统、模糊的计量单位——"人情"进行换算和兑换。各种无偿的帮忙都是"人情"，需要当事人经常念叨，需要主动寻找机会偿还（人情）。农村有句俗语，"人情猛如虎"，人情具有刚性，到期必须偿还，否则就会影响亲戚关系和熟人关系。农民俗称"宁可负债，不可欠情"。因为人情无法立即折算成货币，可以说无价，如果找不着偿还的机会，必须一辈子担着、背着。

村庄内部是熟人关系不好意思"言钱"，血缘之间是亲戚关系不好"言商"，村庄和血缘之间的人情关系不好"言利"，三种关系决定了传统小农交往、交流、交换的非货币性和非市场性。

传统小农以剩余农产品及家庭不需要的手工业产品为媒介与市场进行纵向交换，村庄之间不往来、村民之间不交易、市场之间不竞争，隔离性和交易的纵向性是传统小农的主要特征。

二 当今小农与市场："以农为市"

当今小农则与此相反，生产、生活、交往几乎全部市场化、商品化。市场已经渗透到家庭和村庄的各个角落，市场"无处不在"，商品"无时不有"。如果说传统小农与市场的关系是被动的，外部力量建构乡村市场，当今小农则以自己的方式建构着乡村市场，从"以业为商"走向"以农为市"。

（一）以农业为市：以农业生产环节为市场载体

"以农业为市"并不是传统小农的"以业为商"的简单扩大和延伸，而是从内容到形式都发生了本质的变化。"以农业为市"主要体现在两个方面：一是农业主要为市场提供商品。根据满铁的调查，20 世纪 40 年代的苏南地区，粮食主产区小农的粮食 60% 来自家庭生产，40% 来自市场，而且来自市场部分还有青黄不接时从市场返购部分粮食（约占 15%）[①]，

---

① 曹幸穗：《旧中国苏南农家经济研究》，中央编译出版社 1996 年版，第 217 页。

产粮区苏南农户真正出售部分只占家庭产量的25%左右。20世纪四五十年代的华北地区小农的粮食除小麦出售比重为46.20%外，其他粮食产品都低于30%[①]。当今小农的主导农产品销售比重已经很大，笔者调查的湖南湖村粮食销售比重达到68%，棉花、苎麻的销售比重达到100%[②]。笔者调查的河南祥符区的一个村庄，小麦、花生对外销售量也超过60%。二是农业生产过程实现了商品化。20世纪四五十年代，华北81县187村农户生产投资自给和购入的比重大约65.75∶34.25，自给部分占七成左右。种子的外购率只有4.2%；肥料的外购率为69.39%；饲料外购率为16.51%；牧草外购率为8.95%[③]。当今农户生产环节的社会化和市场化则更高，种子、肥料、耕作和收割的社会化率几乎接近100%。如湖村粮食种子的外购率为71.7%、棉花为100%、油菜为50%；肥料的外购率达到100%；耕作的市场化达到44.33%。小农产前、产中、产后的社会化和市场化程度分别为64.87%、41.93%、70%，小农生产市场化和社会化加权总体程度为57.74%[④]。如果说传统小农生产环节自给和市场交换的比重大约是70∶30，当今小农则是30∶70，生产环节与社会、市场紧密联系在一起，产前、前中、产后已经全方位市场化和社会化，小农离开了市场和社会就无法再生产。

（二）以农村为市：以农村各个领域为市场内容

"以农村为市"包括三个方面：一是以农村为内容创造市场关系，舒尔茨曾经说过只要有条件，农民能够"将黄土变成黄金"。当今小农已经将农村能够市场化的领域都市场化或者正在市场化，乡村社会中的"熟人关系"和"宗族关系"二元体系变成了"熟人关系""宗族关系"和"市场关系"三元体系，而且市场关系的作用越来越大，范围越来越广，如喜庆节日宴请宾客，帮工需要付费、厨师需要开工资、蒸饭烧水需要请专门的锅炉；外出需要租摩托；建房帮工需要支付劳务费；黑恶势力打群架也需要付费；老人去世请人哭灵需要付费。传统的熟人关系和宗族网络

[①] 丁长清、慈鸿飞：《中国农业现代化之路》，商务印书馆2000年版。
[②] 邓大才：《湖村经济》，中国社会科学出版社2006年版，第109—133页。
[③] 丁长清、慈鸿飞：《中国农业现代化之路》，商务印书馆2000年版，第210—216页。
[④] 邓大才：《湖村经济》，中国社会科学出版社2006年版，第109—133页。

的无偿服务体系逐渐被市场化的有偿服务网络取代，"人情"被货币替代。二是以农村为载体发展农村市场关系。正如斯科特所说"脱离人与人之间直接联系的资本主义市场经济一旦侵入农村，前资本主义的互惠性道义经济便会遭到破坏"[①]。小农将家庭产品和用品以农村为载体创造市场，如将自家菜园中的蔬菜以邻居为对象出售；小农也将外部特别城市工业产品、外地农产品以农村为载体进行贩买贩卖。前者将小农与熟人、亲戚关系市场化；后者将小农与邻近村庄、城市、工业的关系联结起来。小农以市场扩展了交流和交换空间，以市场参与了城市、工业、邻村的社会化分工。三是以农村为载体提供商品及服务。当今小农不仅以村庄为载体发展市场关系，而且将不在同一基层市场的村庄作为市场提供服务，生产环节的有偿服务和生活环节的加工服务主要在横向层面展开。最典型的是收割机服务，一台大中型收割机一个夏季可以收割几千亩稻谷或者小麦，村庄、基层市场内部的业务不能完全满足需求，收割服务势必突破传统市场社区，进入"他者领域"和"外地市场"。生产环节还有犁田、播种等也超越了村庄和传统市场社区，如花生、油菜、大豆加工等服务也日益"平面化"；生活方面如运输、小汽车出租、乐队服务等都已经越过村庄和市场社区边界，形成了横向的乡村内部市场。

"以农村为市"实现了三种关系的替换：以"市场关系"替代费孝通的"熟人关系"和弗里德曼的"宗族关系"；以"货币关系"联系"陌生世界"和施坚雅的"区域市场"；以横向交易建构乡村内部市场——"他者市场""平面化市场"。"以农村为市"不仅从经济层面建构了内部市场和横向市场，而且从文化层面重塑了小农与小农、小农与市场、小农与社会、小农与城市和工业之间的关系，施坚雅和舒绣文所说的"蜂窝结构"已经被打破，费孝通所定义的熟人社会也逐渐淡化，萧凤霞所描述的"细胞组织"也发生了物理和化学变化，整个乡村形成了纵横交错的市场关系和货币付费制度。

（三）以农民为市：以农民本身为市场商品

"以农民为市"是小农将自身作为商品与其他主体进行交换。按照马

---

① ［美］黄宗智：《华北的小农经济与社会变迁》，中华书局2000年版，第20页。

克思小农的观点,小农本身成为商品是社会化大生产条件下的产物,是资本的产物。"有些东西本身并不是商品,例如良心、名誉,等等,但是也可以被它们的所有者出卖以换取金钱,并通过它们的价格,取得商品形式"[1],"只要还存在着资本权力,所有的东西——不仅是土地,甚至连人的劳动、个性,以及良心、爱情和科学,都必然成为可以出卖的东西。"[2]虽然当今中国仍然是小农经营,但小农并没有停留在传统阶段,也没有发展成为社会化大农,而是处于传统小农与社会化大农之间。此间的小农已经出现了只有资本主义阶段才有的商品,常常以身体、劳动、劳动力价值的形式进入市场,即"以农民为商品"。这主要体现在三个方面:一是以劳动力为商品,这种形式自古以来就存在,小农通过出卖劳动力获取货币收入,只是当今以劳动力为商品的农民数量庞大。2004年从事非农产业的劳动力已经占乡村劳动力的38.43%,直接外出务工的劳动力接近1个亿,占乡村劳动力的19.1%。2005年外出务工的劳动力已经达到12578万人,农民的工资性收入已经达到36%[3]。二是以小农的身体为商品,即以小农身体器官为商品,当然这并不普遍,法律也不允许,但是"身体商品"的"黑市"仍然存在,如河南省的艾滋病村,以及广东的"卖血一族",就是农民以身体部分器官为商品获取货币收入。三是以小农的良心、信任、欺诈、爱情等无形活动和行为为商品。笔者在《湖村经济》中描述的乞讨、诈骗、算命、传销等都是农民以自己的无形行为为商品,获取货币收入[4]。"以农民为商"则体现了当今小农"无人不市",当今乡村"无物不商"的特点。

当今中国小农已经完全不同于传统小农的"以业为商"的阶段,也没有成为社会化大农,小农仍然是小农,只不过是一个与市场相互渗透、以市场为生产生活前提的社会化小农,不仅农产品成为商品,而且农村、农民本身也成了商品;小农不仅进行纵向交易,也进行横向交换。

---

[1] 《资本论》第1卷,人民出版社1975年版,第120—121页。
[2] 《列宁选集》第12卷,人民出版社1972年版,第282页。
[3] 编委会:《2006年中国农村住户调查年鉴》,中国统计出版社2006年版,第3—9页。
[4] 邓大才:《湖村经济》,中国社会科学出版社2006年版,第169—192页。

三 结论

无论是市场内容、市场结构，还是市场地位、市场伦理，当今小农都大异传统小农，市场无处不有、货币无时不在、乡村无人不商，已经从"以业为商"的简单商品关系变成"以农为市"的复杂市场关系。

小农的市场内容：从以自然交换为主转向以市场交换为主。传统小农主要进行自然交换，市场交换仅限于日常生活必需品，小农完全可以不依靠市场和社会而自我完成再生产。但当今小农主要进行商品生产和市场交换，离开了市场和社会，小农再生产根本无法实现，市场化和货币化已经成为小农再生产的必要前提和条件。

小农的市场结构：从"蜂窝结构""细胞组织"变成"网状结构"。传统小农通过与不同层级市场的纵向交换满足家庭日常生活的需要，基本不与其他市场社区、村庄发生联系。但是现在区域隔离的"蜂窝结构"被打破，袋中的"马铃薯"变成了"烤薯片"，"细胞组织"不仅发生了纵向的物理变化，也发生横向的化学变化。传统市场的"蜂窝结构"变成"网状结构"，小农之间、村庄之间、市场社区之间的交换与联系日益增多。

小农的市场伦理：从熟人社会、人情关系转向市场社会、货币关系。传统小农之间的交往、交流和交换主要以抽象的"人情"为媒介和计量。但是当今小农正在逐步从"熟人社会"走向"陌生社会"，以市场关系替代血缘关系和熟人关系，货币付费制度已经普遍化、经常化，村庄共同体内部的宗族、血缘二元体系逐渐演变成货币、宗族、血缘三元体系，而且货币体系变成了主导体系。

小农的市场地位：从被动的市场参与者变成主动的市场建构者。传统小农与市场的关系是被动的，市场和外部主体构建着小农与市场的关系，乡村市场被外部力量强制打开。但当今小农与市场的关系是主动的，小农以自己的方式创造乡村市场和市场关系，特别是小农之间的横向交换与内部市场主要依靠小农的能动性、创造性发展起来。

第九章 农户的市场约束与行为逻辑[①]
——社会化小农视角的考察

认识小农要从农户出发,研究小农要从原点出发。[②] 前者强调要从当今小农的实际着手,不能脱离实际研究小农;后者强调要从经典理论的局限性着手,不能生搬硬套经典理论解释当今小农。无论是从亚当·斯密、马克思到恰亚诺夫、波拉尼、斯科特,还是从舒尔茨、波普金到黄宗智、施坚雅、费孝通,对于小农性质定位和小农发展阶段的划分,都是依据小农与市场的关系,或者说小农与市场交换的程度进行判断,并以此研究小农的行为与偏好逻辑。笔者将从小农与市场的需求、供给、地位等方面进行研究,考察当今中国小农和市场的关系与经典理论的差异、与传统小农和市场关系的区别,即当今小农的市场约束、行为逻辑与经典理论、传统小农的差异。

一 "为买而卖"与"为卖而买"——从需求角度讨论小农与市场

马克思认为,传统小农的生产主要是为了满足家庭需要,只有多余的产品才会出卖,"农民家庭差不多生产了自己所需要的一切:食物、用具和衣服。只有当他们在满足自己的需要以后还能生产更多的东西时,他们

[①] 本文发表于《中州学刊》2012 年第 2 期。
[②] 徐勇教授指导作者研究社会化小农时的观点。

才开始生产商品;这种投入社会交换即拿出出卖的多余产品就成了商品。"① 传统小农是为买而卖,传统小农与市场发生关系是出售多余农产品,交换日常生活所必需的生活用品,生产、生活资料主要来源于自然,而不是社会,更不是市场。

同时,马克思也认为,商品化会使小农被资本主义大规模生产所取代而走向灭亡,"资本主义生产形式的发展,割断了农业小生产的命脉;这种小生产正在不可抑制地灭亡和衰落"②。在马克思小农学派看来,小农可以分为传统小农和社会化大农业两个阶段,前者的偏好与行为逻辑是为买而卖,后者是为卖而买。为买而卖是为了生存的需要,为卖而买则是为了利润的需要。可是当今中国小农并没有完全按照马克思小农学派的理论预设路径演进,既有为买而卖,也有为卖而买,即使为买而卖也不同于传统小农的交换需求和生存目的,为卖而买也不完全等同于社会化大生产的利润目标。

(一) 不同的"为买而卖"

20世纪70年代末的农村经济体制改革,一夜之间农民从公社社员回归到家庭成员,小农回归家庭耕作、经营的传统状态,相当大一部分农户具有传统的性质——为买而卖。但当今小农"为买而卖"完全不同于传统小农的"为买而卖"。当今中国部分小农,虽然还是"为买而卖",但市场交换的范围、内容已经不可同日而语。总体上讲,"为买而卖"发生了两个明显的变化:一是"为买而卖"的产品比重扩大;二是"为买而卖"已经扩大到生产领域。第一个变化比较好解释,指的是家庭生产产品销售数量的变化,即从传统小农的30%—40%出售扩大到当今小农的60%—70%,小农再也不是为消费而生产,而是为市场而生产,为货币而生产。第二个变化才具有本质性的特征,当今小农的生产环节深深地卷入社会化分工过程,离开了市场和社会交换,小农生产几乎无法完成,市场交换成了小农再生产的必要前提和条件。

从小农生产主导农产品销售比重来看,根据满铁的调查,20世纪40

---

① 《马克思恩格斯全集》第20卷,人民出版社1973年版,第297页。
② 《马克思恩格斯全集》第4卷,人民出版社1973年版,第235—296页。

年代的苏南地区，粮食主产区小农的粮食 60% 来自家庭生产，40% 来自市场，而且来自市场部分还有青黄不接时从市场返购部分粮食（约占 15%），[1] 产粮区苏南农户真正出售部分只占家庭产量的 25% 左右。20 世纪 40—50 年代的华北地区小农的粮食除了小麦的出售比重为 46.20% 外，其他粮食产品都低于 30%。不管是南方还是北方，在 20 世纪三四十年代，农户只将剩余粮食用来出售，获取货币，交换日常生活用品。而当今中国小农生产的主导农产品销售比重已经很大，笔者调查的湖南湖村粮食销售比重达到 68%，棉花、苎麻的销售比重达到 100%。

从生产环节的社会化和市场化程度来看，20 世纪四五十年代，华北 81 县 187 村农户生产投资自给和购入的比重大约 65.75：34.25，自给占七成左右，市场交换占三成左右。而当今的小农是倒三七开，大约是 30：70，当今小农的生产环节与社会、市场紧密地联系在一起。

当今中国大部分小农同样是为买而卖，但是涵义和重要性已完全不同。传统小农为买而卖只是为了生活得更好，即使市场交换无法完成，小农再生产照样进行，当今小农为买而卖则是生产的必然环节、也是再生产能否进行的关键。如果小农不从外部购买种子、肥料、农药，租赁收割机、耕作工具，小农再生产根本无法完成。同是为买而卖，当今小农的"卖"则完全不同传统小农的"卖"，离开了"卖"的过程，再生产无法进行。借用马克思简单再生产的转化公式，传统小农为"W—W'"，当今中国的小农为"W—G—W'"[2]。两者的差别决定小农行为的差异，"W—W'"时期，小农追求产量最大化，即追求更多的 W，产量最大化是此阶段农户的最优选择。"W—G—W'"时期，小农同样要追求 W，但是此 W 则需要 G 来交换，因此理性的小农通过追求最大化 G 而追求最大化 W'，即此阶段的小农追求货币收入最大化，以交换农户自己无法生产的生产资料和生产服务，G 在此公式中不可缺少。总体而言，传统小农离开了市场至多影响农户的消费，当今中国小农离开了市场则无法生存，正因为如此前者追求产量最大化，后者追求货币收入最大化。

---

[1] 曹幸穗：《旧中国苏南农家经济研究》，中央编译出版社 1996 年版，第 217 页。
[2] 《孟子·滕文公上》。

（二）特殊的"为卖而买"

当今中国小农不仅存在"为买而卖"，而且也有特殊的"为卖而买"。后者主要体现在两个方面：

第一，农户主要农产品的生产过程的市场化和社会化并非完全是"为买而卖"，还有很大一部分是"为卖而买"。如粮食生产过程中产前的"买"杂交种子、购"买"化肥就是为了生产更多的农产品而追求更多的货币，这是典型的"为卖而买"。产中的收割、犁田的市场化和社会化则不具有"为卖而买"的特点，因为这些支出本身就要耗费小农稀缺的货币，它是货币对劳动的替代。因此，小农的生产已经不是简单的为生存、为消费而生产，而且还有为货币收入而生产的因素，"为卖而买"与"为买而卖"夹杂在一起，如果不从源头加以考察，则会混成一团，难以分辨，当今中国小农的特殊性就体现在这方面。

这也从一个侧面说明，当今中国的小农既不是纯粹的"为买而卖"的传统小农，也不是纯粹"为卖而买"的社会化大农，而是"社会化＋小农"耦合的一种新的小农形态。这种小农形态既追求消费最大化满足，又追求货币收入最大化，当然消费的满足可以归纳为货币收入最大化，即小农通过"买"，最大程度地获取 W，然后通过出售 W，获取 G′。必须明白并非所有的"买"都是为了最大程度地获取 W，进而最大化地获取 G′。

第二，当今小农更多种植非粮食作物，以追求货币收入最大化。经济作物历来就是小农获取货币收入的工具和手段，传统小农的棉花、花生、油料的出售率超过 90%。当今中国小农种植经济作物同样是追求货币收入最大化，两者的区别在哪里呢？在于过去有接近 90% 的耕地种植粮食，而当今小农有接近 35% 的耕地已经摆脱了粮食生产，即有接近三成五的耕地已经不遵循 W—G—W′ 的再生产模式，而是遵循 G—W—G′ 再生产模式。

当今中国小农生产偏好已经从纯粹的"为买而卖"转向既有"为买而卖"，也有"为卖而买"。如果将"为买而卖"视为传统小农的生产经营特征，"为卖而买"视为社会化大生产的特征，处于"为买而卖"与"为卖而买"之间的小农则是一个行为复杂、偏好则较为一致的过渡小农，其特点是社会化、市场化程度极高，以货币收入最大化为最优选择。

二 "以业为商"与"以农为市"——从供求角度讨论小农与市场

"为买而卖"与"为卖而买"是从需求角度讨论小农与市场的关系。从供给角度看，当今中国小农也与传统小农有较大的区别。传统小农是以农业，特别是家庭消费剩余的农产品为商品与其他主体进行交换，而当今中国小农则以"三农"为市，即农业提供商品性生产、农村提供商品性服务、农民提供商品性劳动力和身体商品。当今中国小农与市场的关系已经从"以业为商"变成"以农为市"。

传统小农与市场的联系比较少，家庭生产生活中只有部分日常生活用品和剩余农产品在市场上出售，后者以前者为目的。中国农民"以业为商"历史悠久，《孟子》中就记载，农民"纷纷然与百工交易"①，"子不通功易事，以羡补不足，则农有余粟，女有余布；子如通之，则梓匠轮舆皆得食于子"②。可见，中国历史上小农就存在"以羡补不足"，通过出售家庭剩余产品交换生活必需品，说明中国小农有"以业为商"的传统。

马克思对传统小农与市场的关系更加保守和悲观。"在真正的自然经济中，农产品根本不进入或只有极小部分进入流通过程，甚至代表土地所有者收入的那部分产品也只有一个比较小的部分进入流通。"③ 每一个农户差不多都是自给自足的，都是直接生产自己的大部分消费品，因而他们取得生活资料多半是靠与自然交换，而不是靠与社会交往。④ 马克思认为，自然小农或者传统小农可以不依靠市场而生存，即使与市场发生联系也只是极少数的农产品。在马克思眼中，不可能存在农民"纷纷然与百工交易"之事，即使有也是特例。

黄宗智曾经将小农与市场的关系分为"剥削推动的商品化""生存推

---

① 《孟子·滕文公上》。
② 同上。
③ ［德］马克思：《资本论》第 3 卷，人民出版社 1975 年版，第 886 页。
④ 《马克思恩格斯选集》第 1 卷，人民出版社 1974 年版，第 693 页。

动的商品化"与"谋利推动的商品化"①。小农为谋生的商品化包括两个部分：一是家庭消费剩余产品出售换取生活必需的日常用品；二是以维持家庭生存，家庭劳动力外出帮工或者从事家庭手工业。按照黄宗智的说法就是"小农+手工业或帮工"维持中国传统小农的稳定与延续，即只有小农的部分剩余产品和家庭手工产品成为商品，换取家庭生活必需的日常用品，其结论是"斯密型动力"在中国没有发生作用。

不管是马克思还是黄宗智都认为，传统小农只有部分农产品和手工业产品进入市场，农产品是农业的产品，家庭手工业是家庭副业的产品，小农家庭与市场发生联系的仅有家庭剩余的农产品和为维持生存的家庭手工业产品，生产过程、家庭其他资源都没有变成商品，只有家庭产业的少部分产品成为商品，即小农家庭"以业为商"，此"业"就是比较狭义的"农业"和"家庭手工业"。

同时，按照马克思、斯密的观点，小农的市场化会导致小农消灭和解体。有些学者将此称为"斯密型动力"②。在市场和资本主义的冲击下"我们的小农，正如任何过了时的生产方式的残余一样，在不可挽回地走向灭亡"③。按照马克思小农理论，小农在市场的冲击下必然会走向灭亡，决不会有什么发展和繁荣。

当今中国小农既没有按照"斯密型动力"和马克思理论的预期走向社会化和资本主义，也没有按照黄宗智理论演进：因为"斯密型动力"失败，小农生产继续"过密化"，而是全方位的市场化和社会化。不仅农业的产品变成了商品，而且农村、农民本身都变成了商品和市场；不仅小农的规模没有受"斯密型动力"的影响，而且小农生产、生活全方位商品化，小农以自己的方式建构着中国的市场及市场关系，即当今小农从"以业为商"变成"以农为市"，前者是以产业的剩余产品为商品，后者是以农业、农村、农民为市场内容和市场载体，市场已经渗透到小农家庭的各个角落，商品和市场"无处不在""无时不有"。"以农为市"主要体现在三个方面：

"以农业为市"。"以农业为市"并不是传统小农的"以业为商"的

---

① [美]黄宗智：《长江三角洲小农家庭与乡村发展》，中华书局2000年版，第105页。
② 所谓"斯密型动力"是指市场导致分工和社会化。
③ 《马克思恩格斯选集》第4卷，人民出版社1972年版，第299页。

简单扩大和延伸，而是从内容到形式都发生了本质的变化。传统"以业为商"是指农业、手工业的消费剩余产品对外出售。当今中国小农的"以农业为市"则发生了显著的变化：一是农业生产产品的商品化程度提高；二是农业生产过程实现了商品化。小农的农业产前、前中、产后已经全方位市场化和社会化，小农离开了市场和社会就无法再生产，市场是小农再生产的必要前提和条件。

"以农村为市"。"以农业为市"是从产业的角度考察小农与市场的关系，"以农村为市"则是从农村的角度、从区域的角度考察小农与市场的联系。后者包括两个方面：一是小农以农村为内容创造市场关系，舒尔茨曾经说过只要有条件，农民能够"将黄土变成黄金"。当今中国小农已经将农村能够市场化的领域都市场化或者正在市场化，乡村社会中的"熟人关系"和"宗族关系"二元体系变成了"熟人关系""宗族关系"和"市场关系"三元体系，而且市场关系的作用越来越大，范围越来越广，如喜庆节日宴请宾客，帮工需要付费、厨师需要开工资、蒸饭烧水需要请专门的锅炉；如外出需要雇摩托；建房帮工需要支付劳务费等。传统的熟人关系和宗族网络的无偿服务体系逐渐被市场化的有偿服务网络取代。二是小农以农村为载体发展农村市场关系。小农将家庭产品和用品以农村为载体创造市场，如将自家菜园中的蔬菜以邻居为市场出售；同时小农也将外部特别城市工业产品、外地农产品以农村为载体进行贩买贩卖。前者将小农与亲邻之间的朋友、亲戚关系市场化，以市场关系取代熟人关系和亲友关系；后者将小农与邻近村庄、小农与城市、小农与工业的关系通过市场化联结起来，小农以市场扩展了交流和交换空间，以市场参与了城市、工业、邻村的社会化分工。可见，"以农村为市"是两种关系的替换：以"市场关系"替代费孝通的"熟人关系"和弗里德曼的"宗族关系"，以"货币关系"联系"陌生世界"和施坚雅的"区域市场"。"以农村为市"不仅从经济层面重构建了市场，而且从文化层面重塑了小农与市场、小农与社会、小农与城市和工业之间的关系。

"以农民为市"。"以农民为市"是小农将自身作为商品与其他主体进行交换。按照马克思小农的观点，小农本身成为商品是社会化大生产条件下的产物，是资本的产物。"有些东西本身并不是商品，例如良心、名誉，等等，但是也可以被它们的所有者出卖以换取金钱，并通过它们的价格，取得商品形式。"① 虽然当今中国仍然是小农家庭经营，但是小农并没有停留在传统小农阶段，也没有发展成为社会化大生产，而是处于传统小农与社会化大生产之间的一个特殊阶段。这个特殊阶段的小农已经出现了只有资本主义阶段才有的商品，如当今中国的小农已经以身体、以劳动力的形式进入了市场，即"以农民为商品"。"以农民为商品"主要体现在三个方面：一是以劳动力为商品，这种形式中国自古以来就存在，小农通过出卖劳动力获取货币收入，只是当今中国以劳动力为商品的农民数量庞大，且务工报酬已经成为小农的重要收入来源。据国家统计局提供的数据，2005年外出务工的劳动力已经达到12578万人，农民的工资性收入已经达到36%。② 二是以小农的身体为商品，即以小农身体器官为商品，小农以身体器官为商品并不普遍，而且法律并不允许，但是"身体商品"的"黑市"仍然存在，如一些地方"卖血一族"就是农民以身体部分器官为商品获取货币收入。三是以小农的良心、信任、欺诈、爱情等无形活动和行为为商品。笔者在《湖村经济》中描述的乞讨、诈骗、算命、传销等都是农民以自己的无形行为为商品，获取货币收入。③ 显然，"以农民为商"则体现了当今小农"无人不市""无物不商"的特点。

显然，当今中国小农已经完全不同于传统小农的"以业为商"的阶段，也不同于"斯密型动力"诱致的社会化大生产阶段，小农仍然是小农，只不过是一个与市场相互渗透、以市场为生产生活前提的市场化、社会化小农，不仅农产品成为商品，而且农村、农民本身也成了商品，将农业生产过程、大部分农产品和农村、农民推进市场的，不是"斯密型动力"，而是全方位社会化、市场化诱致的货币支出压力。"以农为市"的目标是追求货币收入最大化。

三 "小农的市场"与"市场的小农"——从市场经济地位讨论小农与市场

当今中国的小农与市场关系的变化是全方位的，不仅从"为买而卖"

---

① ［德］马克思：《资本论》第1卷，人民出版社1975年版，第120—121页。
② 《2006年中国农村住户调查年鉴》，中国统计出版社2006年版。
③ 邓大才：《湖村经济》，中国社会科学出版社2006年版，第169—178页。

转向"为卖而买"、从"以业为商"转向"以农为市",而且小农市场的地位也发生了根本的变化,从"小农的市场"转向"市场的小农"。表面上看,只是文字顺序的颠倒,但是小农与市场的关系却发生了翻天覆地的变化。即从小农们组成的市场、控制的市场转向小农们参与的市场,"市场的小农"变成了微不足道的参与者和市场被控制者。

对于传统小农与市场关系,斯科特、施坚雅、黄宗智、斯科波尔、费孝通等都对此有过独到的观点。斯科特认为,传统小农的市场交换囿于乡村,是一种单向的流动,"这种贸易也不同于亚当·斯密特别强调的城乡之间的双向贸易。……城乡之间的交换显然只构成清代长江三角洲贸易的极小部分。小农购买的主要生活必需品是由其他小农生产的,除了少量次要的必需品外,他们极少购买城市产品。"斯科特的主要观点是,小农的交换是周边邻居之间的交换,交换的内容主要是生活必需品。①

施坚雅认为,传统小农的市场是以集镇为中心的区域辐射市场。他将传统经济时期的市场分为"小市"、基层市场和中心市场,小农一般在前两个市场中活动。基层市场的半径大约是以市场为中心的3.4公里到6.1公里,市场是可控的、确定的,小农是市场的决定者,基层市场平均包括18个左右的村庄,约1500户、7000人。基层市场内的小农不可能认识所有的农民,但是都是熟悉的面孔。集市由周围村庄的宗族、精英及小商人控制着,市场是农民和小商人、农民与地方绅士交往的核心。"小商人是农民与高层次中心地的商人之间的中介","他们既为农民挡住了所疑惑的外部世界,又有选择地把外部世界的一些东西放进来并传达给农民——一些必需的外来产品"。②虽然农民无法认识基层市场内的所有居民,但是农民通过自己的认识、点头之交及市场内宗族、精英与所有的居民发生直接或者间接的联系,即对所有居民有直接或者间接的"熟识感"。

从上述梳理可以归纳出小农与传统市场的基本关系,传统市场是熟人之间的交易;信息是透明且基本对称的;小农有一定的价格决定权,或者说联合的小农有一定的价格决定权;基层市场圈是小农主要的社会圈子和

---

① [美]黄宗智:《长江三角洲小农家庭与乡村发展》,中华书局2000年版,第108页。
② [美]施坚雅:《中国农村的市场和社会结构》,史建云、徐秀丽译,中国社会科学出版社1998年版,第53页。

边界；在此圈子内有自己的社会关系、市场交易调节规则和追究习惯，农民对此非常熟悉。简言之，传统经济的市场参与者都是熟人，地位基本平等、信息基本对称、交易风险相对较小，市场的边界、价格和风险在农民可控范围内。鉴于此，笔者将此类市场称为"小农的市场"，即小农可以控制、交易结果比较确定的市场，交易的货币性、商业性与交往的社区性、熟人性交织在一起，是典型的道德市场、熟人市场和可控市场。

当今中国小农与市场的关系则发生了本质的变化，从"小农的市场"变成了"市场的小农"。对于小农个体来说，变成了市场中众多参与者中的一员，而且是可有可无的参与者，甚至边缘者；小农更多的是与高度组织化的城市企业和社会组织博弈；小农再也无法左右市场、无法控制交易的风险，小农犹如社会化大市场中的一叶"扁舟"，随时可以被市场风暴吞噬，有时甚至微小的风浪都有覆灭的危险。与"小农的市场"相比，"市场的小农"面临的是一个陌生的市场，一个充满不确定和风险的市场，一个地位不平等的市场和一个一切以金钱为导向的市场。

陌生的市场。虽然现在也存在村庄内部的"小市"和以集镇为中心的基层市场，它只是形式上与传统经济的基层市场类似，内容则完全不同。传统经济的基层市场是熟人之间的交易，需求双方都在区域市场圈内。但当今小农面临的基层市场却是交易对象不熟悉、交易规则不熟悉、交易内容不熟悉的一个更新换代快、产品日益丰富的大市场。对快速变化的交易内容，小农总是陌生的。可见"市场的小农"总是面临一个陌生的市场，无法通过传统的方式进行市场交易和交换。

风险的市场。传统"小农的市场"，边界较窄、交易对象熟悉、交易内容较为固定，小农能够获得确定的市场信息、交易结果也具有确定性。但"市场的小农"却与此截然不同，面临着一个充满不确定性和风险的市场。面临风险的市场，小农的行为趋向保守。

金钱的市场。"市场的小农"与传统"小农的市场"还有一个重大的区别。一是当今小农是一个金钱的市场、货币的市场、充满算计的市场。市场中的一切交易、一切物品都必须货币化，必须能够用货币来衡量、必须用货币来支付，否则不能够进入市场，也不能进行交易。二是当今小农面临的市场"只认钱，不认人"，只有冷冰冰的金钱与货物的交易，没有传统小农与市场温情脉脉的道德关系、熟人关系、面子关系。

不平等的市场。如果说"小农的市场"中的市场主体大体平等，则"市场的小农"与其他主体相比是不平等的。一是规模不平等。当今小农的市场交易对象都是规模比较大、组织化程度比较高的工商企业及其代理人，超小规模的小农与之相差悬殊。二是信息不平等。当今信息主要源于城市，小农交易对象临近信息源，可以"近水楼台先得月"，而且交易对象规模比较大，具有信息收集、处理的规模优势，小农与之相比不可同日而语。三是规则制定不平等。传统小农的基层市场，小农既是参与者，也是游戏规则的制定者，小农的交易受传统习惯法的保护，交易者之间较为平等。当今小农只是市场规则的被动接受者，小农是与众多看不见的对手打交道，输了也不知道输在哪里。在此市场中，小农处于绝对的劣势，与其他交易对象相比，地位极不平等。

可见，"市场的小农"面临的是一个陌生的市场，一个充满不确定性和风险的市场，一个看不到真正的交易对手的市场，一个无法控制、事后无法当面追究最终责任的市场，一个地位不平等的市场。在一切都需要货币和金钱化的情况下，小农的理性选择就是在保守的基础上追求货币收入最大化，以货币化解生产、生活、交往和交易中的风险和困难，从"小农的市场"的货币中介化转向"市场的小农"的货币最大化，从依靠"熟人市场"转向依靠"货币支撑"，从传统的放心交易到当今的保守选择。

四 结论

当今中国小农与市场的关系已经完全不同于传统经济时期的关系，总体来说，小农的规模没有变，小农经营的形式没有变，但是小农的性质变了，小农与市场的关系变了，小农的偏好和行为变了。市场化和社会化是当今小农最主要的特点，市场化和社会化小农的偏好及行为是追求货币收入最大化。小农与市场的关系归纳起来就是三个方面：

整体延续与部分变化。小农与市场的关系从整体上看，当今小农还是传统小农的延续，小农还是小农，小农还是与基层市场发生联系，但是整体延续的条件下，小农与市场的关系发生了结构性的变化。小农与市场的传统关系是小农决定市场、小农可控市场，但是现在小农成了市场的被摆布者、被控者、边缘者,小农对市场的关系从游刃有余到心有余而力不足。表面上看、整体上看,小农与市场的关系一如既往,但是实质在很多关键的部分,小农与市场的关系已经发生了颠覆性的变化。

形式守成与内容创新。传统小农出售农产品和家庭手工产品,偶尔也帮工,当今小农同样出售农产品、家庭手工产品和劳动力,但这些都只是形式上的传承与延续,小农与市场的内容已经迥然不同。不仅农业、手工业以市场为取向,而且农村、农民本身也成了市场载体和市场内容,更加不可思议的友谊、良心、爱情、信任等意识方面、无形方面的活动也成了商品。当今小农是无人不商、无处不商、无时不商。小农与市场关系的变化是形式延续与内容巨变同步推进。

目标的手段与手段的目标化。传统小农的市场偏好是通过市场交换获取生产和生活的必需品,市场和货币是中介;交换完成,市场和货币的任务也就终结;市场和货币是小农生产和生活的手段,最大化产量和正常化家庭生活才是最终目标。当今小农的市场偏好是货币,货币本身成了小农追逐的目标,追求更多的货币成了小农行为的目的。

可见,虽然当今小农与市场的关系整体上、表面上没有变化,但是关键部分、主要内容已经发生了重大的变化,社会化、市场化已经渗透到小农生产、生活、住的方方面面,货币与市场"无处不在""无时不有";小农与家庭是"无人不商""无物不市"。小农已经社会化,家庭已经市场化;反之,小农则借助市场化追求货币收入最大化,以化解社会化中的货币压力和市场化中的风险。

第十章 农民打工：动机与行为逻辑[①]
——劳动力社会化的动机—行为分析框架

改革开放近30年了，农民外出打工也将近30年，按照人类繁衍的周期，30年只能是一代半人，但是从宏观层面和连续性来看，改革开放30年已经出现了"三代打工者"[②]。20世纪70年代末80年代初期分田到户后外出打工者可以称为第一代打工者，20世纪90年代外出打工者可以称为第二代打工者，2000年以后外出打工者称为第三代打工者。"三代打工者"面临不同的生存环境，有不同的打工动机和行为逻辑。本文将建构一个"动机—行为分析框架"，分析改革开放以来"三代打工者"的约束条件、打工动机、行为逻辑及其演变轨迹。

一 问题的提出

对于农民动机及其行为逻辑的研究，当数恰亚诺夫、舒尔茨、波拉尼、波普金以及黄宗智、斯科特。对于当代农民打工的研究，学者从不同学科、不同视角进行过多层面的研究，取得了不少成果。总体而言，关于农民行为经济动机及其逻辑，经典理论大约有三种学说。[③]

生存动机。生存动机最早源于恰亚诺夫，然后经过波拉尼的"实体

---

① 本文发表于《社会科学战线》2008年第9期。
② "三代打工者"之说是笔者与学生前往四川阆中调查时，我的学生黄振华偶然提出，然后笔者引导学生进行了讨论和分析，并在此讨论的基础上形成本文。
③ 其实对于农民的行为而言，还有一个学派——马克思小农学派，因为这一学派关注农民的政治动机，而不是经济动机，故在此不对其进行梳理和评价。

主义"和斯科特的"道义小农"而发扬光大。恰亚诺夫在《农民经济组织》中认为,"农民经济活动的动机不同于企业主,后者通过投资以获取总收入与生产费用之间的差额。而前者更类似于一种特殊的计件工资制中的工人",[①]"家庭农场经济活动的基本动力产生于满足家庭成员消费需求的必要性,并且其劳力乃是实现这一目标的最主要手段","全年的劳作乃是在整个家庭为满足其全年家计平衡的需要的驱使下进行的"。[②] 恰亚诺夫认为小农的动力是追求生存最大化,一切经济活动以生存为目标。波拉尼继承了恰亚诺夫的传统,他提倡用"实体经济学"取代"形式经济学",前者分析市场尚未出现的经济;后者分析人人有余裕作决策的经济。[③] 波拉尼的意思是市场未出现以前,小农的行为围绕着生存而展开,市场出现以后则围绕理性而展开。斯科特认为,在耕地稀少的地区、面临生存危机的地区,农户将生存与安全问题放在第一位,即"安全第一""生存伦理"。农民"首先考虑可靠的生存需要,把它当作农民耕种者的基本目标"。农民所有的活动都围绕着生存展开,而不是围绕利润而展开,"由于生活在接近生存线的边缘,受制于气候的变幻莫测和别人的盘剥,农民家庭对于传统的新古典主义经济学的收益最大化,几乎没有进行计算的机会"。[④] 为了确保安全,农民尽力"避免风险","把生存作为目的的农民,在规避经济灾难而不愿冒险追逐平均收入最大化方面很有代表性",[⑤] "他的行为是不冒风险;他要尽量缩小最大损失的主观概率"。[⑥] 他们三人的思想一脉相承,主张小农以生存为主、避免风险、安全第一。

利润动机。利润动机者认为,小农的动机与行为是追求利润最大化。利润动机说的代表人可以追溯到亚当·斯密,主要代表人物是舒尔茨和波普金。他们都主张小农像资本主义企业一样,是理性的,追求利润最大化。舒尔茨认为,小农是理性的经济人,不会逊色于企业家,只要给小农

---

① [苏]恰亚诺夫:《农民经济组织》,萧正洪译,中央编译出版社1996年版,第9页。
② 同上书,第29页。
③ [美]黄宗智:《华北小农经济与社会变迁》,中华书局1986年版,第3页。
④ 同上书,第6页。
⑤ 同上书,第1页。
⑥ [美]詹姆斯·C.斯科特:《农民的道义经济学:东南亚的反叛与生存》,程立显、刘建译,译林出版社2001年版,第6页。

一定的条件，小农便会为追求利润而创新。"一旦有了投资机会和有效的刺激，农民将会点石成金"①，"人民在资源配置当前生产中他们所拥有的要素时是很有效率的。……人民对利润做出了反应。在他们看来，每一个便士都要计较"②，舒尔茨还认为，农民是文盲的事实并不能否认他们的理性和对利润的追求，"人民是文盲这一事实并不意味着，他们在配置自己所拥有的要素时对边际成本和收益所决定的标准反应迟钝"③，波普金继承了舒尔茨的传统，反对斯科特的"道义经济"，认为农民是理性的，"波普金则不同意道德经济学家将农民定义为不愿冒险的人。作为政治经济学家他虽然也同意，农民会极力反对任何的冒险，但却认为，尽管贫穷和接近生存边缘，农民还是有很多机会有所剩余并做出一些有风险的投资，他们贫穷而且拒绝冒险并不意味着他们不做任何投资"④。农民学家和人类学家将此称为"斯科特—波普金论题"。显然利润动机者相信，农民是理性的，精于计算，他会根据约束做出有利于自己的决策，即会追求利润最大化。

效用动机。其实效用源于古典经济学，效用最大化是古典经济学家的最基本假设。最早可以追溯到以边沁和密尔为代表的英国功利主义哲学，但其直接奠基却是19世纪50—70年代的"边际革命"，其代表人物为德国的戈森、英国的杰文斯、奥地利的门格尔以及法国的瓦尔拉斯。⑤ 效用理论用于农民学，特别是对中国农民的解释当数黄宗智。他认为："小农既是一个追求利润者，又是维持生计的生产者，当然更是受剥削的耕作者，三种不同面貌，各自反映了这个统一体的一个侧面。"黄宗智认为要将企业行为理论和消费者行为理论结合起来，前者追求利润最大化，后者追求效用最大化。不同的约束条件，小农有不同的动机和行为，"较大而富裕的农场……很大程度上受到利润的诱导……至于较贫穷的小农，生存

---

① ［美］舒尔茨：《改选传统农业》，李冬生译，商务印书馆1987年版，第6页。
② 同上书，第51—55页。
③ 同上书，第59页。
④ 郭于华：《"道义经济"还是"理性小农"：重读农民学经典论题》，《读书》2002年第5期。
⑤ 叶航：《西方经济学效用范式批判》，《经济学家》2003年第1期。

的考虑往往重于利润的追求。"① 最后黄宗智将集生产者、消费者于一身的农户的动机抽象为"效用",即"不用追求最高利润的观念(来自企业行为的理论),而用效用观念(来自微观经济学中关于理性消费者的抉择的理论)的好处是:它可以顾及与特殊情况有关的主观抉择"。②

对于农民外出打工的动因,学界有不同的观点,如文化说、制度与结构说、生存说、理性选择说、补贴收入说等。

引力说。刘易斯在"二元经济"模型中对此进行分析,他认为,整个经济可以分为先进的城市工业部门和落后的农村农业部门,前者工资比较高,后者工资比较低,而且后者人数众多,可以说是"无限供给",只要工业部门提供维持生存的工资就能够源源不断地吸引农村剩余劳动力。③ 刘易斯的观点就是,农村剩余劳动力转移主要是由于城乡收入差异、工业部门高工资的吸引和拉动。刘易斯的观点可以称为劳动力转移的"差异说""引力说"。这种观点忽视了农民的主动性及农民对自己所面对社会条件的主动反应。

拐杖说。黄宗智对小农的雇工也做出了经典的描述,"一个贫农既然无法单从家庭农场或单从佣工满足最起码的生活需要,他就只好同时牢牢地抓住这两条生计不放,缺一便无法维持家庭生活"④,"贫农从事佣工获得不可缺少的补充收入"⑤。黄宗智认为,农业和家庭手工业、外出务工是农户维持生存的"两根拐杖"。有学者称此为"拐杖逻辑"。"拐杖说"也可以归为打工的"生存说"。

收入补充说。费孝通也曾经提道:"为了维持正常生活所需,包括日常必需品、礼节性费用、税和地租以及再生产所需的资金等,辅助企业是必不可少的。"⑥ 他认为,要解决农民的生活缺口问题必须通过家庭手工业和外部务工。费孝通的观点可以称为"补贴收入说"。后来费孝通在《小城镇,大问题》中提出了通过小城镇和乡村工业化解决农村剩余劳动

---

① [美]黄宗智:《华北小农经济与社会变迁》,中华书局1986年版,第6页。
② 同上书,第7页。
③ [美]刘易斯:《二元经济论》,施炜等译,经济学院出版社1988年版,第52—55页。
④ [美]黄宗智:《华北小农经济与社会变迁》,中华书局1986年版,第309页。
⑤ 同上书,第311页。
⑥ 费孝通:《江村经济:中国农民的生活》,商务印书馆2001年版,第176页。

力和农村发展问题。

在费孝通和黄宗智的研究中,"两根拐杖"之一是手工业、乡村工业,农民外出务工只占很少的部分。费、黄都将手工业、乡村工业作为解决生存、补贴家计的手段,农民外出打工,特别远距离、长时段的打工并不是研究的重点。正如黄平所说,费、黄所研究的是20世纪80年代以前的农民,他们无法解释当今中国大规模的农民打工情况。笔者要补充的是,费、黄的侧重点并不在于外出打工,而是农村手工业和乡村工业。

结构论。对于当今农民打工动机与行为的研究,黄平和文军做了较深入的探讨。前者用整体主义方法论;后者用个体主义方法。黄平利用吉登斯的结构化理论,"试图对中国广大农村村民的寻求非农活动或非农职业做出某种新的理论说明"。他认为:"首先,既不仅仅是制度性安排的阻碍或推动,也并非简单地只是个人追求利益最大化的理性选择,而是主体与结构的二重化过程,构成了当今中国数以千万计的农村户口持有者离开农业、离开农村而不断寻找新的就业机会和生活空间。如果没有结构性因素和条件所提供的可能和制约,村民们即使再想外出寻求更大的利润和更多的利益,他们也无法对此施以具有实际意义的步骤,反之,若没有这样的寻求非农活动的冲动,无论什么样的制度性安排,对村民自己而言,也是没有意义的。其次,农村人口的外出或转移,绝不是盲目的,相反,他们总是具有明确的动因和目标,一开始他们也许大多是为了从非农活动中挣得现金收入以补务农收入之不足;而不论他们的动因和目的多么明确,他们总是在外出或转移过程中不断地对自己的行动加以合理化的解释,总是不断地反思自己的行动、调整自己的策略。"① 黄平认为,小农外出打工不能简单认为是生存动机、利润动机,而是农民与"结构的二重化过程",首先是结构变化,然后是农民外出,外出过程中打工农民再根据条件不断调试,使其行为逐步"合乎理性",他的结论是结构变化与主体互动导致了农民打工的选择。黄平的观点可以称之为打工的"结构说",在此学说中,农民既是被动者,也是主动者。其实,黄平的"结构说",混淆了约束条件和自变量,混淆了条件与动因,表面上看,农民具有第二重主动性,其实农民是非常被动的,是一个"自在的群体",而不是一个

---

① 黄平:《寻求生存的冲动》,《二十一世纪》(香港)1996年第12期。

"自为的群体"。①

理性选择论。文军在黄平研究的基础上，从微观视角运用理性选择理论进行分析。他将理性分解为：生存理性、经济理性和社会理性。生存理性追求生存最大化，即"避害第一，趋利第二"，经济理性追求"利润最大化"，社会理性追求"满意与合理化"。文军认为，打工农民"一般遵循着这样一种逻辑顺序：生存理性选择→经济理性选择→社会理性选择。在农民外出就业发生初期，往往更多表现的是生存理性选择，随着外出寻求就业次数的增多和时间的拉长，社会理性选择和经济理性选择将表现得越来越突出。在制度性条件松动的情况下，农民外出就业的动向由生存理性选择向经济理性选择和社会理性选择的跃迁"。文军的观点可以称之为农民打工的"理性选择说"。他将理性分解为三种类型，以此解释农民打工的不同原因，确有其独到之处。但是有两个问题：一是这种分类与经典小农理论并没有本质的区别，贫困的小农追求生存最大化，中农追求恰亚诺夫均衡，经营农场主追求利润最大化，古典经济学家认为农民追求效用最大化，效用最大化既包括经济，也包括政治，还包括文化，也就是文军所说的"满意与合理化"。文军的打工理性选择说，只不过是将传统经典小农理论用理性选择进行组装而已。二是文军并没有分析农民打工的三种理性在什么条件下适用，现在打工农民用哪一种理性进行解释他也没有说明，只是笼统地说"在制度性条件松动的情况下，农民外出就业的动向由生存理性选择向经济理性选择和社会理性选择的跃迁，在一定程度上反映了农民主体性的增加和市场经济的发展，也反映了现代社会农民理性选择多样性的增加"。也就是各种理性转换之间的逻辑，文军并没有揭示。另外文军与黄平都得出一个结论："在现实生活中之所以会出现在相同的制度结构和文化背景中，愈是贫穷地区的农民，其外出或转移的人数反而愈少的现象。"② 如果这个结论正确，它不是可以否定文军的"生存理性选择"吗？文军与黄平的"愈穷打工

---

① 借鉴黄宗智的"自在的阶级"和"自为的阶级"的说法。
② 文军：《从生存理性到社会理性选择：当代中国农民外出就业动因的社会学分析》，《社会学研究》2001年第6期。

人数愈少"的结论与现实完全相反,实际上愈穷打工人数越多,外出打工愈早。

通过上述分析,可以发现前辈学者及专家们对农民外出打工的动机及行为研究存在四个方面的问题:一是很少有学者从打工者历程、从打工者性质来进行纵向研究;二是对小农动机及行为的研究大都是引用国外理论来解释当今中国问题,或者用外国理论与小农理论嫁接,没有从中国本土经验出发证伪或者证实经典理论,难免有雾里看花、隔靴搔痒之感;三是以往的研究,要么从经济学视角进行分析,要么从社会学视角进行考察,要么从历史学角度进行研究,方法比较单一,难以对农民外出打工的动机与行为做出合理的解释;四是还有许多学者仍然利用经典小农理论解释中国农民外出务工的现象,有生搬硬套之嫌。经典理论是根据过去的经验、外国的经验得出的,根本无法完全解释改革开放以来中国三代打工者的动机及其行为逻辑。

笔者认为,改革开放以来中国三代打工者不能用一种动机和行为逻辑来解释,必须根据不同的约束条件来判断,根本性的约束条件和变量决定着农民外出打工动机和行为逻辑,根据不同的约束条件和需求目标:第一代打工者追求生存最大化,遵循饥饿逻辑;第二代打工者追求现金收入最大化,遵循货币逻辑;第三代打工者追求终生利益最大化,遵循前途逻辑。三种动机和行为逻辑依次更替、逐步跃升。目前大多数打工农民面临货币支付压力,为了缓解货币支付压力,追求现金收入最大化,打工遵循货币逻辑,恪守货币伦理。另外,农户劳动力社会化是从人均耕地最少的地方开始逐步转向全国,人均耕地越少、越穷的地区,农民外出打工越早、打工人数越多、家庭对打工依赖程度越大。劳动力社会化配置是以户为单位逐渐转向以个人为单位。劳动力社会化是时间的函数,也是经济发展的函数。

为了对上述假设进行理论实证,笔者将从中国本土经验出发,建构一个"动机—行为分析框架",对改革开放以来,三代打工农民进行纵向历史分析,同时用这一分析框架对当今不同年龄层次的打工农民进行横向考察。通过分析三代打工农民的约束条件,探寻农民打工的动机,然后根据打工动机考察农民的打工逻辑。

二 第一代打工者：饥饿逻辑

所谓第一代打工者就是指分田到户后的第一批外出打工人员。家庭联产承包责任制的推行，农民不仅获得了田地，而且也获得了人身自由，农民能够自主择业、自主配置劳动力。劳动力的解放和家庭承包制度安排为农户劳动力社会化、农民外出务工提供了前提条件。

第一代打工农民是敢于"吃螃蟹"的人。因为经过土改、合作化、"大跃进"、人民公社等多年的社会运动，农民已经高度组织化，服从组织安排、安心从事农业生产是"好农民"的标准，外出打工经商都是"不务正业"，甚至是"投机倒把"行为。第一批外出打工者必须面对"不务正业"的帽子，同时还要面对背井离乡的苦楚。

第一代打工农民主要是出卖劳动力。由于当时城市改革开放尚没有启动，非农产业的岗位不是太多，农民打工的选择不多，加上外出者的素质相对较低。农民外出打工主要是从事城市居民不愿意干的脏活、累活，或劳动力短缺的矿山、国有农场、乡镇企业以及刚刚萌芽的民营经济，岗位不是太多。第一代打工者选择的空间比较少，收入也不是特别高。据他们介绍，一年能够赚得二三百元钱就够了不起了，也就是这二三百元的收入成为维持家庭生存的重要资源。

第一代打工农民主要解决吃饭问题。第一代打工者主要出现在人均耕地少、农业收成无法满足家庭生存的地区。家庭联产承包责任制的推行及低提留政策，对于人均耕地相对较多的平原地区、商品粮食主产区获益最多。农民完成了国家上交任务和村庄提留后，剩下的还比较多，不仅吃饭不成问题，而且不少农民还有一些储蓄。可见人均耕地较多的平原地区和商品粮主产区，农业生产的比较效益较高，农民没有外出打工的动机。此阶段真正外出打工的是人均耕地面积比较少、产量比较低的地区，特别是山区。如川北的阆中市，人均水田只有0.2亩，人均旱地0.4亩，全家的地一个人就能够种，收成根本无法解决家庭的吃饭问题，并且再也没有人民公社时期的购买低价返销粮弥补口粮不足的问题。对于这些地区，虽然分田到户解决了劳动的积极性问题，但是生存问题并没有完全解决。农民只好求助于已经获得解放的劳动力，外出打工便是唯一选择。可见，第一代打工者主要是人均耕地比较少、生存问题无法解决的山区和丘陵地区的农民，打工的主要动机是生存。当然第一代打工者也有一些并非为吃饭，有些是为躲避计划生育而打工，有些是为发财而打工等，前者是生育动机，后者是利润动机。只是持有这两种打工动机的农民比较少。

第一代打工者基本是男劳力，他们没有放弃承包地，既照外，也要顾内；既要务农，也要务工；既要别妻，也要离子。20世纪80年代有学者称第一代打工者为"候鸟人员"，称打工家庭的农业为"候鸟农业"，打工者心系两端，往返于打工地与家乡之间。第一代打工者夫妻分居、父子分离，有人称他们是"背井离乡"。可见，当时的打工是一种不得已的选择，是对生存压力的反应。第一代打工者大多从事体力活，只有壮年的劳动力才能找到工作，女性劳动力很难外出务工，况且当时经济条件决定了仅仅依靠打工也无法维持家庭生存，即田地无法维持生存，打工也无法维持生存，必须两者兼顾，就如黄宗智所说的"两根拐杖"一样，都不能丢。因此，20世纪80年代打工农户的劳动力配置必须兼顾内外，一部分社会化，一部分家庭化。社会化与家庭化的目标基本一致：确保家庭生存，解决吃饭问题。

目前第一代打工者年纪已大，大多超过50岁，打工的基本目标已经实现，后代已经长大成人、成家。第一代打工者大多被后代取代，此时需要第一代打工者回家种田、看家、带小孩，或者说回家养老。第一代打工者的子女已经接过打工接力棒，成为打工的主力军。

第一代打工者能够形成，首先，有赖于家庭联产承包责任制的制度安排、劳动力的解放，也就是吉登斯所说的结构与制度的变化；其次，吃饭压力、生存压力是农民外出打工的最主要动力，也是农民的动机。前者是外部因素，即外部条件的约束，后者是家庭内部的需求。在制度安排已经完成的条件下，农民外出打工取决于家庭内部需求和内部动因。改革开放初期农民打工的动因就是吃饭、填饱肚子。可以说，第一代农民外出打工受饥饿逻辑所驱使，饥饿既是农民外出打工的压力，也是农民外出打工的动力，更是农民打工逻辑的基础。简单地说，第一代打工者是为肚皮而打工、为饥饿而打工、为生存而打工。

第一代打工者面临着即期的吃饭问题，不外出就得挨饿，其行为目标是家庭生存问题。迫在眉睫的吃饭问题，不仅决定了农民必须外出打工，而且不能冒险，必须挣到生存口粮与承包地生产口粮的缺口部分，这与斯科特的"避免风险""安全第一"的逻辑相同。打工农民的行为受饥饿逻辑左右，恪守生存伦理。所谓生存伦理，即打工家庭的养老、抚幼、夫妻关系、亲戚关系都必须以生存为中心。所谓饥饿逻辑就是打工农民的行为及选择受吃饭、生存目标所左右。

三 第二代打工者：货币逻辑

所谓第二代打工者就是20世纪90年代的外出打工人员，从血缘上讲第二代打工者和第一代打工者并没有直接关系，只是从社会代际角度来看，90年代的打工者与80年代的打工者有不同的约束条件、不同的动机、不同的行为逻辑、不同的行为伦理。笔者将20世纪90年代外出打工者称为第二代打工者。

第二代打工者主要是为钱而打工。20世纪90年代，由于化肥的大量使用和杂交水稻的推广，粮食产量大幅提高，即使在耕地较少的山区、丘陵地区，吃饭问题也基本解决。农民没有吃饭问题并不表明农民问题已经解决。随着市场化和社会化的推进，农民面临越来越严峻的货币支付问题，即农民有饭吃，但没有钱用。没有饭吃，农民面临着生存危机，没有钱用，农民面临着破产危机。在此阶段，吃饭问题退居次要地位，用钱问题成为农民的首要问题。

传统农业时期，农户关着门都能够生存、生产和生活。农户可以不依赖社会而生活，不依赖市场而生产，但是随着社会化和市场化的推进，农户已经深深地卷入到社会化和市场化的体系，离开了社会和市场就寸步难行。农户生产、生活、交往的社会化和市场化，加大了农民的货币支付范围，增加了农民的货币支付压力。[①]

第一，生产社会化需要钱。20世纪80年代农民"为买而卖"，90年代很大程度上转向"为卖而买"，"为卖而买"需要预付货币资金。另外，农业生产过程逐步走向市场化、社会化，如南方农村犁田环节必须租铁

---

① 邓大才：《社会化小农：行为与动机》，《华中师范大学学报》（人文社会科学版）2006年第3期。

牛，收割环节必须租收割机，除草环节必须使用除草剂，化肥完全取代农家肥，农户提水灌溉取代集体统一灌溉，种子必须购买杂交种子，治虫必须购买农药，等等。南方农业的所有环节、北方农业的大部分环节、西部山区农业的部分环节已经离不开市场、离不开社会。如南方犁田，2000年的价格为每亩30元，2005年为50元，2007年为80元。收割机类机械同样如此，2000年租借脱粒机每亩30元，2005年为45元，2007年为60元。生产环节的市场化和社会化水平提高，需要农民预付大量的生产资金，需要农民支付大量的货币资金。

第二，生活社会化需要钱。农业生产各个环节迈向社会化和市场化的同时，农民生活的社会化、市场化程度也越来越高。首先是教育。从调查的情况来看，筹集子女的教育经费是农民外出打工的首要动机。虽然国家实施九年义务教育，但读书费用仍然是农民最棘手的问题。特别是子女一旦进入非义务教育的高中和大学阶段，农民货币压力将会成倍增长，农民不外出打工根本无法供养子女读书。其次是婚嫁生育。20世纪90年代以来，结婚与生育成本逐步升高。农民结婚需要新房、家具、家电、酒宴，少的需要两三万元，多的需要四五万元，如果考虑建筑新房，可能要超过10万元。生育成本也在增加，年轻人趋向到医院生育，这也加大了农民的货币支出。再次是医疗丧葬。现在医疗费用不断攀升，农民看不起病，吃不起药，一个原因就是缺钱。丧葬成本也大幅度升高，不管是南方，还是北方，重丧葬，轻赡养，丧葬攀比厉害，这也增加了农民的货币支出。最后是建房。如果小孩比较小，家里也没有老人，农民会考虑建房，而且有些地方如河南、江西的农民，一辈子的梦想就是建房，现在农村建房费用大幅攀升，至少需要8万元。不管家里多富有，上述事情只要摊上一件就会负债返贫。另外，燃料、电费、电话费、衣物购置、换季的新鲜蔬菜等都需要农民以货币支付，名目繁多、层出不穷，可以说现在的农民是：开门就需要钱，走路就要货币。

第三，交往社会化需要钱。农民人情往来也水涨船高，20世纪80年代南方地区一般左邻右舍的人情往来是5元，90年代初中期是10元，90年代末期是30元，现在则是50—100元。直系亲属则更多，几百元、上千元不等。2005年笔者对湖南汉寿县的湖村调查，农户户均人情费用2037.11元，河南祥符区的府君寺村户均1296元。2007年四川阆中市的鲁家庵村稍稍低点，但是每年也要花千元左右，位于赣南地区的兴国县长冈村，2007年则需要3000多元。农户生产、生活、交往的社会化、市场化使农民再也无法关门生产、闭门生活及老死不相往来。农民与社会、市场紧密相连，农民货币支出大大增加，货币压力更是无比沉重。大部分农户都面临货币支付赤字以及货币支付陷阱。虽然农民不再为吃饭而焦虑，但是必须为用钱而烦恼。农民面临着周期性和非预期的货币支付压力，一旦不能按时支付，家庭运转就可能停摆。农民为了维持家庭正常运转必须外出打工。因此，第二代打工者大多是为缓解货币支付压力而外出打工，货币收入是第二代农民打工的主要目标，货币追求是第二代打工者的主要目标。[1]

第二代打工者职业性增强、兼业性减弱，外出打工者与家庭务农者的分工更加清晰。由于此阶段农民负担增加，除去成本和提留外所剩无几，打工农民纷纷弃田抛荒，专心打工，变成了职业打工者。随着务农的机会成本提高，农业比较效益降低，夫妻双双外出打工的增多。与第一代打工者相比，第二代打工者的家乡观念相对淡薄，有些人外出打工几年甚至10多年都没有回乡。第二代打工者具有普遍性，如果说第一代打工者是生存问题无法解决的山区、丘陵区农民，第二代打工者则更具普遍性，不管是山区，还是平原；不管是南方，还是北方，农民都面临着货币支付压力和家庭运转停摆的危机，为了化解危机，农民纷纷外出务工经商。第二代打工者进厂的最多，也有些农民从事技术活，主要是农村手艺人进城，如农村的裁缝、泥瓦匠、木匠等前往城市打工。第二代打工者的年龄基本在30—45岁之间，用农民的话讲，他们处于当打之年。另外，第二代打工者"上有老，下有小"，负担非常重，生产、生活社会化的方方面面都基本涉及，货币支付内容最多，支付压力最大。

第二代打工农民是温饱问题基本解决后，农民对生产、生活、交往社会化和市场化诱致的货币支付问题的反应，即农民为缓解家庭货币支出压力，维持家庭正常运转而外出打工。货币压力是打工农民的基本动机，货币收入最大化是打工农民的行为目标。也许有人会问，为什么是货币收入最大化，而不是利润最大化呢？因为利润最大化并不能解决眼前的货币压

---

[1] 徐勇、邓大才：《社会化小农：解释当今农户的一种视角》，《学术月刊》2006年第7期。

力问题，也不能及时缓解家庭即期的支付问题。因为利润最大化与货币收入最大化并非完全一致，有时追求利润最大化必须放弃货币收入最大化，追求长期利润必须放弃短期货币收入，如农民从事林果业可以获得长期稳定的利润，但是无法解决林果业成熟前的货币支出问题，为了应付当前的支付危机，农民会放弃长期利润而选择短期的打工收入。因此，货币压力是第二代打工者的基本动机，货币是第二代打工者的行为逻辑，货币伦理是第二代打工者的行为伦理，即人的尊严、身体、道德都必须以家庭货币支出为前提。简言之，第二代打工者是为货币而打工，遵循货币逻辑。

四 第三代打工者：利益逻辑

所谓第三代打工者是指20世纪80年代出生、2000年以后外出打工的青年农民。这部分农民年轻、知识水平相对较高，一般都是初中毕业，还有不少人是高中毕业或者职中、职高毕业的。他们的知识水平和眼界明显高出第一、二代打工者。第三代打工者打工的约束条件、打工的动机和行为逻辑完全不同于他们的前辈。

第三代打工者没有生存压力。2000年以后只要有耕地的农户就不会担心吃饭问题。第三代打工者就是不劳动也不至于饿死，这可以从不少年轻人既不务农也不打工，而是在家里"啃老"进一步证实。如果家里面临生存危机，年轻劳动力岂敢在家游荡。就像第一代打工者中的年轻农民一样，不待初中毕业就必须外出打工，为了吃饭顾不上读书，顾不上年纪。对于第三代打工者来说吃饭不成问题。

第三代打工者没有货币压力。第三代打工者都是20岁左右的年轻人，父母还在当家做主，自己没有成为一家之主，还没有独当一面。家里的货币压力犯不着操心，天塌下来有父母顶着。他们既不担心生存问题，也没有货币支付压力。外出打工的约束条件就是他们自己的知识水平和综合素质，生存压力和货币压力都与他们无关。

第三代打工者主要是为自己而打工。第三代打工者与第一、二代打工者不同，后者是被动打工，是经济重压下的反应。第三代打工者则是主动打工，他们既不为生存而打工，也不为货币而打工，而是为自己而打工。如果说第一代打工者是为家庭生存而打工，第二代打工者是为子女读书、结婚等货币支付而打工，第三代打工者则是为了自己的前程而打工，为了离开农村而打工，为了改变自己的农民身份而打工。第三代打工者年轻、文化素质也相对较高，他们不以出卖劳动力为主，主要从事两个方面的工作：一是进厂当工人，二是在服务行业当服务员。前者主要是在劳动密集型产品的工厂工作，后者则需要一定的技术或者手艺，主要在服务行业工作。第三代打工者较第一、二代打工者技术含量和专业水平相对提高，收入水平也较高。第三代打工者基本没有从事农业生产的经验，也不愿意从事农业生产，大部分第三代打工者放下书本就加入打工行业，打工就是为了赚钱、为了学技术；赚钱是为了进城，学技术为了进城谋生。简言之，打工就是为了离开农村，为了改变农民身份。

第三代打工者也像第二代打工者一样非常普遍，全国各地都有，而且打工更加专业化、职业化。大部分第三代打工者根本就没有想到要回乡，也根本没有想到要务农。当前也没有负担，父母还能赚钱，自己没有成家，即使有负担也不是眼前的负担。因此，第三代打工者约束较少，对打工的期望值也较高，目的也非常明确，他们不是为了生存，也不是为了短期的现金收入，更不是为了所谓的利润和效用，他们是为离开农村而打工，为了自己的前程而打工，为积攒进城成本而打工。学会城市生存的本领是第三代打工者的主要动机，在此动机下，第三代打工者的行为以此为中心而展开：打工挣钱积累进城资金，积累做生意的本钱，从打工中学习谋生的专业技术，如学装修、学电器修理、学开车、学厨师、学技工、学做生意等，也有些第三代打工者打工挣钱后再去学习专业技术。不管是打工的动机，还是打工的逻辑都只有一个——为自己而打工。

第三代打工者追求进城与谋生能力大多不再以家庭为分析单位，而是以个人为奋斗目标，个人是理性的，追求自身利益最大化，这些"利益"不仅包括经济利益，还包括舒适、身份、地位等多方面的好处。调查也发现，第三代打工者对自己的未来大多有一个规划、一个远景目标，其打工行为服从和围绕这个远景目标，即使现在受苦、拿低工资也在所不惜。但是第一、二代打工者就没有第三代打工者潇洒，它必须追求即期的收入、物质最大化，否则就面临着生存危机和货币支付危机。进城与谋生能力最大化可以抽象为个人利益最大化，包括短期利益和长期利益、经济利益和非经济利益。

现在可以对第三代打工者做一个简单的总结：第三代打工者以个人为行动单位，他们面临的问题是未来的问题，其冒险程度要高于他们的前辈。第三代打工者的动机是离农和脱下农民身份，行为目标是追求终身利益最大化，行为逻辑是前途，打工遵循身份伦理。

表1　　　　　　　改革开放以来三代打工者的动机与行为

	第一代打工者	第二代打工者	第三代打工者
时间	20世纪80年代	20世纪90年代	2000年以后
条件	温饱问题没有解决	家庭支付缺口没有解决	前途没有着落
面临问题	饥饿问题	货币支付压力	发展与归宿问题
面临问题的时间	当前	当前	未来
对风险的态度	不能冒险	不能冒险	可有一定程度风险
分布地区	人均耕地极少、无法维持家庭生存的地区	全国各地	全国各地
行动目标单位	家庭	家庭	个人
行为动机	为吃饭而打工、为肚皮而打工	为用钱而打工、为解决支付缺口而打工	为离农而打工、为身份而打工
行为目标	生存最大化	货币收入最大化	利益最大化
行为逻辑	饥饿逻辑	货币逻辑	前途逻辑
行为伦理	生存伦理	金钱伦理	身份伦理

五　讨论与结论

经过上述分析，可以发现三代打工者有截然不同的动机和行为逻辑，为什么会如此呢？三代打工者是从历史维度进行的纵向分析，时间是自变量。如果从横向来看，即从共时性角度来看，不同年纪的打工者是否还具有如此不同的动机呢？或者说横向的三代人与纵向的三代人的打工逻辑是否一样呢？如果不一样又说明了一个什么样的问题呢？为什么改革开放后的打工农民不从事农业内卷化呢？现在人均耕地更少，为什么农民能够很快走出饥饿逻辑呢？根据深度讨论能够得出一些什么样的基本结论呢？下面我们分别予以讨论：

1. 进一步讨论

为什么三代打工者会有截然不同的动机和行为逻辑？第一代打工者追求生存最大化，符合恰亚诺夫小农的定义；第二代打工者追求货币收入最大化，符合徐勇、邓大才对小农行为的定义；① 第三代打工者追求利益最大化，或者说追求改变身份，经典理论与当今小农理论都无法对其做出合理的解释。如果用行为逻辑来说，第一代打工者是吃饭逻辑；第二代打工者是用钱逻辑；第三代打工者是前途逻辑、利益逻辑。三代打工者之间的不同动机和行为逻辑主要是不同约束条件的反应。这与马斯洛的需求层次理论有关，作为一个人首先要生存下来，当生存没有完全解决时，将生存放在第一位是农民理性的表现；当生存基本解决时，要确保家庭过得去，即要维持家庭正常运转，在农户深深融入社会化和市场化的今天，确保家庭正常运转就是确保货币的正常支付，货币支付是此阶段最重要的任务，追求货币收入最大化是必然的选择；当一个农民既没有生存问题也没有货币压力时，他所思考的问题当然是自身发展问题和地位、身份问题。所以既没有生存危机，也没有货币支付压力的第三代打工者追求离农、脱农和利益最大化就不足为奇。可以说，中国农民在不到30年的时间经历了"生存最大化""货币收入最大化"和"利益最大化"三个阶段。

三代打工者的动机按照什么逻辑演进？为吃饭而打工、为用钱而打工、为前途而打工，三代打工农民动机和行为逻辑依次更替、逐步跃迁。用马克思的话说，三代打工者逐步从"必然王国"走向"自由王国"，用黄宗智的话说，三代打工者从"自在的阶级"走向"自为的阶级"。因为三代打工者所面临的约束条件逐渐放松，打工决策的条件越来越好。用马斯洛的理论说，就是从低层次的需求转向相对较高的层次，即三代打工者依次从生存最大化转向货币收入最大化，再从货币收入最大化转向利益最

---

① 徐勇：《再识农户与社会小农建构》，未刊稿。

大化。可见，三代打工者动机和行为逻辑的改变是对约束条件变化的反应，也是社会约束条件变化的结果。约束条件决定了三代打工农民的动机和行为逻辑。

三代打工者的动机—行为分析框架能够解释当今不同年龄的打工者。三代打工者是进行的纵向分类，如果按照横向分类，现在打工群体中也存在50—60岁的打工者、30—40岁的打工者、20—30岁的打工者，同样是三代人，这三代人能够用动机行为分析框架进行解释吗？当今的三代打工者不能完全用动机—行为分析框架进行解释。不管是纵向分类还是横向分类，第三代打工者都是同一对象；第二代打工者基本是20世纪90年代开始打工，其动机是货币收入，现在依然如此；只是第一代打工者，他们的动机已经发生了明显的变化，对于他们来说，已经从追求生存最大化转向追求货币收入最大化。即横向分类的三代打工者只有两个层面的动机：30岁以上打工者的动机是追求货币收入最大化，30岁以下且没有结婚的打工者追求的是利益最大化。

表2　　　　　　　　当今三个年龄层次打工者的动机与行为

年龄段	50岁以上	30—50岁	30岁以下
行为动机	为用钱而打工、为解决支付缺口而打工	为用钱而打工、为解决支付缺口而打工	为离农而打工、为身份而打工
行为目标	货币收入最大化	货币收入最大化	利益最大化
行为逻辑	货币逻辑	货币逻辑	前途逻辑
行为伦理	金钱伦理	金钱伦理	身份伦理

纵向考察与横向分析的差异说明了一个什么问题？纵向考察与横向分析的差异说明了随着约束条件的变化，打工农民的动机和行为逻辑也会发生相应的变化，这也可以反过来证实，打工者动机和行为逻辑是约束条件的函数，不同的约束条件决定着打工农民的动机和行为逻辑。纵向考察与横向分析的差异也说明了另外一个问题，即现在大部分的打工农民依然是追求货币收入最大化，只有少数的、年轻的、未成家的"三代打工者"追求个人利益最大化。这也证实了徐勇、邓大才提出的社会化小农及货币

收入最大化理论能够解释当今大多数打工农民的动机及其行为。

为什么农民不从事农业内卷化,而是外出打工呢,外出打工就不存在内卷化吗?改革开放初期,山区和丘陵地区的人地矛盾更加尖锐,仅仅依靠耕地、依靠传统的内卷化根本无法解决生存问题,农民只能向外寻找出路,外出打工就成了唯一的选择。其实,打工家庭放弃农业内卷化的同时,也带来了打工的内卷化,特别是第一、二代打工者面临生存、货币压力,可能会从事一些边际效益为零甚至为负的工作,只要整体的收入能够增加,增加劳动投入也在所不惜。其实这是农业内卷化转向打工内卷化以及农村内卷化外部化的具体体现。第三代打工者较少存在打工内卷化的情形。

改革开放以后,人均耕地相较历史水平更低,为什么在短短的30年就走出饥饿逻辑呢?按照黄宗智的研究,明朝开始中国就是"有增长没有发展",农民始终无法走出生存小农阶段,农民始终受饥饿逻辑所左右,为了解决饥饿问题,农民求助于农业的内卷化。改革开放以后,农民的人均耕地更少,但是大多数农民却很快走出生存小农阶段,其原因主要有两个:一是科学技术的进步,杂交水稻的推广,粮食产量的大幅提高;二是社会经济的发展,外部打工岗位增多。两者缺一不可,只有前者,农民也无法解决生存问题,试想1.2亿打工劳动力全部回乡,种植极少的耕地,是否解决生存问题?如果只有后者,没有前者,农民也无法解决生存问题,即农村无法提供更多的粮食供给非农人口。

2. 基本结论

改革开放以来,农民外出打工的动机基本上有三个:为温饱而打工、为用钱而打工,为离开农村而打工。打工的目标三个:生存最大化,货币收入最大化和利益最大化。打工的逻辑也有三个:饥饿逻辑、货币逻辑、前途逻辑。打工的伦理有生存伦理、货币伦理和身份伦理。打工的动机和行为逻辑已经发生了一次大范围的更替和一次小范围的更替。一次大范围的更替发生在20世纪90年代,农民打工的动机从吃饭转向用钱,从生存最大化转向货币收入最大化。一次小范围的更替发生在2000年以后,部分年轻的、未婚的农民从货币收入最大化转向利益最大化、从货币逻辑转向前途逻辑。

当今大部分农民外出打工是为了缓解货币支付压力,最大化地获取货币收入。现在大部分农民，更准确地说是 30 岁以上的农民是为货币收入而打工，追求货币收入最大化。而且也有部分 30 岁以下的打工农民，打工是为未来的家庭而赚钱，是为未来的家庭货币支付的宽裕而打工。已经结婚的打工农民是为即期的货币支付压力而打工，没有结婚的部分青年农民则是为缓解未来的货币支付压力而打工，两者都有追求货币收入最大化的共同目标。

农民外出打工动机和行为逻辑变动轨迹就是农民所面临的约束条件变动的结果，即农民打工和行为逻辑是农民所面临约束条件的函数，特别是最根本的约束条件的函数，受生存、货币、前途等根本性的约束条件或者约束变量所影响和决定。随着农民约束条件逐步放宽，农民打工行为所面临的约束越来越小，农民打工动力与行为逻辑个人自主性也就越来越强，即从追求家庭理性转向追求个人理性，需求和动机选择的自由度越来越大。

第三编　小农的改造

第十一章　改造传统农业：经典理论与中国经验[①]

如何改造传统农业，是一个争论了三百年也实践了三百年的重要话题。欧美国家通过自己的实践趟出了一条改造路径；日本、中国的台湾省也根据自己的资源禀赋走出了另类发展路子；苏联和俄罗斯根据马克思主义的社会化大生产理论进行了重大的社会实践，在实践和理论上进行了探索。同样，中国也在马克思主义的相关理论指导下对传统农业进行了改造实践，其改造方式也几经变换，从"集体统一经营"到"集体和家庭统分经营"。后者经过三十年的实践，成功地解决了温饱问题；但是，"现代化程度"却难以彰显，特别是随着农民外出务工越来越多，农业发展越来越难的情况下，"集体和家庭统分经营"再一次面临重大的选择：现在的分散的、小规模农户经济、家庭式再生产究竟能否走向现代化？如何走向现代化？笔者拟通过立足中国实践，梳理经典理论，探寻当今中国小农、传统农业的改造路径。

一　大生产改造理论

对于小农经济、传统农业如何进行改造，如何走向现代化的问题，一个最基本的理论就是大生产改造理论，即通过社会化大生产改造小农经济（包括小农生产、小农经营）。大生产改造理论的主要代表人物是马克思、恩格斯、列宁等。大生产改造理论有两个基本的判断：一是小农经济必然消亡，这是由小农的性质所决定的；二是集中的大生产必定会取代分散的

[①] 本文发表于《学术月刊》2013年第3期。

小农生产，这是大生产的优势所决定的。其改造途径有两种：一是小农生产被资本主义大生产所取代，包括工业化大生产和农业社会化大生产，它以市场化为前提条件；二是小农生产被社会主义大生产所取代，主要指引导或者强制实施合作化和集体化改造，它以非市场化和生产资料公有为前提条件。

马克思认为，小农的性质决定其无法与先进的生产力相容，"小块土地所有制按其性质来说排斥社会劳动生产力的发展、劳动的社会形式、资本的社会积聚、大规模的畜牧和对科学的累进的应用"[①]。小农的性质也就决定了其出路，将逐步分化剥削者和被剥削者、雇佣工人和资本家，"用自己的生产资料进行生产的手工业者或农民，不是逐渐变成剥削别人劳动的小资本家，就是丧失自己的生产资料（最常见的是后一种情况，即使他仍然是生产资料的名义上的所有者，例如农民在抵押借款的时候就是这样），变成雇佣工人。这是资本主义生产方式占支配地位的社会形式中的发展趋势"[②]；"懒惰的农场主被实业家、农业资本家所取代，土地耕种者变为纯粹的雇佣工人，农业大规模经营，即以积聚的资本经营"[③]。因此，马克思认为，"现代大地产本身既是现代商业和现代工业的结果，也是现代工业在农业上应用的结果"[④]。小农具有天生的保守性、落后性，无法与采用先进生产力的资本化大生产竞争，农业走向资本经营、规模经营势所必然。在这个过程中，小农会逐渐消亡。

恩格斯对小农性质和归宿的观点与马克思一致，只不过他比较详细地分析了社会化大生产理论在农业方面的运用及生产形式。恩格斯认为，小农的性质决定了其竞争力和出路："小自耕农天生的惰性和无法改进的祖传的粗枝大叶的耕作方法，使得他在和这样一些人竞争时找不到其他出路。"[⑤] "竞争怎样以大规模经营方式挤掉了小农，把他们降到无产者的地位，然后把他们一批一批地赶到城市里面去。"[⑥] 竞争力弱的小农被大资

---

① 《马克思恩格斯全集》第46卷，人民出版社2003年版，第912页。
② 《马克思恩格斯全集》第26卷，第1册，人民出版社1972年版，第441页。
③ 《马克思恩格斯全集》第26卷，第2册，人民出版社1973年版，第116页。
④ 《马克思恩格斯全集》第30卷，人民出版社1995年版，第38页。
⑤ 《马克思恩格斯全集》第2卷，人民出版社2005年版，第285页。
⑥ 同上书，第359页。

本吞并进而分化是必然的,恩格斯还认为,小农生产转变成社会化大生产是历史所决定的,"经营大农业和采用农业机器,换句话说,就是使目前在耕种自己土地的大部分小农的农业劳动变为多余"①;"把这些分散的小的生产资料加以集中和扩大,把它们变成现代的强有力的生产杠杆,这正是资本主义生产方式及其承担者即资产阶级的历史作用"②。小农的性质与资本主义生产规律决定了小农要被资本主义大生产或大农业所取代,人们只能顺势而为,而不能阻挡历史发展的潮流。"要保全他们那样的小块土地所有制是绝对不可能的,资本主义的大生产将把他们那无力的过时的小生产压碎,正如火车把独轮手推车压碎一样是毫无问题的。"③ 可见,恩格斯与马克思一样,认为小农生产必然要被社会化大生产所取代,这是生产力发展的必然,更是生产力发展的体现。在市场经济条件下,小农最终的命运是历史决定的。因此,人们可以顺应生产力发展的需要,用社会化大生产改造传统小农生产。

列宁不仅主张社会化大生产理论,而且还有所发展。列宁认为,俄罗斯的小农是一种宗法小农,这种小农肯定是要灭亡的,"在自然经济制度下靠双手劳动谋生的宗法式农民,是注定要消亡的";④ "在现代资本主义国家的环境中,小农的自然经济只能苟延残喘并慢慢地在痛楚中死去,绝对不会有什么繁荣"⑤。列宁还认为,小农生产与大生产相比,弱点和不足非常明显,这种弱点和不足是勤俭所弥补不了的,两者竞争,小农必败无疑,"小农不管怎样勤奋,也不能大致抵得上产品质量要高一倍的大生产的优势。资本主义使小农注定要劳碌一辈子,白白消耗劳动力,因为在资金不足、饲料不足、牲畜质量低劣、牲畜棚简陋等情况下,精心照料牲畜也是白费力气"⑥;因此,任何想保护、挽救小农的举措注定要失败,"想用保护小经济和小私有制不受资本主义侵犯的办法来拯救农民,就是

---

① 《马克思恩格斯全集》第25卷,人民出版社2001年版,第584页。
② 同上书,第396页。
③ 《马克思恩格斯全集》第22卷,人民出版社1965年版,第583页。
④ 《列宁全集》第6卷,人民出版社1986年版,第319页。
⑤ 《列宁全集》第5卷,人民出版社1986年版,第237—238页。
⑥ 同上书,第217页。

徒劳无益地阻碍社会的发展"。①

显然,马克思、恩格斯、列宁的传统农业、小农经济改造理论有三个基本的观点:一是小农经济在经营上处于劣势;二是大生产将会取代小农经济;三是人们只能顺应生产力的发展而不能逆势而为,为此可以利用社会化大生产取代小农经济,改造传统农业。

二 集体化改造理论

如果说马克思、恩格斯、列宁是社会化大生产论的倡导者、理论家,那么斯大林和毛泽东则是社会化大生产论的实践者。由于他们在实践过程中也提出了自己的观点,所以,他们既是实践者,也是理论发展者。其实,马克思、恩格斯只是阐述了社会主义需要土地国有化和合作化,全面的集体化则是斯大林、毛泽东对马克思主义社会化大生产理论的发展。从大生产改造理论的贡献来看,马克思提出了"大生产改造理论";恩格斯不仅肯定了马克思的"大生产改造理论",而且认为要顺应生产力的要求通过合作化改造传统农业;列宁则将此理论进一步向前推进,提出了"共耕制""国营农场""农业公社"等观点;斯大林、毛泽东则更进一步将合作化理论推向实践,并使其最终走向全面指令性的集体化。

马克思对农业的社会主义改造没有具体的论述,只是进行了一般的分析。"大规模的有组织的劳动,生产资料的集中,这是无产阶级追求的希望,也是无产阶级运动的物质基础";并将劳动和劳动资料改变为"自由联合的劳动形式和社会的生产资料"。② 马克思在《资本论》中较为直接地分析了农业的出路:"合理的农业同资本主义制度不相容(虽然资本主义制度促进农业技术的发展),合理的农业所需要的,要么是自食其力的小农的手,要么是联合起来的生产者的控制。"③

与马克思相比,恩格斯对大生产如何适应农业生产,社会主义如何改造农业生产有着更详细的阐述。恩格斯认为,"由组合工作者经营大规模

---

① 《列宁全集》第 6 卷,人民出版社 1986 年版,第 286 页。
② 《马克思恩格斯全集》第 17 卷,人民出版社 1963 年版,第 597 页。
③ 《马克思恩格斯全集》第 46 卷,第 137 页。

的农业,只有在这种巨大规模下,才能应用一切现代辅助工具、机器,等等,从而使小农明显地看到基于组合原则的大规模经济的优越性。"① 组合工作者其实就是合作生产者。马克思明确指出:"我们一旦掌握政权,我们自己就一定要付诸实施:把大地产转交给(先是租给)在国家领导下独立经营的合作社。……我的建议要求把合作社推行到现存的生产中去。……应该将土地交给合作社。"② 恩格斯也明确提出了合作社是社会主义的出路,要用合作社来改造传统小农。

因为实践对理论的需求,列宁在恩格斯合作社理论的基础上提出了公共的大规模农业经济观点,认为只有"共耕制"才是农业和农民的出路。"公社、劳动组合耕种制,农民协作社,——这就是摆脱小经济的弊病的出路,这就是振兴农业,改进农业,节省人力以及同富农、寄生虫和剥削者作斗争的手段。"③ 列宁认为,"共耕制"是使农民摆脱闭塞无知和受压抑状况的唯一手段④,也是走向规模经营之路的路径。他进一步指出,农民经济要进一步过渡,这种过渡使"效益最差的、最落后的、细小的、单干的农民经济逐渐联合起来,组织成公有的大规模的农业经济";⑤ "在保存商品经济和资本主义的条件下,小经济是不能使人类摆脱群众贫困的;必须考虑如何向公共经营的大农场过渡,必须立刻着手来实行这种过渡"⑥。在完全废除土地私有制以后,列宁对小农生产的社会主义改造又提出了三条措施:"建立国营农场(即社会主义大经济),鼓励农业公社(即农民经营公共大经济的自愿联合,自愿组织)和共耕制。"可见,与早期的理论研究相比,列宁在实践中进一步用"农业公社"取代"协作制",用"国营农场"取代了大农场,并在理论上提出了农村集体化改造的路径。

从马克思、恩格斯到列宁,他们对于改造传统农业的思维是这样一个发展路径:马克思提出了"生产资料集中"和"劳动组合";恩格斯提出

---

① 《马克思恩格斯全集》第18卷,人民出版社1964年版,第318页。
② 《马克思恩格斯全集》第36卷,人民出版社1974年版,第416页。
③ 《列宁全集》第35卷,人民出版社1985年版,第174页。
④ 同上书,第357页。
⑤ 《列宁全集》第41卷,人民出版社1986年版,第140页。
⑥ 《列宁全集》第29卷,人民出版社1985年版,第270页。

了"合作社";列宁则进一步提出了"共耕制""国营农场""农业公社"。斯大林和毛泽东则在此基础上提出了以全面的集体化改造传统农业并将之付诸实践。

斯大林在社会化大生产改造理论的基础上提出了集体化改造理论,或者说提出了社会化大生产改造的基本形式。斯大林认为,"俄国农业应当循着另一条道路,即循着使千百万小农和中农合作化的道路,循着在农村中发展那种由国家以优惠贷款的办法来扶持的群众性的合作社的道路去发展。"① 斯大林在列宁的基础上进一步深化合作社研究,"合作化应当从消费合作社、农业合作社和信用合作社这三方面来进行。这是在农民中,在力量单薄的农民阶层和中农阶层中培植集体主义的思想和方法的最可靠的途径之一。"② 对此,斯大林从不同方面论述了合作化的优势:"合作化是把农民经济纳入社会主义建设总体系的手段"③;"合作社是使农民参加社会主义建设的基本环节"④;"合作社使无产阶级先锋队便于和农民群众联系,并有可能把农民群众引上社会主义建设的轨道"⑤。斯大林明确指出,农民"应当走上而且一定会走上社会主义的发展道路,因为除了和无产阶级结合,除了和社会主义工业结合,除了通过农民普遍合作化把农民经济引向社会主义发展的总轨道以外,没有而且不可能有其他足以使农民免于贫困和破产的道路"⑥。他认为,小农生产只有与工业、合作化、无产阶级结合才是其唯一的出路。

在指出小农经济的出路以后,斯大林再次将小农经济的改造推向全面的集体化、指令化。对于集体化改造传统农业,斯大林提了三个措施:一是组织个体农户加入合作社;二是组织农户主要是组织贫农加入生产合作社;三是通过国家的计划机关和调节机关,从销售农产品方面和供应农民以工业必需品方面来掌握农户。从而消灭商品、消灭资本家,将农业和工

---

① 《斯大林全集》第6卷,人民出版社1953年版,第119页。
② 同上书,第219页。
③ 《斯大林全集》第7卷,人民出版社1953年版,第132页。
④ 同上书,第211页。
⑤ 《斯大林全集》第8卷,人民出版社1954年版,第34页。
⑥ 同上书,第79页。

业结合起来，使国家能够有计划地发展农业。① 斯大林从组织形式、经营形式的视角提出了国家调控农业发展的观点。另外，他还提出了集体化的三个条件："只有当农民经济在新的技术基础上即通过机械化和电气化的方法加以改造的时候，只有当多数劳动农民加入合作社组织的时候，只有当多数农村满布集体形式的农业合作社的时候，全盘集体化才会到来。"② 为此，斯大林还明确指出，集体化是党的基本任务："党的任务，通过合作社和国家机关在供销方面扩大对农民经济的掌握，规定我们在农村建设中当前的实际任务，即逐渐使分散的农户转上联合的大农庄的轨道，转上以集约耕作和农业机械化为基础的公共集体耕作制的轨道，因为这条发展道路是加快农业发展速度和克服农村中资本主义成分的最重要的手段。"③ "在目前时期，把个体小农经济联合并改造成大规模集体经济这一任务应该作为党在农村中的基本任务。"④

斯大林将社会化大生产改造理论从理论变成了政策，从设想变成了行动，特别是根据实践过程、实践需要提出了社会化大生产改造的基本形式——合作化，同时将合作化导向为集体化，通过合作化、集体化来将小生产变成大生产，将私有变成公有，将农民的事情变成国家的事情。斯大林成功地将社会化大生产改造理论从理论变成实践，实现了"惊险的一跃"。

毛泽东也根据中国的特点对小农经济的改造提出了自己的观点并付诸实践。毛泽东认为，小农个体经营要通过农业互助合作方式来改造。"中国农业现在大部分是个体经济，要有步骤地进行社会主义改造。"⑤ 毛泽东多次论述了对小农经济进行社会主义改造的必要性，当小农经济被改造成为互助合作经济后，他又进一步提出集体化道路："现在的农业生产合作社还是半社会主义的，社外的个体农民是完全的私有制（个体农民在供销合作社入了股，他这一部分股金的所有制也有了变化，他也有一点社会主义），这两者之间是有矛盾的。互助组跟农业生产合作社不同，互助

---

① 《斯大林全集》第10卷，人民出版社1954年版，第190—192页。
② 同上书，第193页。
③ 同上书，第264—265页。
④ 《斯大林全集》第11卷，人民出版社1955年版，第10页。
⑤ 《毛泽东文集》第6卷，人民出版社1999年版，第280页。

组只是集体劳动,并没有触及到所有制。现在的农业生产合作社还是建立在私有制基础之上的,个人所有的土地、大牲口、大农具入了股,在社内社会主义因素和私有制也是有矛盾的,这个矛盾要逐步解决。到将来,由现在这种半公半私进到集体所有制,这个矛盾就解决了。"① 为了推进全面集体化,毛泽东又对互助组这种初级形式进行了分析:"因为初级形式的合作社保存了半私有制,到了一定的阶段,这种半私有制就束缚了生产力的发展,人们就要求改变这种制度,使合作社成为生产资料完全公有化的集体经营的经济团体。"②

毛泽东还认为,"一切劳动农民,不论是哪个阶层,除了组织起来集体生产,是无法抵抗灾荒的。"③ "对于个体经济实行社会主义改造,搞互助合作,办合作社,这不仅是个方向,而且是当前的任务"④。毛泽东指出,社会主义是农业的唯一道路。"对于他们说来,除了社会主义,再无别的出路。这种状况的农民,占全国农村人口的百分之六十到七十。这就是说,全国大多数农民,为了摆脱贫困,改善生活,为了抵御灾荒,只有联合起来,向社会主义大道前进,才能达到目的。"⑤ "没有农业社会化,就没有全部的巩固的社会主义。"⑥ "就农业来说,社会主义道路是我国农业唯一的道路。"⑦ 毛泽东的观点归纳起来就是:只有合作化了,农民才能够抵御灾荒,才能够富裕,才能够解决工业与农业的矛盾,才能够巩固工农联盟,孤立和消灭资本主义;合作化的高级阶段就是集体化和农村人民公社。

从马克思、恩格斯到列宁,再到斯大林、毛泽东,马克思主义者对传统小农生产的改造理论,经历了多个发展阶段,从生产者的联合到互助合作,从互助合作到合作社,再从合作社到集体化,再从集体化到农村人民公社,是一个逐步发展的过程。这也是马克思主义者对小农生产进行社会

---

① 《毛泽东文集》第 6 卷,人民出版社 1999 年版,第 302—303 页。
② 《毛泽东选集》第 5 卷,人民出版社 1977 年版,第 258—259 页。
③ 《毛泽东文集》第 6 卷,人民出版社 1999 年版,第 457 页。
④ 同上书,第 304 页。
⑤ 同上书,第 429 页。
⑥ 《毛泽东选集》第 4 卷,人民出版社 1991 年版,第 1477 页。
⑦ 《毛泽东选集》第 5 卷,人民出版社 1977 年版,第 87 页。

主义改造的探索过程，实践的过程。其改造包括一系列变革：一是所有制从个体私有到集体所有；二是经营形式从小农经营到大农场经营；三是外部条件从允许市场经济到消灭资本主义；四是改造原则从尊重农民自愿、逐步引导到行政强制；五是改造方式从渐进到速成。

三 纵向一体化改造理论

对于通过大生产和合作社、集体化来改造传统农业的方法，也有两种不同的声音：一是资本主义国家及其主张市场化学者的质疑，他们也提出了自己的传统农业改造路径，比较著名的有以舒尔茨为代表的新要素投入及人力资本改造论和刘易斯的工业化改造论；二是社会主义国家内部一些学者和观点的质疑，比较有代表性的是俄罗斯的民粹派和农民学学者恰亚诺夫。美籍华裔学者黄宗智又结合中国的实践，对恰亚诺夫的观点进行了反思性的发展。

（一）恰亚诺夫的合作一体化

所谓合作一体化论，就是小农在合作的基础上推进一体化经营。所谓一体化经营，就是小农生产的某些环节交给其他企业或者合作社去经营，从而解决小农天生的弱质和缺陷。恰亚诺夫认为，"我们必须寄希望于劳动农场通过合作组织形式加强自己的经济实力，从而能够抵御大型资本主义的农场，维护住自己的地位，就像它从前所做的一样。"[①] 恰亚诺夫钟情于合作制，认为合作制要与一体化经营结合起来改造传统农业。为此，他将一体化分为横向一体化和纵向一体化。横向一体化是个体规模的扩大，纵向一体化则是将各个环节的规模做大。恰亚诺夫还进一步将纵向一体化分为资本主义的纵向一体化与合作社的纵向一体化。他认为，建立在合作基础上的纵向一体化才是小农生产的出路。"有时这种纵向一体化与已形成的国民经济情况相适应，并未采用资本主义的形式，而是采取了合作或混合的形式。在这种情况下，对于集中领导农业生产过程的商业、仓库、水利、信贷以及原料加工企业的控制权就部分地不再属于资本家，而

---

① ［俄］恰亚诺夫：《农民经济组织》，萧正洪译，中央编译出版社1996年版，第256页。

属于组织起来的小商品生产者,这些人将其自有资本投入企业或者能形成社会资本。"①

纵向一体化的某些环节也将走向社会化大生产。恰亚诺夫不仅认为小农的出路在于合作一体化,而且认为某些生产环节的合作也会逐渐走向社会化大生产。"农民农场一体化的最主要形式只能是纵向一体化,并且只能采用合作制形式,这是因为,只有以这样的形式,它才能同农业生产有机地结合起来,……合作集体化的道路乃是在我国目前条件下将大农场的成分、工业化和国家计划引入农民经济活动的唯一可行的途径。这意味着要循序渐进并不急不躁地将一些部门从单个农场中分离出来,并用更高的社会化大企业形式将其组织起来。"②

纵向一体化还能够将家庭农场与国家联系起来。恰亚诺夫认为,"在新的情况下,正是由于其高度的纵向一体化和集中,合作社体系通过它的中心同国家经济的领导机构结合在一起",从而使合作社"从一个社会阶层,甚至是一个阶级的技术性工具转变成了新社会经济制度的基础之一"。③ 农民与合作社不仅与国家相联系,而且汇入了国家的计划经济体系。"我们要对农业采用合作社形式的纵向一体化的发展纲要,应当通过合作社联合组织和合作社联合会体系努力使每一个农民农场与国家资本主义的中央机构建立起直接的联系,以此把每一个农民农场汇入计划经济的主流。"④ 也就是说,小农业的无序通过与国家相联系而被克服,从而使得马克思所说的单位的、有计划性和全社会的无政府性矛盾被解决。

纵向一体化也能够与生产集中和工业化相连接。合作社"将某些相关的生产内容从农民农场中分离出来,在农村地区推行工业化,并因此而取得农村经济的支配地位"。"一旦取得了对销售与技术上加工的控制,农业合作社就以一种新的、更高层次的形式实现了对农业生产的集中与组织。"⑤

---

① [俄]恰亚诺夫:《农民经济组织》,萧正洪译,中央编译出版社1996年版,第263—264页。
② 同上书,第268页。
③ 同上。
④ 同上书,第269页。
⑤ 同上。

恰亚诺夫对传统小农经济的改造可以综合归纳为：农民农场在合作社的基础上逐步走向纵向一体化经营，农业生产的某些环节会逐步走向规模化、企业化和工业化。同时，农民、农场通过纵向一体化经营与国家相连接并纳入国家的计划体系。所以，农民、农场也就是所谓的小农是恰亚诺夫小农理论的基础。通过合作化将其组织起来，再通过纵向一体化将生产的各个环节专业化、规模化，从而实现对传统农业、小农经济的改造，避免了资本主义的一体化和两极分化。恰亚诺夫的理论并没有得到大规模的实践，但是其想法在中国以及欧美国家都有所体现。

（二）黄宗智的产业一体化

黄宗智从农业的改造方面与马克思、亚当·斯密、恰亚诺夫和舒尔茨对话，其研究目标就是中国小农经济如何摆脱"过密化"而走向现代化。

黄宗智通过对改革开放以来中国农业的分析，认为当前中国小农经济受三种因素的影响比较大，即"资本—劳动双密集化""小规模生产"和"范围经济"。但是，他认为，三种因素都无法阐释小农"去过密化"过程——"资本—劳动双密集化、小规模生产以及范围经济并不足以充分解释新时代中国小农场的生命力"。他认为，中国小农的生命力在于农业生产的纵向一体化，"为城镇和长距离国内外市场而生产的农业需要另一种经济效益，即'纵向一体化'的效益"。[①]

小农生产需要纵向一体化并与大市场打交道。黄宗智认为，在西方的经济史中，由生产到加工再到销售的"纵向一体化"一般都伴随着同一公司的"横向一体化"——组织大规模农场——而进行，从而达到亚当·斯密的规模经济效益。但是，在中国，家庭依然是生产的基础。因此，需要类似于资本主义公司所提供的"纵向一体化"来与"大市场打交道"。所谓"纵向一体化"，就是在农业生产的各个环节实施"产—加—销"和"贸—工—农"的经营。中国的主流话语将之称为"农业产业化"。黄宗智将这种生产模式称为"不同层面的不同最佳规模"[②]。

黄宗智根据各地的实践将"纵向一体化"概括为如下几种类型：龙

[①] [美]黄宗智：《中国的隐性农业革命》，法律出版社2010年版，第145页。
[②] 同上书，第146—147页。

头企业、自发的合作组织、专业市场和其他组织（包括农村经纪人）带动的纵向一体化。① 黄宗智通过研究表示，龙头企业带动的纵向一体化受政府支持，发展比较快，在各类组织中占主导地位；自发的合作组织带动的纵向一体化数量较少，但是最受农民欢迎；专业市场带动的纵向一体化的前景是一个未知数。② 对于上述组织，黄宗智比较倾向于自发的合作组织带动的纵向一体化，"我们也许可以想象，如果能够得到政府的积极扶持，合作组织也许真可能会成为一个强有力的纵向一体组织方式。"③

黄宗智通过研究得出如下结论：一是"中国农业的现实和将来主要在小规模的资本—劳动双密集型农场"，即在家庭经营范围内比较密集地使用资本和劳动，以资本和劳动替代土地；二是中国的纵向一体化主要是"依靠小规模的'菜—果种植'和'兽—禽—鱼饲养'"，即依靠吸纳劳动力的经济作物和养殖业；三是中国新时代农业将主要是"小农""农场"的天下。他认为，中国今天的纵向一体化既包括资本主义市场经济的成分，也包括计划经济社会主义成分，两者之间的矛盾非常尖锐。"当务之急不是在两者之中做单一的选择，而是要探寻超越两者的第三条路，不是含含糊糊地妥协，而是在确认两者必然共存的现实上的超越性结合。"④ 黄宗智希望走出一条不同于当前现状的"第三条道路"，但这是一条什么样的路，黄宗智并没有指出来，应该说是一种"理想类型"。

黄宗智是在恰亚诺夫分析框架的基础上以中国案例进行分析的，他既继承了恰亚诺夫的传统，也有一定的发展。两者都是以农民农场（指家庭）为分析基础，认为农民农场将长期存在，不强求所有权的公有化，也不赞成横向一体化（如企业、农庄的无限扩大或者集体化），而是赞成纵向的一体化。但是两者之间也有一些区别：一是恰亚诺夫坚持在合作制基础上的纵向一体化，而黄宗智则希望在国家支持的龙头企业和自发的合作组织带动的纵向一体化中找到两者的最佳结合，并寻找出"第三条道路"；二是恰亚诺夫希望纵向一体化的各个环节能够走向大企业，而黄宗智则认为中国农业是"小农"的天下，并不强调纵向一体化各个环节的

---

① ［美］黄宗智：《中国的隐性农业革命》，法律出版社2010年版，第147页。
② 同上书，第148—156页。
③ 同上书，第158页。
④ 同上书，第159页。

规模化问题，希望小农通过密集地使用资本和劳动来克服"过密化"，进而改造传统农业；三是恰亚诺夫希望小农通过合作化进而通过纵向一体化纳入"计划经济主流"，从而与国家相连接，黄宗智则希望自发性的合作组织能够得到政府的扶持，使其有机会与政府支持的龙头企业"一较长短"。

四　人力资本投资理论

针对集体化和工业化对传统农业的改造，舒尔茨则站在古典经济学的立场提出了改造传统农业的另外一条道路：引进新的生产要素和进行人力资本投资。舒尔茨改造传统农业的观点可以归纳为四个方面：

改造传统农业要能够廉价地生产收入流来源。舒尔茨认为"传统农业之所以无法发展，就是供给者不能廉价地生产收入流动的来源，以保证诱使需求者去购买任何一种新（追加的）来源"[1]，当追加的持久收入流来源的需求者被局限于传统农业生产要素时，相对于表现为实际收入的边际产量而言，这些要素的价格是高昂的；[2] 当持久收入流的供给者能廉价地生产这些收入流来源时，这些供给者就掌握了经济增长的关键。[3] 舒尔茨认为，传统的生产要素配置效率虽达到了最优，但是这种最优并不能导致农业经济的增长，因为其运用的是传统的生产要素，只能说这种"最优"是一种低水平的均衡。要跳出这种低水平的均衡，就必须生产出立足于新的生产要素上的廉价收入流来源。

生产廉价的收入流来源则需要新的生产要素。舒尔茨认为，传统生产要素的配置效率已经很高，无法带来新的增长，要促进新的增长必须引进新的生产要素。舒尔茨通过例子说明了，"人们一次又一次地通过采用并学会使用新生产要素而改造了传统农业"；"最近几十年来在许多国家里，农业生产的增加显然是巨大的……这些机会既不是来自于可以定居的新开发的农用土地，也不是主要来自农产品相对价格的上升。这些机会主要来

---

[1] [美]舒尔茨：《改造传统农业》，梁小民译，商务印书馆1987年版，第61页。
[2] 同上书，第65页。
[3] 同上书，第61页。

自更高产的农业要素"①。新的生产要素不会自动产生，需要投资，但是这些投资又具有公益性，一般的企业不愿意投入，因此需要国家投资。"为了向这种类型农业中的农民供应追加新的、有利的生产要素，国家的研究机构有责任去发现并发展这些新农业要素。要做到这一点，这种国家必须投资于能为推进农业生产的知识及其应用做出贡献的活动。"② 即低廉的收入流来源依赖于新的生产要素，新的生产要素无法自动产生，需要国家充当新的生产要素的主要研究者和供给者。

新的生产要素为农民所接受需要一定的条件。新的生产要素供给出来后不会自动为农民接受，还需要一系列的条件。一是要有一定的制度条件。首先是要有一个完善的市场机制，利用市场方式引导企业和科研机构生产廉价的新的生产要素，同时激励农民接受和使用新的生产要素。"还有一种主要以经济刺激为基础的市场方式，这种刺激指导农民做出生产决策并根据农民配置要素的效率而进行奖励，当然这种方式仍然需要特定的政府投资和国家活动。"③ 其次是要有一个公平的租佃制度，也就是说要有完善的土地流转市场。这种租佃制度要有利于农民引进新的生产要素。"这种制度使得一种新农业要素的真正有利性只有部分归农民所有。因此，接受、采取并使用新要素的经济刺激受到严重损害。要成功地从上至下地引入大部分新农业要素也是不可能的。"④ 这些都说明了好的制度对于激励农民引进生产要素起着重要的作用。二是农民要有一定的引进新要素的能力。仅仅依靠外部刺激或者农民自身仅有接受的意愿，并不能保证农民能够引进新的生产要素，还需要农民有引进的能力。"农民学会如何最好地使用现代要素，这既需要新知识又要新技能。这种知识和技能在本质上是向农民的一种投资。"舒尔茨认为，仅仅从经验中学习不仅缓慢而且在许多方面比其他学习方法还要付出更大的代价。⑤

引进新的生产要素关键要对农村进行人力资本投资。农民有接受的意愿更需要有接受的能力。这种接受的能力不会自动形成，也不是从传统经

---

① ［美］舒尔茨：《改造传统农业》，梁小民译，商务印书馆1987年版，第80页。
② ［美］舒尔茨：《改造传统农业》，梁小民译，商务出版社2010年版，第83页。
③ 同上书，第78页。
④ 同上书，第126页。
⑤ 同上书，第131页。

验中产生，需要进行人力资本投资。"农民所得到的能力在实现农业现代化中是头等重要的；这些能力与资本品一样是被生产出来的生产资料"，这种生产或者这种能力的获得并不是免费的，需要一定的投入，需要一定的成本。这些成本就是一种人力资本投资。① 舒尔茨认为，人力资本投资是农业经济增长的主要源泉，迅速持续的增长主要依靠向农民进行特殊的投资，以使他们获得必要的新技能和新知识，从而成功地实现农业经济的增长。② "如果农民要有效地使用现代农业生产要素，他们就应该比许多从事非农业工作的工人获得更多的从科学中得出的技能和知识。"③ 舒尔茨将人力资本投资分为三大类：教育、在职培训以及提高健康水平。④

舒尔茨的研究逻辑性很强，一环扣一环，一步一步向前推进，最后得出了"改造传统农业要进行人力资本投资"的结论。他认为，立足于传统要素基础上的传统农业已经达到了资源配置的极限，无论如何也无法推动传统农业的转型和发展。要改造传统农业，必须有能够生产廉价的收入流来源，而廉价的收入流来源又必须依赖新的生产要素；新的生产要素无法自动产生，需要国家进行投资，同时还需要有一定的制度安排，激励农民关注和引入新的生产要素；但是，农民引入新的生产要素需要有一定的能力，这些能力不会自动产生，需要通过教育、在职培训和提高健康水平等方式对农民进行人力资本投资。因此，人力资本投资是改造传统农业的关键、基础和切入点。同时，舒尔茨也表示，人力资本的积累不可能一蹴而就，是一个长期的过程。这也就决定了改造传统农业是一个长期的过程。

五 经典理论的中国适合性与现实路径

（一）经典理论的比较

"大生产改造论"主要是马克思、恩格斯等根据英国农业的改造经验提出的理论。这种理论的背景是资本主义市场经济，资本利用市场规律兼并小农场，从而形成社会化的大农场，小农逐步两极分化：一极走向大

---

① ［美］舒尔茨：《改造传统农业》，梁小民译，商务印书馆2010年版，第132页。
② 同上书，第133页。
③ 同上书，第152页。
④ 同上书，第132页。

农场，一极转变成无产阶级，即小农场因为其天生的弱点和不足将会逐渐为资本主义所吞并。"大生产改造论"在日后的实践过程中遇到挑战，三百多年来多个国家的农业历史发展历程表明，小农并没有完全消失，资本主义大农场也没有完全占垄断地位，两者依然并存，这一点在资本主义最早的英国、法国均是如此，在实践其理论的中国也是如此。

"集体化改造论"认为小农天生的性质决定了其无法抵抗资本主义，在资本主义经济条件下必然会消亡，即使不消亡，小农生产也没有前途。因此，小农为了避免被资本主义大农场所吞并，需要通过互助组、合作社等方式走向集体经济和农村公社。集体化改造论要求大公有制取代小私有制，要求用社会主义改造传统农业。列宁、斯大林和毛泽东起初都坚持用自愿的方式引导农民走互助合作的社会主义道路，但是两国最后都演变成了以行政强制迫使农民进行合作而集体化。"集体化改造论"最后都因实践条件不成熟或者执行不力而有所改变和调整，俄罗斯回归到了家庭经营或农民农场，中国回到集体和家庭的统分结合经营。"集体化改造论"是对社会化大生产理论的发展，后者是资本主义大生产兼并小农经济，前者是用社会主义大生产改造传统小农经济，以避免资本主义大生产的弊病和贫富两极分化。

"纵向一体化论"主要是指农业生产的一些环节分离出来成为其他企业的生产内容。这样，农民农场就放弃了一些生产环节而专注于某些环节，从而形成生产一体化。恰亚诺夫的纵向一体化是在对社会化大生产和集体化批评的基础上建立起来的，反对强制将小农合作社完全集体化，而是希望在农民农场的基础上通过合作社进而纵向一体化，将农民农场与市场联系起来，同时通过纵向一体化将农民农场与国家联系起来并将其纳入国家计划经济的主流，从而使农民农场既有生产的自由，又能够享受合作社的好处。黄宗智的纵向一体化论继承了恰亚诺夫的理论精髓，但是他希望能够在国家支持的龙头企业一体化和农民自发形成的合作社一体化中找到一个均衡点，即找到"第三条路"，既不是国家化，也不是农民化，而是"两者兼有"的一种纵向一体化的改造路径。两者的目标有所不同，恰亚诺夫的目标最终还是走向某个环节的大企业、大生产，黄宗智则根据中国的特点提出了"去过密化"的思路，并没有对纵向一体化的发展归宿做出预测。

"纵向一体化论"与"大生产改造论""集体化改造论"有着本质的区别。从改造的基础上看,前者是建立在家庭或者农民农场基础上的合作,后者是在消灭家庭或者农场的基础上的吞并;从改造规模来看,前者不强求规模效益,后者则追求规模效益;从改造时间来看,前者主张利用市场和农民的自愿,渐进自然形成,后者主张国家引导和干预,加速行政推进;从所有制来看,前者不强求公有制,主张在个体私有制的基础上改造,后者要求将小农改造成公有制甚至国有化。另外,黄宗智与恰亚诺夫在纵向一体化、社会化大生产、集体化之间还有一个区别,黄宗智观点的前提条件是人地矛盾比较尖锐,人多地少,小农长期存在,而其他的改造理论则没有此要求,这是黄宗智对中国农业发展的一种针对性研究。

"人力资本投资论"不仅是在对前三种观点批评的基础上形成的,而且提出了一条截然不同的改造路径。舒尔茨认为,传统小农无法导致农业增长,关键是因为小农使用旧的生产要素,要促进农业增长,必须引进新的生产要素。新的生产要素,从供给上来看,一般企业不愿意生产,因此需要国家投资。从需求来看,农民需要一定激励,同时更需要一定的能力。所以,需要加大农村人力资本投资的力度,提高农民接受新的生产要素的能力。与前三种理论相比,"人力资本投资论"以家庭农场为基础,坚持市场经济,要求尊重农民的意愿,实施者主要是国家,国家通过投资生产新的生产要素,通过加大教育、在职培训及提高健康保障水平来改造传统农业。舒尔茨的理论与集体化完全相反;他也不赞成"大生产改造论",即不认为规模是影响农业发展的关键因素;舒尔茨的理论在改造的基础、手段及所有制要求方面与"纵向一体化论"有相似之处,但是在利益分享、组织化方面则有很大区别,后者注重利益的纵向分配及农民的组织化。

虽然以上几种理论的目标不同、方式不同,但是我们也可以看到其共同点:一是都需要国家参与。不管是大生产改造论、集体化改造论、纵向一体化论,还是新要素及人力资本改造论都需要国家参与,只不过国家参与的方式不同、参与的力度不同。二是都需要改变分散小农的弱点。大生产改造论、集体化改造论希望能够组合实现,纵向一体化论希望借助外部力量实现,新要素及人力资本改造论希望通过国家间接实现,只是借助力量的形式、规模不同。这两个相同的地方说明,改造传统农业国家责无旁贷,改造传统农业要克服传统农业的弱点和不足。

同时，上述几种改造理论也有明显的不同点：一是大生产改造理论、集体化改造理论侧重于所有制与组织形式变化，即通过生产关系的调整促进生产力的提高。二是纵向一体化改造理论侧重于组织形式的变化，希望通过组织形式的调整提高农户或组合农户（合作社）的生产力，是一种以内力为主的改造方式，但是不排斥与外部的产业连接。三是新生产要素及人力资本改造理论则侧重于通过外部间接作用于农民，内外部同时发力来改造传统农业，主体是农民，辅助者是政府。

（二）经典理论的中国适应性

经典理论产生于当时的社会实践或者根据社会实践而建构，即经典理论是社会实践的产物，是对社会实践思维的产物，有一定适应性和前提条件。而当前中国的小农经济又走到了十字路口，如何将当今中国小农引向现代化？已有的经典理论是否适合用于改造中国小农经济？这些问题都值得思考和关注。

首先，应对当今中国小农有一个基本认识。当今中国小农既没有如马克思、恩格斯预测的那样走向大生产，也没有消亡。小农现在还有很顽强的生命力，数量还很多，但是当今中国小农与传统小农还是有很大的区别：一是小农社会化、市场化程度提高，进入了社会化小农时期，小农生产和资源配置各个方面都面临着很多不确定性；另外，市场化和社会化使小农接受新的生产要素的能力增强，这一点与传统小农也有很大的区别。二是小农生存问题基本解决，农业生产与家庭手工业的生产组合已经不起作用，取而代之的是农业生产与务工经商，农业生产逐步走向了兼业化、非商品化、妇孺化，逐渐出现了日本、德国的农业生产问题，并出现了老年人种田的比重增加、兼业经营的比重增加、自然生产的比重增加等现象。对同一个家庭来说，务农与打工功能各异，务农主要解决吃饭问题，打工重点解决用钱问题。三是制度约束比较强，坚持家庭承包经营责任制，土地没有也不允许私有化，但是土地产权多元化，产权可以流转，所有权不能买卖，加上政府不主张资本下乡及人地矛盾还将长期存在，这样的小农生产将会在一个很长时期内存在。

鉴于当前中国小农的实际情况，需要我们逐一分析经典理论的适用性。由于制度约束、现实的人地矛盾以及政策反对大资本进入农村的现状,无论是客观因素,还是主观因素,社会化大生产理论暂时不太适合用来改造当前中国的小农经济,即使允许资本下乡,最多也是英国、法国的结果,大生产与小生产各占"半边天"。而集体化改造理论对于当今的中国小农也不现实:一方面,家庭承包经营责任制是对集体化的一种发展,也是对集体化经营的一种替代;另一方面,自由的农民也不愿意再回到集体化时代。所以,集体化不可能再承担起改造当今小农经济的责任。这里需要说明的是,说社会化大生产理论不太适合当前的中国,是因为条件还不具备,并不是说其没有科学性。

改造传统农业的五种理论

	大生产改造论	集体化改造论	纵向一体化论	人力资本投资论	公共服务论
前提条件	资本主义	社会主义	市场经济	市场经济	市场经济
目标	社会化大生产化和资本主义农场;追求规模效益	集体化、公社化;追求规模效益	纵向利益关联与某环节大企业;追求纵向利益分享	提高农民的能力(提高农民接受生产要素的能力);追求新要素的利润	提高农民的能力(提高农民应对外部风险的能力);避免不确定和风险
手段	市场兼并	引导与强制并用	纵向合作	教育、培训和提高健康保障水平	公共服务
所有制	私有制	公有制		私有制	混合所有制
经营形式	资本主义大农场	公有的集体农场	农民农场	农民农场	农民家庭
改造力量来源	外部改造	外部强制改造	内外结合	从内部着手	从外部加强
资源禀赋	无所谓	无所谓	恰氏对资源禀赋没有要求;黄氏是人多地少、小农长期存在	无所谓	人多地少、小农长期存在(专指社会化小农)

续表

	大生产改造论	集体化改造论	纵向一体化论	人力资本投资论	公共服务论
代表性国家	英国	改革前的中国和苏联	某些国家一些发展形式	美国	改革开放后中国及未来的选择
代表性学者	马克思、恩格斯、早期列宁	列宁、斯大林、毛泽东	恰亚诺夫、黄宗智	舒尔茨	徐勇、邓大才
主要观点	小农的性质决定了必须要消亡，资本主义大企业将兼并小农场	以个体私有制为主的小农生产必须走向合作化的道路	恰亚诺夫：以合作社为基础的小农的某些环节一体化；黄宗智：在政府支持的龙头企业与农民自发的合作之间找到第三条路	改造传统农业要引进新的生产要素，而新的生产供给需要政府支持；新的生产要素不会自动为农民接受，要通过人力资本投资提高农民的能力	改造传统农业不能仅仅是从内部提高农业，小农已经社会化，面临着诸多外部风险，需要国家、社会提供公共服务，提高农民应对风险的能力
综合而言	大生产论	纵向一体化论	能力提升论		

纵向一体化理论的适用性则值得观察，恰亚诺夫的以合作社为基础的纵向一体化理想成分比较多，但也并不表示这种改造理论不行。黄宗智试图在龙头企业带动的一体化和自发合作社带动的一体化（中国称之为农业产业化）之间蹚出"第三条路"，也就是将政府的支持和农民的自发合作联系起来，但究竟是一种什么形式，理论上不清楚，实践中也不明确。两者共同之处就是"农户+合作社+纵向一体化"，从内部解决问题，依靠农民自身解决问题。从理论上讲，这条路可以帮助小农走向现代化，而且这条路与日本和中国台湾省的"小农+农协"有相似之处。但是对中国大陆来说，利用此种改造路径面临四个问题：一是合作社能否成为所有农民的选择有疑问。日本和中国台湾省能够通过协会走向现代化，主要是

这两个地方有协会的传统，中国大陆则没有这种制度安排。二是中国纵向一体化，即农业产业化已经实施了二十多年，其成效并不显著，它能否承担起改造小农经济重任，目前没有看到这种希望。三是从内部即依靠小农自身改造小农经济，显然不现实，否则不会有这样多的小农经济改造理论。四是纵向一体化虽然能够促进农业发展，但是如何能够帮助农民增收，即纵向一体化的利益分配问题始终没有解决。这个问题不解决，纵向一体化将会受到很大限制。总体而言，纵向一体化值得实践，也值得期待，但是并不能解决当前所有的小农改造问题。

人力资本投资理论也是从家庭内部、从农民自身能力着手进行改造，不同之处在于国家通过间接方式影响农民、帮助农民，进而提高农民的素质。其实，经过三十多年的改革开放，农民的教育程度大大提高，农民接受新的生产要素的能力也大大增强。但现阶段农民面临着全方位的社会化、市场化、全球化对其产生影响的现实问题，其拥有的素质和能力仍无法应对当前小农面临的风险问题、不确定问题、增收问题。因此，舒尔茨的人力资本理论对改造当前中国小农有价值，但是还需进行适当改进，才能够适应中国当前社会化小农的需要。

（三）改造传统农业的一条尝试路径

当前中国小农面临着全方位的市场化、社会化[①]，也面临着更多的风险和不确定性。合作社的纵向一体化可以解决小农的风险问题，但是无法解决小农的能力提升和增收问题；人力资本投资理论能够提升农民的能力，但是无法完全解决农民的风险和不确定性问题。要兼顾农民能力提升、削减风险和农民增收目标，必须有新的思路——社会化小农+公共服务网络。它可以兼顾三个目标，即通过全方位、立体化的公共服务网络对社会化小农进行改造。人力资本投资是从内部增强小农引进新的生产要素的能力，但是引进了新的生产要素还需要管理和决策，农民还需要管理和决策能力。当今中国小农面临的更大问题是价格波动、虚假信息、产品营销等与市场有关的问题。这类问题即使是美国的大农场主也不能完全解决。因此，改造当前中国小农最关键的是要增强农民应对市场风险的能

[①] 笔者与徐勇教授将此称为社会化小农，即社会化程度非常高的小农户。

力。所以，当务之急是建构公共服务网络，进而从外部增强小农应对风险和不确定性的能力①，即"延伸农民手和脚，延长农民的眼睛和大脑，使农民在充满风险的市场海洋中有一根拐杖"。

人的能力分为两种：一是依靠自身教育培育出来的能力，如引进新的生产要素，在已有约束条件下管理和决策能力；二是依靠外部力量支撑添加的能力，如公共服务网络帮助农民收集、分析信息，甄别虚假的信息等。如果通过教育培育的管理、决策能力（包括引进新的生产要素）为100单位，公共服务网络则能够进一步提升管理和决策能力，从100单位增加到150单位，甚至更多。公共服务网络"支撑添加能力"必须依靠人力资本投资培育的能力，离开了后者，前者也无法独立存在，但是没有前者，后者也会受到很大的局限。

公共服务网络能力建构主体有三个：一是政府，二是社会，三是企业。政府通过提供基础性的公共服务增强农民生产经营方面的能力；社会通过提供互助合作增强农民组织方面的能力；企业通过提供种苗、产销专业服务提升农民的信息接受能力和营销能力，通过改善农民人力资本投入条件提高农民的经营能力。公共服务网络支撑添加的能力与人力资本投资培育的能力，共同解决当前中国小农所面临的自身问题和外部风险问题。

综上所述，对于当前中国的小农即社会化小农，可以再次从早期马克思的观点出发，并借鉴恰亚诺夫和黄宗智的纵向一体化理论进行改造，但这里有一个前提条件——农民须有合作的需求，即有合作需求的农民、地区可以通过以合作化为基础的纵向一体化方式进行改造。对于尚没有合作需求且不愿意进行合作的农民，最现实的改造途径还是将舒尔茨的人力资本改造论与公共服务网络改造论结合起来，从内外两个方面提高农民的能力。这就是笔者所主张的"能力改造论"。② "能力改造论"是针对当前中国小农全方位社会化所提出的观点，也是一种尊重农民主体地位的改造途径。对于政府而言，还是一种操之在我的改造方式和方法，是一种有别于集体化改造的积极的改造方式。

---

① 公共服务提升小农是笔者与徐勇教授讨论中，徐教授提出的观点。他认为，社会化小农的风险需要建构公共服务体系提升小农的能力。笔者在此基础上提出外部添加能力与内部培育能力结合起来，共同改造当前中国的小农。

② 笔者将舒尔茨的改造论和我与徐勇教授提出的改造论统称为"能力改造论"。

第十二章 小农经济、大户经济与农业现代化[①]

一家一户小规模分散经营的小农经济，虽然可以容纳不同的生产力水平，但是这种经营方式却难以通过吸纳现代文明实现农业现代化。马克思就这个问题曾指出过："小块土地按其性质来说就排斥社会劳动生产力的发展、劳动的社会形式、资本的社会积累、大规模的畜牧和不断扩大的应用。"要实现现代化就必须在稳定小农经济的基础上，培植农村经济大户，通过发展农村大户经济来推进农业现代化。这种现代化的过程是一种内生现代化过程，而且也是成本较低的现代化方式。

一 农村经济大户是农业生产力提高的必然，是现代经济发展客观规律所驱使，又是最终走出传统农村经济发展模式束缚的必然选择

1. 农户对专业化生产的客观要求。农业的专业化生产和区域分工是社会化大生产的发展趋势。家庭联产承包责任制打破了传统的粮棉产业格局，使农村家庭经营出现许多新变化：产品结构多元化、产业布局专业化、产业分工精细化、产业经营社会化和农户生产规模化都不同程度地得到了提高，特别是生产经营分工得到了发展。这就要求有多样的专业化服务适应农户专业经营和分工的要求。农村大户正是为满足这种需要而产生的。

2. 农户减轻劳动强度，改善劳动条件的客观要求。按照马斯诺的生活需求层次，当基本的温饱问题解决后，农民就追求相对较低的劳动强

[①] 本文发表于《重庆行政》2005 年第 3 期。

度。因此，对生产经营过程中某些劳动强度较高的生产环节，如割稻、插秧、除草等产生了市场需求。希望有专门的服务，在这种需求的拉动下，农村大户便应运而生。

3. 农户生产经营服务中介多样性的客观要求。随着市场经济的不断成熟，市场竞争日益加剧，农户对多样化服务的要求日益迫切。农户专业化生产和社会分工的扩大，要求有专门的中介组织为广大农民提供全方位、全过程的一体化服务，以加强市场信息、资源的传播和交流，降低生产成本、交易成本、管理成本，防范自然风险和市场风险。这种服务应沿产业链从产前的生产资料供给服务、信息咨询服务、市场导向服务，到产中的生产服务（包括机耕、灌溉、种苗、植保等多项服务），直到产后的运销贮保，等等。在商业性的服务中介缺乏的情况下，有着地缘和血缘优势的某些农户，便从传统的自耕农分裂而出，成为从事某项生产或服务的大户。

4. 小农经济规模扩张的内在要求。由于承包农户是一家一户的分散经营，每户都有一整套生产设备，因此，大部分农户的生产设备生产能力会出现过剩，即使在农忙时，也会有一部分设备闲置或不能充分利用，需要为设备充分利用找出路，这就产生了在某些环节的家庭单位的规模扩张。而此时，也肯定有一部分农户生产设备不足。因此，农村大户的产生是农业生产某些环节调剂设备余缺为起点而形成的，是一种市场交换关系。

5. 填补集体经济统一经营功能缺陷的客观要求。统分结合的双层经营的制度设计，原本期望集体经济进行统一经营，为承包农户分散经营服务。但是，随着市场经济的发展，集体经济的统一经营的功能日渐萎缩，无法满足农民对统一经营的要求。这就要求有相应的组织承担起这一功能。在社会化服务体系不健全的情况下，农民互相提供服务，服务的对象多了，服务的范围广了，自然成了大户。

6. 农户追求利润最大化的客观产物。随着农村市场的完善，农户商品意识的增强，农户成了较成熟的"经济人"，而家庭经营利润有限，为了追求最大化的利润，农户则寻找获取利润的机会，大户便在追求利润的过程中逐渐形成。

二 农村经济大户与农村大户经济的内涵、特征和本质

（一）农村经济大户的内涵

农村经济大户是指农业生产经营过程中，在分工的基础上，部分农户从传统农户中分离出来专门从事某个环节的商品性生产或服务活动，与自然农户相比，拥有较多的专业性设备和较先进的专业性技术。它以家庭承包经营为基础，但是又突破了家庭的生产边界，是农村生产力提高、农村生产关系调整、农业生产经营形式创新和农户整合变异的产物，是先进生产力的代表。农村经济大户这一群体就构成了农村大户经济，两者既有区别也有联系。农村经济大户是指规模比较大的农户，这是具体的，而农村大户经济则是指一种经济形态，与小农经济相对，是对具体的经济大户的抽象。

（二）农村大户经济的特征

农村大户经济作为一个新生事物，有别于传统的农村富农，也有别于与之对立的自然农户，主要有以下几个特征。

1. 分工深化。农村大户经济的首要特征是分工。没有分工就不会有农村大户经济。正如社会的第一次大分工和第二次大分工一样，农村大户经济也是分工的产物，这次分工不是简单意义上的产供销相互分工，而是生产、供应、销售内部子环节的再次分工。这次分工是传统农业与现代农业的分界线，而且随着大户的进一步扩大，大户数量的增多，分工将进一步深化。

2. 从事专业化生产或服务。由于分工出现，农村大户可以专门在某个环节从事生产和经营，在这个环节上，具有较多的设施，除满足自己的需要外，还能满足一定范围农户的需要。专业化生产和经营是农村大户的又一重要特征。

3. 生产经营的各个环节初步实现适度规模。农村大户不是一般意义上的农户，一是农村大户已打破传统的以家庭为生产单位的局限。有的大户并不是一户，而是数户的联合。二是生产经营范围辐射社区内外。三是不少大户雇请了一定数量的帮工，多的达数十人。四是生产设备充分利

用，在大户的经营能力内实现了规模化。

4. 生产经营具有较高的科技含量。农村大户的资本有机构成高，技术知识含量大于一般农户。尤其体现在专业性强的服务大户中，如植保、种苗、收割、插秧等大户，他们很大程度上就是依靠现代化的农业生产设备和先进适用的农业技术而得以生存和发展的。同时，农村大户还是技术创新的主要载体。

5. 经营市场具有一定的垄断性。农村大户大都依托本地资源、区位和产业优势，具有一定稀缺性甚至垄断性。在某个生产环节上，一般一级只能有一个大户，如果多了，大户便无法生存，因此，大户的市场具有一定的垄断性。但是这种垄断是竞争垄断，并不排斥竞争，其他竞争主体可以随时进入或退出。这使得农村大户发展具有很强的活力，也有很大的压力。

6. 生产经营社会化。社会化是农村大户能够成为大户的重要条件。一是农村大户的生产经营既以家庭分散经营为基础，又跨出了家庭范畴，以其他农户的需求为生产对象，使自给自足"自耕农户"的经营方式被创新。二是农村大户的就业也随生产经营跃出家庭范畴而走向社会化。三是资源配置由家庭扩展为整个社区，甚至更广。

（三）农村大户经济的本质

农村大户经济是农村经济社会转型时期的普遍现象，越是转型中走在前列的农村，农村较为发达的地区，农村大户就比较多，规模也比较大。

1. 农村大户经济是资源集聚度的载体。农村大户拥有较多的设备、较先进的技术、较好的产品、较好的服务载体，在一定程度上体现资源配置的功能，资源流向体现了资本追逐利润的市场原则。

2. 农村大户经济是农村生产经营分工的产物。农村大户是以水平分工和垂直分工为基础而形成的生产经营在横向和纵向的生产经营协作。

3. 农村大户经济是生产经营模式的创新。农村大户经济不是自然农户的简单扩大，是在分工的基础上，在某一个环节扩张，形成了一种新的生产经营载体，这种载体突破了一家一户的分散经营模式，实行专业化的经营。因此，可以说农村大户是农业专业化、规模化经营模式的雏形。

三 农村大户经济与传统农业下小农经济有本质的区别,已初步具备现代农业的特征

(一) 农村大户经济与小农经济的联系

传统农业是"传统农业技术"的习惯称谓,通常是指从历史上沿袭下来的耕作方法、农业技术和经营方式。而农村大户经济则以其现代化的特征列入现代农业之列,它既发源于传统农业,又在传统农业上有了大幅提高,两者有着千丝万缕的联系。

农村大户经济生长于传统农业。农村大户经济虽然与传统农户有着本质区别,但是两者有着密切的关系。一是农村大户经济是在传统农业的环境中萌芽的,至今仍带有传统农业的某些痕迹。二是农村大户经济是传统农户中分离出来,专门从事商品性生产或服务的农户,也是农户中的一部分,仍带有传统农户的某些特征。三是传统大户的需求催生了大户,农村大户是以农户的需求为生产经营对象,没有农户的需求,就不会有大户的产生和发展。四是农村大户以传统农户的生产环节为服务对象发展起来的,大户可以说是某个环节的农户。五是农村大户与传统大户在利益上既对立又统一。农村大户有自己的经济利益,以赚取利润为目的,而要赚取的利润是以农业生产环节为对象的,农户总是以较少的支出获得较多或同等的服务,在这一点上,大户与农户是对立的,但是大户要生存下去,不能无限制地赚取利润,否则将没有经营市场,因此大户在一定程度上,要让利于农户,在这一点上讲,大户与农户的利益是统一的。

农村大户经济是传统农业的发展。农村大户经济与传统农户在表面上看没有区别,但是农村大户经济却在传统农户的基础上进行了创新。在规模和水平上有了新的提高和拓展,实现了生产要素的进一步优化配置。在经营方式上,大户经营既有一定规模,又比较灵活;既不动摇家庭联产承包基础,又能在现有体制下很好地发挥服务和引导作用;既可以为集中连片的土地服务,又能为分散小块的土地服务。在生产边界上,既以家庭为单位,又突破了家庭的范围。在经营上,既有分工,更有协作。土地既有社会功能,又在一定程度上充分显示了经济功能。在生产技术上,既继承了传统农业的精华部分,又广泛地应用现代科学技术和现代工业提供的生

产资料及科学管理方法来从事农业生产。

农村大户经济的初级阶段是传统农业向现代农业发展的过渡经营形式。农村大户经济虽然对传统农户进行了组织上的创新，但是离现代农业仍然很远，在某些方面仍然有不少传统农业的特征。它是传统农业向现代农业跃迁的一种过渡经营形式，这种形式从传统农业的母体中孕育现代农业，是现代农业的雏形。

（二）农村大户经济与小农经济的区别

农村大户经济虽然发源于传统农业，具有传统农业的某些特征，但是大户之所以能成为大户，成为一个新的经济群体，必然与传统农业有本质区别，具体来讲，有如下几个方面。

在性质上，传统农业的首要的出发点是满足自己的生存，剩余产品才拿出交换，属于以自给为机制导向，厌恶风险，具有一定的封闭性和排他性，属于自给自足或半自给自足的经济，具有"经济人"的某些特性但是不完全为"经济人"。而农村大户经济生产的目的是交换，以其他农户的生产过程为生产对象，以利润最大化为目标，是理性的"经济人"，与传统农业最大的区别是商品的流程不一样，传统农业先满足自己后再将剩余产品商品化，而大户经济则效益为机制导向，先赚取利润，再维持生存。不惧风险，敢于挑战，其生产经营社会化程度较高。虽然两者只是商品化的程序调换，但是这一调换意义非同小可，是告别传统农业的开端。

在生产方式上，传统农业基本上是"刀耕火种"，凭经验耕作，单独完成产供销的全过程，不与外界发生生产过程上的联系。而大户经济成为大户的关键是广泛地运用现代科学技术，运用现代工业提供的生产资料和科学管理方法生产经营，以分工为前提，专门从事某个环节的生产或经营。

在经营方式上，传统农业是粗放经营方式，虽然是精耕细作，但是其投入（资本、劳动力）相对产出效率或收益而言是粗放的。大户经济则是集约地利用资本（主要指工具）和劳动力、科学技术，虽然其规模没有美国农庄大，甚至与法国的小庄园相比也相形见绌，但是与传统农业相比，大户经济则以较高的产出效率和较多的收益位于集约经营之列。传统农业一家一户分散经营，大户经济虽然也存在一家一户经营形式，但是这种一家一户经营则实现了家庭适度规模，即家庭经营规模最大化，不存在剩余资本和劳动力。

在经营策略上，传统农业是先生产再寻找销售，或者只管生产，不管销售，而大户经济则首先必须有市场需求，才会产生大户经济，往往是以市场的需要量定生产量，或者先签契约，再生产，或者先有订单再生产。大户经济就把传统的产供销流程逆向运行，使其具有现代农业的特性。

在经营边界上，传统大户以农房为生产单位，其生产边界也没有突破家庭范畴，以自家产品的全过程为生产对象，其生产基础是"小而全"的家庭农业，具有典型的血缘和地缘性质。而大户经济则是以家庭或家庭联合体为生产单位，突破了家庭边界，以其他农户的生产过程的某个环节为生产对象，初步实现了生产环节的分工，具有血缘性质。

利益分配上，传统农业因为是以追求生存为首要目的，在生产经营中自然追求更多产量，不易获得社会平均利润，而大户经济的效益导向机制决定其追逐多利润的性质，要追求更多利润，先要有高质量和高效益，不仅要求获得平均利润，有的还期望获得超额利润。

在利润分配上，传统农业以公平为出发点，其分配制度设计，以保证大多数的人能生存下去，农户之间的利益差别不大。而大户经济则是以效率为出发点，利益是按要素分配，农户之间收益差别比较大。

在组织程度上，传统农业组织程度低，依靠组织的意识比较淡薄，对政府和社区的依附性大，且分散经营，积累小，吸纳科技的能力比较低，对科技是被动接受。大户经济组织程度不仅有所提高，吸纳科技的能力较强，而且还主动学习和运用，对政府和社区的依附关系大大降低。

从上述的比较可以看出，农村大户经济与传统农业不可同日而语，它初步具备了现代农业的大部分特征，是农村再次实现腾飞的希望。我们一定要牢牢把握农村生产力的这一进步，大力发展农村经济大户，促进农村大户经济的发展，顺利把中国农村带向现代化。

第四编 研究农民的方法

第十三章 在社会化中研究乡村[①]
——中国小农研究单位的重构

传统农业社会，农民的社会化程度低，活动半径再远也只在乡村周围。学者们以农民、农户、村庄以及区域为单位进行研究，就能够很好地考察乡村结构和经济社会关系。但是随着农民社会化程度加深和社会化范围扩大，以传统单位研究乡村社会遇到了巨大的挑战。因为年轻人大多外出打工，乡村只剩下老的、小的、残的、病的，只研究前者不见乡村，只研究后者又不全面，将两者统筹起来又没有适合的研究单位。笔者认为，乡村研究单位可以适当扩展，通过社会化将"村内的农户"与"村外的农民"统一起来，以农户为基础，以就业网络为对象，以"农户—就业网络"为研究单位，考察乡村结构及经济社会关系。

对于中国乡村研究单位的研究，秦鸣先生在《中国乡村研究的基本单位及方法论述评》中进行了卓有成效的梳理，以研究单位为依据，将中国乡村研究分为四大类：村庄、区域社会、集镇或乡镇、农户。[②] 邓大才在《农民行动单位：个人、家庭与集体》中从农民行为的维度将乡村研究单位分为个人、家庭和集体（群体）三大类[③]，另外还在《圈层理论与社会化小农》中，从圈层理论的角度及现代发展中的乡村维度，将中

[①] 本文发表于《社会科学战线》2009年第5期。
[②] 本文的研究受柯文先生《在中国发现历史》的启发，因此，文章署名都与之相类似——在社会化中研究乡村，同时本文受秦鸣先生的《中国乡村研究的基本单位及方法论述评》的启发，特此感谢。
[③] 邓大才：《农民行动单位：个人、家庭与集体》，《天津社会科学》2008年第5期。

国乡村研究单位分为四大类：村庄共同体、基层市场圈、就业圈及投资圈。[①] 本文拟将以上两个维度结合起来，全方位探讨中国乡村研究的单位及研究单位的演变与发展：一是乡村研究单位如何演变，探讨中国学者研究乡村社会单位的选择历程；二是如何选择更好的单位研究当今高度社会化的乡村社会和社会化小农。

一 以农民为研究单位

中国乡村社会的研究，不同的学科有不同的偏好。经济学主要以个人为出发点研究农民的经济动机与行为，亚当·斯密在《国富论》中就以农民为主要对象考察财富的增长。农业经济学家刘易斯和舒尔茨则遵循古典经济学的传统，在《二元经济论》《改造传统农业》中，也以个人为出发点考察农民的动机与行为。经济学家还从个人研究走向集体研究，但是对于集体是否有合成性行为和动机表示怀疑，"阿罗不可能性定理"就是质疑的集中体现，[②] 认为个人偏好只有在非常严格的假定下，才会形成加总的集体偏好，集体行动只有在外部强制下才能够形成。[③] 经济学家从个体出发，得出的结论是农民像企业家一样，追求利润最大化，"人民对利润做出了反应。在他们看来，每一个便士都要计较"[④]。以后的新制度经济学、公共选择理论及经济博弈论均以个人为研究单位，探讨合作和冲突等集体行动。中国经济学家及经济学研究也遵循这一传统，如张五常的《佃农理论》、张培刚的《农业与工业化》、卜凯的《中国农家经济》等，也都是以农民个人为研究单位和理论假设。其实，经济学的个人主义研究方法不是研究的特定个人，而是研究抽象的个人，依靠数学推理和演绎逻辑，形式研究多于经验研究，很少有特定区域、特定个人的经验研究，即人文社会科学的案例研究，经济学家不屑研究具体的个人、具体的事件。

---

① 邓大才：《圈层理论与社会化小农》，《华中师范大学学报》2009 年第 1 期。
② [美] 肯尼斯·阿罗：《社会选择和个人价值》，陈志武、崔之元译，四川人民出版社 1987 年版。
③ [美] 奥尔森：《集体行动的逻辑》，陈郁译，上海三联书店、上海人民出版社 1995 年版，第 2 页。
④ [美] 舒尔茨：《改造传统农业》，梁小民译，商务印书馆 1987 年版，第 35 页。

这与经济学的理论抱负密切相关，力图追求普遍性解释和一般性的规律，希望能够得出普适性的结论。农业经济学家也不例外，同样以农民个体为研究对象，很少研究乡村社会结构、农民之间的关系，也不研究农民个体的情感、态度、价值问题，其研究方法和假设约束了其对乡村社会结构、农民之间关系以及文化、情感问题的研究。农业经济学的研究只能够给我们提供农民个人选择的动机与行为，却无法展示乡村结构、社会关系及情感、文化的动态演变，而且农业经济学家热衷抽象的数学推理、演绎逻辑、计量分析，不能够给学界提供生动丰富的案例，也不能提供更多的经验材料和地方性知识。这些问题大大影响了经济学对中国乡村社会的解释力。另外，农业经济学家以个人为研究对象还给读者一个印象就是：虽然理论假定经济学家研究农民个人，但实际是研究农民群体，整个农民共同体都是其研究对象。当然这也是农业经济学家所要达到的目标。经济学家的个人主义方法论偏好以及普遍性解释的追求受到社会学家、人类学家和政治学家的强烈批判和质疑。

中国人文社会科学并不以个人为研究单位，只有很少的学者敢于吃螃蟹。[①] 对于中国农民个人的研究，当数人类学家黄树民的《林村的故事》，[②] 黄著用个人生命史的方法，以林村支部书记的个人历程，考察1949年以来的中国乡村社会所遭遇到的社会运动、乡村结构及其关系的变化。虽然黄著以个人生命史为主，但其研究边界还是在村庄，可以说黄著既是以农民个人为研究对象，又是以村庄为研究范围。政治学者偏爱宫廷政治、名人政治和上层政治，很少有以农民为对象的研究，即使有也是以精英农民的群体为对象。应星在《大河移民上访的故事》中的"林老师"就是精英农民及群体，应著通过林老师等乡村精英参与上访行为的叙事，考察了转型期中国乡村结构、社会关系以及乡村与国家的关系。[③] 但毕竟应著运用的是过程—事件法，而不是个人主义方法论。

人文社会科学以个人为研究对象也是对经济学研究方法的借鉴，通过

---

① 人文社会科学研究中，个人主义方法也不多见，如政治学、社会学的理性选择，大多是借鉴经济学的个人主义方法论。

② ［美］黄树民：《林村的故事》，素兰、纳日碧力戈译，生活·读书·新知三联书店2001年版。

③ 应星：《大河移民上访的故事》，生活·读书·新知三联书店2001年版。

"个人+历史"模式将个人放在历史背景中考察特定个人的选择与行为，在个人与乡村社会、乡民、国家的互动中再现乡村结构和社会关系，从中发现乡村结构与社会关系的演变逻辑。虽然人文社会科学引进了个人主义研究方法，但是两者研究兴趣和目标大相径庭，经济学家主要目标是个人行为与动机，人文社会科学家是探讨乡村结构及社会关系。在乡村研究中，个人主义研究方法——以农民个人为研究对象，虽然可以将农民个人放在历史中、放在事件中考察国家、市场和社会变化对农民个人的影响，但是无法考察农民群体对国家、市场、社会影响。虽然通过农民个人可以探讨其行为与动机，但是无法考察农民群体的行为与动机，也无法考察各类不同类型农民行为与动机的差异，无法从系统的角度考察乡村组织结构与功能及其演变。因此，以农民个人为研究对象有很大的局限性。

二 以农户为研究单位

从农民个体向上追溯就是农户或者家庭。其实农户与家庭是两个不同的概念，农户是一个行政单位，家庭是一个血缘单位。林耀华在《义序的宗族研究》中将农户称为家户，家是指用一口锅吃饭的单位，户是指交税和与村庄打交道的单位。[①] 魏特夫通过对中国南方农村的研究提出了"氏族家庭主义"的概念，他的意思是中国农民以家庭为行动单位。费正清认为，"中国是家庭制度的坚强堡垒""中国家庭是自成一体的小天地，是个微型的邦国。从前，社会单元是家庭而不是个人，家庭才是当地政治生活中负责的成分"，马克斯·韦伯则认为"中国是家庭结构式的国家"[②]。因此，以家庭或农户为单位研究中国乡村社会能够更好地把握乡村社会的基本特征。本文讨论的农户是指血缘单位，即生产和消费为同一单位的家庭。

以农户为研究单位最典型的是经济人类学家恰亚诺夫的《农民经济组织》，他在书中以农场为单位考察家庭中农民及其动机与行为、家庭农场的组织计划、家庭农场的资源配置、家庭农场在国民经济中的作用、家

---

① 林耀华：《义序的宗族研究》，生活·读书·新知三联书店2000年版。
② [美] 费正清：《美国与中国》，张理京译，世界知识出版社2001年版，第21—24页。

庭生育计划和劳动力安排以及家庭农场与社会结合的途径。恰亚诺夫认为，农户追求生存最优化，农户的生产安排、子女数量都围绕着"生产—消费均衡"进行，家庭农场在不改变家庭生产单位的情况下通过合作方式形成"垂直一体化生产"，[①] 而不是马克思和亚当·斯密所设想的社会化大生产。

以家庭农场为单位的研究还有斯科特的《农民的道义经济学》，斯氏以家庭为单位分析农户的动机与行为，"由于生活在接近生存线的边缘，受制于气候的变幻莫测和别人的盘剥，农民家庭对于传统的新古典主义经济学的收益最大化，几乎没有进行计算的机会……他的行为是不冒风险……首先考虑可靠的生存需要"，农户追求的是"安全第一——生存经济学"。[②] 斯科特通过对越南农户的考察，得出的结论是农民追求"安全第一""风险最小""保障最大化"。地主也按照这一伦理原则收租，国家按照这一原则征税。经济安全不是指个人的安全，对于单个劳动力来说，可以"一个人吃饭，全家不饿"，但是他还必须照顾没有劳动能力的年迈父母及幼小儿女。因此，考察经济安全和生存保障，家庭为最佳单位。

如果说恰亚诺夫与斯科特是以农户为单位考察农户行为以及乡村社会关系，经济学家则以农户为单位考察农民的行为与动机。经济学家舒尔茨比较典型。舒尔茨在《改造传统农业》中，批驳"零值劳动力"观点，评价与改造传统农业，其研究非常有意思，忽而研究农民个人，忽而研究家庭农场。他以家庭农场为单位考察劳动力的边际生产率，考察是否存在"零值劳动力"，得出的结论是传统农业社会不存在"零值劳动力"，农户配置资源的效率非常高，没有任何人能够帮助农户提高资源配置效率。[③] 舒尔茨以农户为单位，研究农民个人的行为与动机，认为农户就是一个微型企业，农民具有企业家一样的行为与动机，追求利润最大化，"一旦有了投资机会和有效的刺激，农民将会点石成金"[④]。他以农民个人的行为及改造为研究目标，但是他的研究单位却是家庭农场——农户，"偷梁换

---

① [苏]恰亚诺夫：《农民经济组织》，萧正洪译，中央编译出版社1996年版。
② [美]斯科特：《农民的道义经济学：东南亚的反叛与生存》，程立显等译，译林出版社2001年版，第5、6、19页。
③ [美]舒尔茨：《改造传统农业》，梁小民译，商务印书馆1987年版，第42—49页。
④ 同上书，第5页。

柱""转换概念"值得商榷。

改革开放初期,中国经济学界还兴起了一股农户研究的热潮。当时为了促进乡村的发展,鼓励农民成为"万元户",鼓励农民发展专业户,不少学者以乡村经济精英为目标开展农户研究,如李云河的《农村"户学"初探:对"双包到户"的理论思考》、宋林飞的《农村专业户的现状与前景》、周其仁、杜鹰等的《初论专业户》等。国外学者也有不少出色的研究,如伯奇的《户与家庭的人口学》、沃森的《农业寻求"适足之履":包产到户及其影响》、克鲁克的《公有制的改革与乡镇—集体—农户制》、倪志伟的《农户个人主义》等。[①]

20世纪90年代以来,中国经济学者也开始以户为单位研究中国农村经济,如胡继连《中国农户经济行为研究》、华中农大课题组的《农户经营商品化实证研究》、马鸿运的《中国农户经济行为研究》、余维祥的《中国农户积累消费问题研究》、曹和平的《中国农户储蓄行为分析》、朱信凯的《中国农户消费函数研究》、刘茂松的《家庭经济行为论》、尤小文的《农户经济组织研究》以及史清华关于农户经济流动、经济增长及消费行为的系列著作,等等。这些著作都以农户为单位考察农民,他们也离不开国外老师的传统,以农户为单位考察农民个人的行为和动机,有些甚至打着农户的旗号研究农民个体的动机与行为。在笔者看来也有偷换概念之嫌。按理讲,以农户为单位考察收支行为、目标与选择,得出的结论应该是农户,而不应该是农民。虽然做出决策的人可能是家长,但是他的选择是以家庭为基础的。由于这些原因,这些著作既无法得到经济学主流的认同,也无法与其他以农户或者家庭为单位的社会科学研究进行对话,经济学的此类研究基本上处于边缘化的位置。

人类学家也偏好于用农户或者扩大的家庭为单位考察乡村社会。葛学溥通过对华南农村凤凰村大家庭的研究,认为在"一个屋顶"下就是一个家,其经济就是"家庭的经济",林耀华在《金翼》中,也以小说体的形式考察了一个中国家庭内部的关系以及外部社会对家的影响。几十年后庄孔韶对同一村庄进行了研究——《银翅》,延续了林耀华的研究。人类

---

① 对于1970年代末及1980年代初,以农户为单位的研究,秦鸣做了出色的梳理,参见秦鸣的《中国乡村研究的基本单位及方法论述评》,中国农村研究网。

学家对家庭研究的主要目标是家庭内部的关系，如家庭的扩展、亲属关系、伦理关系、代际关系、经济关系以及家庭中的地位和权力分配等。人类学家的著作大多是目标向内，重心放在家庭或者扩大的家庭内部。

最近一段时间，徐勇教授提出"再识农户"的观点，主张从农户出发考察农民的行为及乡村社会，"农户不仅是农民的基本生产单位，同时也是基本的生活、交往单位，还是国家治理的基本政治单元。因此，农户构成中国农村社会的'细胞'，也是认识和分析中国农村社会的基本出发点。"[①] 邓大才也以农户为中心探讨了当前小农的动机与行为，认为社会化小农面临巨大的货币压力，追求货币收入最大化。[②] 另外，邓大才、刘金海、吴晓燕等还以农户为单位研究解剖了洞庭湖畔、黄河岸边和大别山山麓三个村庄的农户社会化程度、行为、路径以及社会化对乡村结构与社会关系的冲击。他们通过对农户收入与支出的考察，认为在社会化货币支付压力下，农民不会追求利润最大化，而是追求货币收入最大化。

以农户为研究单位可以较好地考察农户及农户决策者的动机与行为，也能够部分地考察农户与乡村社会组织、市场、国家之间的关系，还可以考察农民个人与家庭之间的关系。按照徐勇教授的说法，农户是认识农业、农村、农民的钥匙，是理解和分析小农社会的基础。[③] 但是我们也必须看到，以农户为研究固然可以兼顾个人与家庭，兼顾农户与村庄，但是农户与社会的连接与整合却很难在以户为单位的研究中得到体现。比如恰亚诺夫为了考察农户与社会的整合关系，忽视了身份、权势、等级壁垒、人身依附等超经济变量。[④] 也就是说，农户研究是乡村社会的起点、基础，它能够很好地反映家庭的经济行为，但是无法考察村庄共同体以及其他宗族、借贷等组织对农户的影响，更难以考察各级政府及其国家建构对农户的影响；以农户为单位考察乡村社会可以很好地反映农户家庭的资源配置及其路径，但是很难发现村庄共同体对资源的配置和影响；以农户为

---

① 徐勇：《"再识农户"与社会化小农建构》，《华中师范大学学报》2006年第4期。
② 邓大才：《社会化小农：动机与行为》，《华中师范大学学报》2006年第4期。
③ 徐勇、邓大才：《社会化小农：解释当今农户的一种视角》，《学术月刊》2006年第7期。
④ 秦晖：《当代农民研究中的"恰亚诺夫主义"》，载［苏］恰亚诺夫《农民经济组织》，萧正洪译，中央编译出版社1996年版。

单位考察乡村社会可以展现家庭的行为与动机,但是无法考察村庄内部结构关系的变化。显然以农户为单位研究乡村社会及农民的社会化有优点,但也有不足。另外从中也要看到人文社会科学家与经济学家在以农户为单位研究中的目标差异,前者着眼于乡村社会,后者着眼于农民个人,理论关怀南辕北辙、大相径庭。

三 以村庄为研究单位

古今中外的乡村研究学者大都以村庄为研究单位考察乡村结构及其社会关系。对于村庄研究的梳理已有不少成果,其中庄孔韶在《中国乡村人类学的研究进程》《回访和人类学再研究的意义》中对涉及村庄的研究成果进行了部分梳理。李国庆在《中国村落类型分析视角》中从村庄分类的维度对村庄研究进行了整理和分析。秦鸣先生的《中国乡村研究的基本单位及方法论述评》从研究单位的视角对村落研究进行了文献综述。李善峰在《20世纪的中国村落研究》中以著作为线索对村庄研究进行了详细的梳理。徐勇、邓大才在《政治学实证研究:从殿堂走向田野》中则对近三十年来以村庄为单位的政治学实证研究进行梳理和评述。

对中国村落的研究成果不计其数,主要集中在人类学、社会学和政治学,以及由此延伸的历史社会学、政治社会学、社会人类学等跨学科领域,经济学领域以村庄为单位的研究比较罕见。以村庄为单位的研究可以分为以下三类。

1. 单个村庄的解剖性研究

一是人类学和社会学的单个案村庄研究。单个村庄的解剖性研究,最早的应该是人类学家葛学溥在20世纪20年代在广东凤凰村的调查研究以及完成的《华南的乡村生活:家族主义的社会学》,葛著通过全方位的村庄描述,考察村庄的经济社会生活,揭示村庄社会生活各方面的关系、功能以及发展趋势。它是最早的较规范的村庄人类学研究。以村庄为单位的研究最著名的当数费孝通先生的《江村经济》,费孝通先生通过对长江下游开弦弓村各个部分的民族志研究,认为中国村庄是一个整体,各个部分具有特定的功能,中国乡村的动力和出路在于工业化。《江村经济》的出版引起了很大的反响,马林诺夫斯基认为,它是人类学的创新,将人类学的研究方法用于本民族研究，开人类学研究的先河。同时，费孝通以村庄为单位的研究企图得出一般结论，也受到了不少学者的批评。爱德蒙特·利奇的评论最具代表性，"在中国这样广大的国家，个别社区的微型研究能否概括中国国情"。[①] 为此，费孝通先生企图通过类型学的研究，即通过对中国不同地区、不同类型村庄的研究，得出更具科学性的、一般性的结论。20世纪40年代他与张之毅等人通过对"云南三村"的研究——《禄村农田》《易村手工业》《玉村商业和农业》，进一步寻找中国乡村发展的出路与动力。费孝通及同事的类型学研究受到英国人类学家弗里德曼的批评，认为中国幅员广阔、人口众多，"村庄数量的堆集"不能得出一般性的结论，小单位并不是总体社会的"缩影"。随后，以村庄为单位的人类社会学研究逐渐增多，杨懋春通过对自己家乡山东台头的研究出版了《一个中国村庄：山东台头》。林耀华《义序的宗族研究》和《金翼》也是以"义序村"和"黄村"为单位的研究成果。此外，还有许光的《祖荫下》、田汝康的《芒市边民的摆》等个案研究也有较大影响力。

1949年以后人类学和社会学的村庄研究几乎绝迹，只有较少的几本外国人的著作，如韩丁以山西长治张庄为单位的研究——《翻身：中国一个村庄的革命纪实》，以及柯鲁克夫妇以河北武安县十里店村的研究——《十里店》，当然这段时间国外有些根据台湾、香港以及其他地方华人移民完成的著作，这种著作是否算作田野调查还有待讨论，也许只能算弗里德曼所说的"摇椅上的人类学所进行的研究"。[②] 1978年改革开放以后，开始出现不少以村庄为单位的人类学和社会学研究，比较早的是陈佩华、赵文词通过对广东陈村移居香港农民的采访，完成了她们的口述田野调查《当代中国农村历沧桑：毛邓体制下的陈村》，弗里曼、比克赛、赛尔登以河北省饶阳县五公村为研究单位的著作——《中国乡村：社会主义国家》则是打开国门后的第一批国外学者的田野调查研究。

20世纪80年代后期以来，不管是人类学、社会学还是政治学、经济学，以村庄为单位的研究大量涌现。人类学和社会学方面主要有：王铭铭

---

① 费孝通：《人的研究在中国》，载《费孝通集》，中国社会科学出版社2005年版，第338页。

② [美] 弗里德曼：《中国东南的宗族组织》，刘晓春译，上海人民出版社2000年版，前言，第2页。

以福建溪村为单位研究的《社区的历程：溪村汉人家族的个案研究》，曹锦清、张乐天、陈中亚以浙江北部的陈家村为单位研究的《当代浙北乡村的社会文化变迁》，折晓叶以浙江万丰村为单位研究的《村庄的再造：一个"超级村庄"的社会变迁》，毛丹对浙江尖山下村为单位研究的《一个村落共同体的变迁：关于尖山下村的单位化的观察与阐释》，阎云翔以黑龙江下岬村为单位研究的《礼物的流动：一个中国村庄中的互惠原则与社会网络》《私人生活的变革：一个中国村庄里的爱情、家庭与亲密关系（1949—1999）》，陆学艺以河北省三河县行人庄村为单位主编的《内发的村庄》，庄孔韶以对《金翼》黄村为单位的回访调查研究《银翅：中国的地方社会与文化变迁》，以及周大鸣以广东凤凰村为单位的回访研究《凤凰村的变迁》，李培林以广东"羊城村"为"理想类型"的研究《村落的终结》，韩敏以皖北李村为研究单位的研究《回应革命与改革》，朱晓阳的《罪过与惩罚：下村故事（1931—1997）》，等等。以村庄为单位的人类学研究开始繁盛，研究水平也不断提高。

二是政治学的单个案村庄研究。政治学最早的实证研究当数王沪宁，但是单个案的政治学村庄研究要推张乐天，以浙江联民村为单位的研究——《告别理论：人民公社制度研究》，另外就是20世纪初，华中师范大学的几篇政治学博士论文，于建嵘以湖南中部岳村为研究单位的《岳村政治：转型期中国乡村政治结构的变迁》、吴毅以四川东部双村为研究单位的研究《村治变迁中的权威与秩序：20世纪川东双村的表达》，刘金海以湖北省武汉市团结村（城中村）为单位的研究《产权与政治：国家、集体与农民关系视角下的村庄经验》。这些都是单个案村庄的政治学研究，以行为主义方法研究底层政治，此外华中师范大学中国农村问题研究中心还有一大批以村庄为单位的日常生活政治研究成果。

三是经济学的单个案村庄研究。这类研究不是特别多，前面已经讨论，经济学坚持个人主义方法，很少有以村庄为单位的个案研究，其中有些学者也做了一些尝试。邓大才以洞庭湖畔湖村为单位的研究《湖村经济》，刘金海以大别山山麓山村为单位研究的《山村经济》，邓大才、刘金海、吴晓燕等人以黄河岸边平原村庄为单位研究的《平原经济》。但是这类研究与其说是经济学的个案村庄的研究，不如说是人类学和社会学的实证研究。因为大部分方法和叙事都是社会学和人类学的，而且这几部著作虽以村庄为范围，但考察农民的动机与行为时却是以户为单位的，确切地讲可以归入以户为单位的研究范畴。

2. 同质性多村庄归纳研究

扩大相似村庄的数量展开多个案的村庄研究，试图通过相似多村庄的研究得出更为普遍性的结论，或者说通过更多同质村庄的研究接近研究的整体，此类研究可以称为"同中求同"。王沪宁的《当代中国村落家族文化：对中国社会现代化的一项探索》是比较早、也比较著名的一本中国乡村实证研究著作。王沪宁在全国选择了15个村庄进行村落家族文化的研究，并以此"为出发点做广阔的透视，做全面的分析"，促进对中国社会本身的认识。[①] 同质性多村庄的研究成果不是特别多，中国乡村研究中最多的是异质性多村庄的比较研究。

3. 异质性多村庄的比较研究

扩大不同类型的村庄开展多个案村庄的研究，试图通过不同村庄的比较研究乡村社会。徐勇的《中国农村村民自治》、徐勇与张厚安等人撰写的《中国农村村级治理：22个村的调查与比较》、徐勇主编的《乡土中国的民主选举：农村村民委员会选举研究文集》、胡荣的《理性选择与制度实施：中国农村村民委员会选举的个案研究》，王铭铭、王斯福（Stephan Feucht Wang）主编的《乡土社会的秩序、公正与权威》、王铭铭的《村落视野中的文化与权力：闽台三村五论》，项继权的《集体经济背景下的乡村治理》，就通过对河南南街、山东向皋、甘肃方家泉村的对比，归纳出来集体经济与民主之间的相关性。陆学艺主编的《改革中的农村与农民：对大寨、刘庄、华西等13个村庄的实证研究》，也是通过不同类型的13个著名村庄的比较研究考察改革对这些村庄的影响。折晓叶、陈婴婴出版了《社区的实践：超级村庄的发展历程》，通过对3个村庄的比较研究，认为村庄在外部形态、发展模式、组织结构、贫富程度等方面的多样性，从未像今天这样惊异，村庄的重要性也从来没有像现在这样突出过。仝志辉的《选举事件与村庄政治》中对毛村、游村、隆村和平村的选举研究。中国学者倾向求同的研究，不管是同质性村庄还是异质性村庄，其目的都是归纳共同的、

[①] 王沪宁：《当代中国村落家族文化：对中国社会现代的一项探索》，上海人民出版社1991年版，前言第2、3页。

具有规律性的东西，很少有类似巴林顿·摩尔在《民主和专制的社会起源》中的"异中求异"或者"同中求异"的研究。

四 以区域为研究单位

中国乡村研究学者们在田野调查时发现，以村庄为研究单位并不能解释所有的乡村社会问题，如婚姻选择问题、宗族问题、宗教问题、秘密组织问题、水利冲突与调解问题等，必须超越村庄才能够得到较好的解释。

区域研究最著名的是施坚雅的《中国农村的市场与社会结构》，提出了超越村庄以基层市场社区为研究单位，"研究中国社会的人类学著作，由于几乎把注意力完全集中于村庄，除了很少的例外，都歪曲了农村社会结构的实际。如果可以说农民是生活在一个自给自足的社会中，那么这个社会不是村庄而是基层市场社区。我要论证的是，农民实际社会区域的边界不是由他所住村庄的狭窄的范围决定，而是由他的基层市场区域的边界决定。"[①] 黄宗智先生对此评价非常高，"施氏原意，不过是要矫正人类学家只着眼于小社团的倾向，但结果几乎完全消灭了他的对手。"斯科波尔也看到了这一点，"传统中国共同体的基本单位并非个体村落……而是包括一组村庄的市场共同体"[②]，费正清也持同样的观点，"虽然各村自身不能自给自足，但大的集市社会却既是一个经济单元，又是一个社交世界。"[③]

针对施坚雅的基层市场共同体的观点，杜赞奇以华北的经验材料对其进行了反驳，认为乡村社会的共同体并不是基层市场，而是"权力的文化网络"，"即使联姻圈包含于市场范围之内，但我们有理由相信集市中心并不一定是确定婚姻关系的地方……如此看来，市场体系理论只能部分地解释联姻现象，集市辐射半径在限定联姻圈和其他社会圈方面都有着重要作用，但联姻圈等有着自己的独立中心，并不一定与集市中心重合"，他以此提出权力的文化网络概念与施坚雅的基层市场相对立，主张按照权力的文化网络研究乡村社会结构。

---

① [美] 施坚雅：《中国农村的市场和社会结构》，王庆成译，中国社会科学出版社1998年版，第40页。
② [美] 黄宗智：《华北的小农经济与社会变迁》，中华书局1986年版，第23页。
③ [美] 费正清：《美国与中国》，张理京译，世界知识出版社2003年版，第27页。

人学学家莫里斯·弗里德曼也在批评费孝通的《江村经济》的基础上提出了"宗族模式",他认为,"几乎在中国的每一个地方,几个紧密相连的村落构成乡村社会的基本单位","中国南方的'氏族'与费孝通关于汉人社会的规划不相适应","宗族之间能够形成群体,不仅因为姓氏相同,而且还以姓氏之间某些传统的联合为基础",弗里德曼认为,同姓宗族是一个共同体,这个共同体也许是一个自然村,也许是几个村落的联合,也许是自然村内的某个小区域,因此主张以联系紧密的宗族区域为单位研究乡村结构和社会关系,反对以费孝通等先生们主张的村落研究及"村落堆集"。①

黄宗智先生利用日本满铁的调查资料对华北的 13 个村庄进行了研究,出版了《华北小农经济与社会变迁》,不久之后黄宗智先生再对长江三角洲的 8 个村庄进行调查,并与华北的 13 个村庄进行参照对比研究,出版了《长江三角洲小农家庭与乡村发展》,两本著作都得出了中国乡村"有增长但是没有发展",明清以来的乡村处于"内卷化"中,只有 1949 年以后的集体化改造才走出"内卷化"过程的结论。② 可以说黄宗智先生进行的是区域研究,因为他选择样本村集中在某一区域,而且多是根据"大多数情况"与"平均水平"得出结论,至少具有区域代表性。但是黄宗智先生的"区域研究"与我们所说单位选择有一定的距离,因为我们所说的区域是具有内在联系的区域、是具有内在关联性、有机构成的区域,而黄氏所选择的区域并没有内部的逻辑关系,而是平行的、同质化的几个村庄,选择这几个村庄与选择另外几个村庄没有太大的差异。马若孟根据满铁调查资料中的 4 个村庄的资料,出版了《中国农民经济:1890—1949 年河北和山东的农业发展》。朱爱岚在《中国北方村落的社会性别与权力》中也是将山东省 3 个村作为研究单位,揭示了就业、参政、婚姻、社会组织与网络中社会性别与权力的关系。萧凤霞出版的《华南的代理人与受害者》,以乡、镇、村为个案进行研究,也就是以不同的单位考察乡村社会的变化,认为通过国家建构,乡村已经"细胞化"为国家控制

---

① [英] 弗里德曼:《中国东南的宗族组织》,刘晓春译,上海人民出版社 2000 年版,第 1—7 页。
② [美] 黄宗智:《华北的小农经济与社会变迁》,中华书局 2000 年版;《长江三角洲小农家庭与乡村发展》,中华书局 1992 年版。

乡村的行政单位。曹幸穗以苏南为单位的《旧中国苏南农家经济》也是以满铁在江苏的村庄调查为单位展开研究。

另外，历史人类学和历史社会家也使用区域研究的方法，只不过历史人类学和历史社会学使用的区域研究范围比较大，可能是一个村，也可能是一个县，还可能是一个更大的区域甚至数省。周锡瑞的《义和团运动的起源》就是以鲁西南、鲁西及鲁西北为比较研究单位，考察义和团在鲁西北的起源的原因。周锡瑞非常熟练地使用了区域研究方法及"生态—行为法"。裴宜理在《华北的叛乱者与革命者》中以淮北中下游的河南东部、安徽北部为研究单位，探讨贫穷农民、富裕农民以及受共产党影响下农民的行为及模式，他也使用了区域研究方法与"生态—行为法"。彭慕兰的《腹地的建构：华北内地的国家社会和经济（1853—1937）》以运河鲁西境内为研究单位，认为腹地的衰落是人为建构出来的。另外，葛学溥、萧凤霞、刘志伟等在《华南的乡村生活：家族主义社会学》中也以华南地区为单位研究乡村结构和社会关系、秦晖以关中地区为研究单位得出"关中模式"、李怀印以冀中南地区为研究单位考察晚清及民国的华北村治。

五　以社会化就业网络为研究单位

以农民个人为研究单位能够较好地考察农民的动机与行为，以农户为单位可以考察家庭关系、亲属关系、伦理关系，以村庄为单位可以考察村庄的经济生活以及村庄的权力结构，以基层市场及乡镇为单位可以考察农民的经济行为与社会关系以及农民与市场的关系，超越基层市场的研究单位则可以解释农民与区域之间的社会和政治关系，考察农民的群体行为，得出更加一般性的结论。可见，以农民、农户（家庭）、村庄、基层市场（乡镇）、区域社会为单位的研究可以针对不同的研究目标进行选择。但是这些研究单位无法解释改革开放以来社会化的乡村结构、社会关系及社会化小农的行为。[①] 因此，笔者建议立足农户，以家庭为基础，以就业社

[①] 历史学家、人类学、经济史学家主要寻找历史现象的解释单位，因此他们对村落、对基层市场、对区域社会比较钟情，对于着眼于当今社会、政治和经济现象解释的政治学、经济学和社会学则更多地寻找新的研究单位解释当前的现象。

会网络为研究对象,建构认识乡村社会、解释乡村关系、考察社会化小农行为的新的研究单位。

1978年以来,乡村发生了巨大变化,农民与社会、农民与市场的关系越来越密切。笔者在湖南、江西、四川、河南、河北等省村庄调查了解到,南方诸省与四川省村庄中平均每2个劳动力就有1个外出打工,北方的村庄每3个劳动力中有1个外出打工。全国常年外出打工的劳动力接近1.15亿,几乎有三分之一的劳动力常年外出打工。现在乡村劳动力、人口分布与生产、生活分离,研究乡村结构和社会关系不能只研究留守村庄的农民,也不能只研究外出务工的农民,这样的研究是"见木不见林",必须用社会化将两者结合起来,通过外出务工者考察劳动力社会配置对乡村及农户的影响,通过留守农民反观外出务工者的乡土性及其传播,把两者连接起来研究乡村社会整体。

1978年以来农民外出务工的不仅越来越多,而且范围越来越广。传统乡村社会,农民为了解决家庭的生计问题,只是为地主做短工或者长工,或者前往集市做一些零工,最多在县城卖苦力,很少有出县、出省谋生的。1978年以后,由于东西、南北经济差距拉大,东南沿海地区率先开放,经济高速发展,需要大量的劳动力。中西部地区的劳动力纷纷"孔雀东南飞",农民出县、出省非常多,出国谋生也屡见不鲜。农民外出打工一般以熟人带熟人、邻居帮邻居的方式进行,这就导致打工者以村庄为单位聚集,在打工地点形成一个村庄务工小聚集地,他们将乡村社会的文化、习惯、生活方式带到了打工聚集地。乡村劳动力外部社会化配置不仅"多""广""远",在乡村劳动力大部分外出的情况下,对乡村及其农民的研究,如果不将外部农民纳入分析框架,则很难对乡村重大问题和有关现象做出更加合理的解释。

一是农户动机与行为问题。恰亚诺夫以家庭农场(生存化的家庭)为单位考察农民的行为和动机,得出的结论是农民追求损失最小化、生存最优化。[①] 斯科特通过考察与中国乡村类似的越南村庄,以村庄为单位得出了农民之间、农民与地主之间的关系是"道义经济",农户追求"安全

---

① [苏] 恰亚诺夫:《农民经济组织》,萧正洪译,中央编译出版社1996年版,第29页。

第一"的观点。① 黄宗智则通过几个村庄的分析得出农民既追求利润最大化,也追求生存最大化。② 但是现在农民生产和生活已经越出家庭边界,走出了村庄、集市、县域、省域边界,再用家庭、扩大家庭、村庄、联合村庄乃至基层市场为单位,根本无法解释农民及其家庭的动机与行为。当前农民既不追求生存最大化,也不追求利润最大化,而是追求货币收入最大化。③ 农民对货币收入的动机与行为,只有从家庭社会化的支出和劳动力社会化收入维度才能够得到更好的解释。

二是城乡关系问题。大量的农民进城务工经商,大量的农民聚集在城市,同时大量的信息带回乡村,大量的资金流回农村,务工经商的农民成为连接城市和乡村的桥梁,也对乡村和城市带来巨大的冲击。对于前一个问题,务工经商农民成为城乡交流的信息载体,劳动力和商品流的载体,更是缩小城乡差距的实践者,要研究城乡关系,研究中国农村的城市化和现代化,不能只研究留在村庄中的农民,而应该以村外流动大军为研究对象,对于偏爱个案实证研究的学者,必须以农户为基础,以村庄为个案,以就业网络为对象才能够更好地解释乡村的发展、村庄结构与城乡关系。对于后一个问题主要体现在,农民进城务工经商所携带的乡村文明的传播以及农民回乡所携带的城市文明冲击,前者导致城市的乡土化,后者导致乡村的城市化,乡土化与城市化的冲突、调解、转化都需要以农民就业的社会化为出发点进行解释,以其为载体进行考察。

三是乡村裂变问题。就业社会化带来家庭、宗族及村庄组织的裂变。农民就业社会化对家庭的影响非常大,几乎改变了家庭的传统生活及伦理。首先改变了家庭,就业的社会化改变了家庭抚养的流程,第一代抚养第三代;改变了家庭中的权力结构,创收者有更大的决策权和选择空间;改变农民婚姻选择范围,跨县跨省婚姻越来越多;改变了家庭劳动力的配置方向,种田的人变成了老、少、妇;改变了亲属关系,常年外出务工经商导致了亲属关系的疏离。其次改变了宗族,就业社会化使宗族对家庭和

---

① [美] 斯科特:《农民的道义经济学:东南亚的反叛与生存》,程立显等译,译林出版社 2001 年版,第 1—6 页。

② [美] 黄宗智:《华北的小农经济与社会变迁》,中华书局 2000 年版,第 5 页。

③ 徐勇、邓大才:《社会化小农:解释当今农户的一种视角》,《学术月刊》2006 年第 7 期。

农民的影响更加式微，外出务工经商的农民很少参加宗族仪式，很少受宗族的束缚，宗族观念也趋于弱化，宗族的村落性开始衰微。最后改变了村庄组织结构。大量年轻的、素质相对较高的农民外出务工经商，乡村权力结构发生了变化，乡村治理也受到了很大冲击，村庄对农户的约束和管理越来越弱，农民的独立性越来越强，农民的权力越来越大。家庭、宗族、村庄的内部裂变都必须将农民就业的社会化纳入分析框架，才能够更好地解释乡村裂变。其实，家庭、宗族和村庄的很多变化都是农民就业社会化的函数。

综上分析，笔者认为要解释当今乡村社会的变化及农民的动机与行为，必须重构研究单位。笔者不反对以农户、村庄、区域和集市为研究单位，但是仅有这些单位无法对乡村社会的变化做出更加合理的解释，只有在上述传统分析单位的基础上，引入就业网络，或者说将农民的就业网络纳入乡村研究框架，重构乡村社会的研究单位，才能更好地解释当今的中国乡村社会，理解农民的行为。具体的操作上，可以将就业网络作为研究背景，也可以将就业网络作为载体，还可以将就业网络作为研究对象，以"点—线"方式或者"点—线—点"的方式作为研究乡村社会的单位，在社会化中发现乡村、解释乡村、研究乡村。

第十四章　超越村庄的四种范式：方法论视角[①]
——以施坚雅、弗里德曼、黄宗智、杜赞奇为例

卢晖临与李雪曾经在《如何走出个案》中对走出个案的研究实践进行过梳理和研究，将走出个案的研究分为四类：超越个案的概括、个案中的概括、分析性概括以及扩展个案方法。他们比较推崇布洛维的扩展个案方法，认为扩展个案方法能够连接宏观与微观、特殊与一般、局部与整体。[②] 中国乡村研究的主流范式是以村庄为研究单位或者研究个案，显然对于个案的村庄研究这个主流范式，也存在一个超越问题。许多学者曾经身体力行，以研究实践回应超越村庄的命题，寻找其他的替代范式。其中四种范式具有代表性，即施坚雅的市场关系范式、杜赞奇的权力关系范式、弗里德曼的宗族关系范式、黄宗智的经济关系范式。

一　施坚雅范式：市场关系

在分析施坚雅范式的革命意义之前，必须先认识村庄研究范式。村庄研究范式主要用以村落为边界的民族志方法，全景式地叙述村民的生产、生活、文化、婚姻、宗族、商贸等经济社会活动和行为。村庄研究范式采取的是共时性分析方法，没有将时间纳入分析框架；村庄研究范式运用功能主义与整体研究方法，以此展现村庄结构及社会关系。按照马林诺夫斯基的说法，"通过熟悉一个小村落的生活，我们犹如在显微镜下看到了整

[①] 本文发表于《社会科学研究》2010年第2期。
[②] 卢晖临、李雪：《如何走出个案》，《中国社会科学》2007年第1期。

个中国的缩影"①，弗思将此村庄社区研究称为"微观社会学"，它是指以小集体或大集体中的小单位作为研究对象去了解其中各种关系怎样亲密地在小范围中活动。费孝通企图通过村庄这类微型社会学的研究，"搜集中国各地农村的类型或模式，而达到接近对中国农村社会文化的全面认识"②，按照刘朝晖的说法，村落社会研究成果主要体现于村落社会的民族志，以及在此基础上抽象出来的"问题意识"和理论对话。③ 费孝通先生在晚年也认识到了村落研究的不足，"'微型社会学'在空间、时间和文化层次上所受到的限制"，"一直想闯出微观的限制走出农村，逐步扩大我的研究范围和层次"④。对此费孝通主张扩展村庄，在数量上，通过村落类型学的方法认识整体中国；在层次上，通过向上提升，以集镇或者小城镇为单位考察乡村社会结构。费孝通先生以自己的研究实践为超越村庄的方法论探索做出了巨大贡献。但是打破村落研究范式垄断地位的，倒不是费孝通，而是美国人类学家施坚雅，他通过对四川集市的研究以及借鉴杨懋春对山东集市系统的研究，提出了"基层集市社区模式"。施坚雅试图通过集市这个承上启下的枢纽打通微观与宏观、经济与社会、底层村落与上层国家之间的"断层"。

1. 微观与宏观的对接。微观与宏观之间的对接是施坚雅首要考虑的问题，他将村落置于不同层级的市场链条之中，试图通过考察市场体系而研究中国乡村社会与结构。他认为，村庄是专指没有设立市场的聚居型居民点，⑤ 施氏根据空间布局理论、数学推演及成都平原的经验考察，认为平均大约18个左右的村庄按照六边形的布局模式构成一个集市，有7000人左右，半径大约是3—6公里，⑥ 其约束是最边远的居民可以不费力气地步行到达集市。这个集市称为基层集市，是功能较为齐全的最底层的市场，集市圈内农民的大部分商品交易能够在集市上得到满足。只有不能满

---

① [英] 马林诺夫斯基：《江村经济》序，费孝通：《江村经济》，商务印书馆1997年版，第16页。
② 费孝通：《江村经济》，商务印书馆1997年版，第314页。
③ 刘朝晖：《村落社会研究与民族志方法》，《民俗研究》2005年第3期。
④ 费孝通：《江村经济》，商务印书馆1997年版，第319、340—341页。
⑤ [美] 施坚雅：《中国农村的市场和社会结构》，史建云、徐秀丽译，中国社会科学出版社1998年版，第7期。
⑥ 同上书，第22—23页。

足的需求或者销售的产品,才会利用比基层集市更高一层的中间市场,中间市场在商品和劳务向上下两方的垂直流动中都处于中间地位。中间市场再往上就是中心市场,在流通网络中它处于战略性地位,有重要的批发和传输功能——输入和输出。① 每个中间市场包括若干基层市场,每个基层市场包容于二三个中间市场,基层市场之间很少有往来。施氏通过空间体系将村庄嵌入集市体系,又将基层市场体系嵌入中间市场体系,中间市场嵌入中心市场甚至更高一级的市场体系,从而以"金字塔式的网络"将村庄与大市场、村庄与大社会、基层与上层联系起来。"村庄细胞"通过不同层级的市场链条和体系与宏观连接起来。施氏认为,基层市场是农民经济活动、社会交往的主要边界,也是商品物流的主要集散地,它负责将村庄与农户连接起来,同时也承担着与外部世界的交流、交换和交易功能。施氏通过空间体系将村庄纳入基层市场体系,同时将嵌于基层市场体系的村庄纳入不同层级的市场链条,从而将村庄与外部宏观市场和社会连接起来,从而在一定程度上实现了微观与宏观的对接。

2. 农民与社会的互动。作为空间体系和经济体系的市场结构,主要探讨空间布局与农户的商品交易行为与市场结构的关系,它是从经济维度探讨村庄的超越问题;作为社会体系的市场结构,主要探讨市场结构与社会体系的关系,它是从社会维度讨论村庄的超越问题。施坚雅认为,"中国的市场体系不仅具有重要的经济范围,而且有重要的社会范围",他将"基层市场体系"所在的社会称为"基层市场社区",它的"社会范围"对于"研究农民阶层和农民与其他阶层之间的关系都值得较大的关注"。他认为,人类学著作将"注意力完全集中于村庄","歪曲了农村社会结构的实际",自给自足的农民社会,不是指村庄,而是基层市场社区,基层市场区域的边界决定农民的社会区域边界。② 农民的婚姻圈、社会交往圈,以及"各种各样的自发组成的团体和其他正式组织——复合宗族、秘密会社分会、庙会的董事会、宗教祈祷会社——都把基层市场社区作为组织单位。职业团体也可能在基层市场社区内组成"。还有农民的娱乐、

---

① [美]施坚雅:《中国农村的市场和社会结构》,史建云、徐秀丽译,中国社会科学出版社 1998 年版,第 7 页。

② 同上书,第 40 页。

度量衡、方言、习惯等在基层市场圈内都大体一致。① 施坚雅认为，乡村社会关系和社会活动都在基层市场体系内形成。对于基层市场体系与社会体系究竟谁主谁次，施坚雅没有明确认定，从他的行文及论述可以发现他的结论：基层市场体系决定社会体系，前者为主，后者为辅。农民的社会活动半径追随经济活动范围，也就是说随着农民经济活动及行为的扩展，农民的社会体系也随之扩展。在农户与国家之外出现了一个独立的"社会"，这个"社会"有自己的"独立性"和"自主性"。② 施坚雅通过对基层市场体系内的社会体系的分析，发现了一个具有独立性、自主性的"社会"，它位于村庄与国家、农民与国家之间，以此作为农民与社会、村庄与社会的桥梁。

3. 村落与国家的衔接。施坚雅在《中国农村的市场和社会结构》中并没有专门讨论国家与乡村政治的关系，但是在作为"社会体系的市场体系"这一部分涉及了村庄与国家、农民与乡绅之间的关系。施坚雅认为，基层市场社区的组织不是由农民控制，而是由有闲的乡绅控制。基层市场构成了一个互动链条：农民—小商人—地方上层—官宦上层，地方上层是"高人一等的家庭"，"在集镇上施行社会控制"，同时他们也是小商人、农民与国家上层官僚接连的"媒介"与"缓冲器"，而小商人是地方上层与农民的连接"中介"，正是这两种捐客将嵌于基层市场的村庄和农民与更大的社会机构、习俗联系起来。③ 施氏通过对基层市场中社会体系和社会结构的考察，发现地主、小商人等地方上层人物控制着社区和村庄，而上层人物又是基层市场与国家接连的桥梁。小商人、地方上层是乡村政治的核心，也是村庄和农民连接国家的媒介。村落与国家通过基层市场社区中的小商人和地主等地方上层人物连接起来，尝试打通乡村与国家的"断层"，建构了村落与国家的连接。从方法论层面讲，在村落中看到了国家，在国家中有了村庄。

施坚雅的基层市场理论影响巨大。黄宗智曾说，"施氏的原意，不过是要矫正人类学家只着眼于小社团的倾向，但是结果几乎完全消灭了他的

---

① ［美］施坚雅：《中国农村的市场和社会结构》，史建云、徐秀丽译，中国社会科学出版社1998年版，第42—49页。
② 同上书，第51页。
③ 同上书，第52—53页。

对手",影响了"一整代的美国史学家"。① 施著的翻译者史建云认为,"施坚雅的市场理论在中外学术界影响巨大,几乎到了凡研究中国市镇史、集市史者都无法回避的程度"②。由此可见其影响。其实,施坚雅范式最大的特点就是以基层市场体系为研究单位,将嵌于基层市场体系中的村落和农民从横向、纵向、制度三个维度延伸,进而将微观与宏观、农民与社会、村落与国家连接起来,试图在方法论上实现从特殊到一般、局部到整体的"惊险跳跃"。同时也必须看到施坚雅范式的不足(不是指施坚雅这部著作的不足):一是将研究视角从村庄提到基层市场,使村庄民族志的研究方法难以实施,村庄内部社会关系与权力结构难以呈现,难以准确完整地认识乡村内部的社会经济和政治关系。二是通过市场层级链条将微观与宏观连接起来,并不能解决个案特殊性与整体一般性的矛盾,因为通过市场层级链条与宏观的连接只是嵌于基层社区的村落与农民的特殊性,并没转化成整体的一般性,方法论的缺陷依然如故。三是以基层市场为基点的上下层连接,既无法发现国家对村落和农民的影响,也无法发现村庄和农民对国家的反应;既没有看见完整的乡村社会,也没有看到国家权力的下沉及乡村建构路径,国家成了"影子人",乡村成了"间接描述者",上层与下层都是"碎片",村落与国家之间的断层依然存在。可以肯定的是,施坚雅范式扩大研究单位,使我们可以从更广阔的范围中清晰地考察农户与社会、村庄与社会之间的关系,为研究中国乡村社会提供了一个新的选择。

二 弗里德曼范式:宗族关系

对于费孝通的村庄研究和村庄类型学研究,弗里德曼曾经进行过批评,不能以村庄研究的数量而"堆积出"一个中国来。③ 他认为,"中国南方的'氏族'与费孝通关于汉人社会的规划不相适合",④ 他反对以村

---

① [美] 黄宗智:《华北的小农经济与社会变迁》,中华书局2000年版,第23页。
② 史建云:《对施坚雅市场理论的若干思考》,《近代史研究》2004年第4期。
③ 刘朝晖:《村落社会研究与民族志方法》,《民俗研究》2005年第3期。
④ [英] 弗里德曼:《中国东南的宗族组织》,刘晓春译,上海人民出版社2000年版,第2页。

庄为单位，主张以宗族为单位研究乡村社会。他告诫，"进行微型人类学研究的人类学家，不要以局部概论全体，或是满足于历史的片断，不求来龙去脉。"① 他的两本有名的著作——《中国东南的宗族组织》及《中国的宗族和社会：福建和广东》就实践这种方法，从而形成宗族研究范式。

1. 以"宗族系统"超越村庄社会。弗里德曼将英国人类学家的非洲宗族模式运用于中国研究，运用世系理论研究中国乡村社会。"家庭是宗族中最小和最基本的单位，每一个家庭都有家长。几个家庭组成一个复合体，每个复合体有首领。几个复合体组成一个房支，每个房支有首领。"② 宗族有不同的规模，可以一个村落有一个宗族，也可能有几个宗族，还可能多个村落构成一个宗族，③ 宗族系统与村庄并不一定吻合，可能大于村庄，也可能小于村庄，经过若干年后宗族系统肯定会超越村庄。宗支首领与宗族首领组成宗族委员会，这个委员会决定宗族的财产分配，组织宗族仪式活动，对抗国家的侵入，与其他宗族争夺水利。宗族本身是超越村庄而存在的，而这些活动也是与国家、社会以及超越村庄的同族交往。因此，以宗族为单元研究乡村社会超越了村庄社会。

2. 以"宗族网络"展示区域社会。弗里德曼将宗族关系置于区域社会的大背景中考察区域社会。"我试图发现片断的材料，将它们集中在一起，建构一个有说服力的、关于福建和广东乡村社会的图景"，"即使我建构的地方宗族的图景与福建和广东曾经存在的宗族不相符合，它至少也是许许多多这类宗族特点的概述。我们可以据此就事实上存在的宗族得出某些结论，做出某些预示"。④ 弗里德曼认为，宗族图景以及宗族之间关系的图景连接起来就能够展示区域社会的特征，而且由于宗族及宗族之间的网络或者宗族的末端触角已经伸展到了区域社会的边界，宗族内部的亲属关系及宗族之间的械斗、合作、联姻等关系共同构成了区域社会。以宗族网络为单位的研究就具有某些区域性的"结论"或者"预示"，不需要通过局部反映整体。

---

① 费孝通：《江村经济》，江苏人民出版社1986年版，第250页。
② [英]弗里德曼：《中国东南的宗族组织》，刘晓春译，上海人民出版社2000年版，第46页。
③ 同上书，第3页。
④ 同上书，第145页。

3. 以"宗族关系"接连国家与村庄。弗里德曼主张宗族自治,并以此建立"国家—宗族分析框架"。他从两个方面进行分析:一是宗族通过入仕的宗族子弟与国家连接。宗族将成为官府官员的男人归为家族成员,"当宗族跨越了宗族和国家之间的桥梁,通过一系列的影响,与官府打交道时,就会有利于宗族的地位",即入仕的宗族子弟在一定程度上成为国家与宗族沟通的桥梁。[①] 二是宗族通过自治、对立与国家连接起来。"中国的官府结构和观念鼓励地方自治","在国家的支持下,地方宗族通常是解决宗族成员纠纷的最大单位",宗族本身不希望国家干预宗族的日常生活。同时,宗族也是抵抗国家侵犯村庄的组织,"正是从 17 世纪清代初期开始,福建和广东的民众显示出他们与新的中央集权的抵抗"。通过与其他宗族、国家之间的"敌对行为","宗族能够一次次地确定其在世界的独立性"。[②] 宗族关系成为国家与村庄之间的媒介,也能够在一定程度上将底层的村庄和上层的国家连接起来。

4. 模型化宗族社会与结论的一般性。弗里德曼将无国家社会才能够存在的宗族关系模型化。他认为,广东、福建及华中地区宗族社会能够存在主要有三个变量:边陲社会、灌溉水利与水稻种植,[③] 即宗族社会是边陲社会、灌溉水利与水稻种植的函数。弗里德曼认为,"具有代表性和典型性相符合的某些东西组合起来构成复合图景",即构成一般性社会,当然他先谦虚然后再肯定自己的研究,复合图景"只有比我所从事的研究更有雄心的作品中,才能够显示这一图景的范围"。他认为自己的目的就是"得出一些关于福建和广东形成社会性质的普遍性结论"[④]。弗里德曼认为,他的宗族社会模式可以解释中国东南沿海地区及华中地区宗族关系、宗族与国家、宗族与绅士、宗族与宗族之间的关系。

弗里德曼的研究得到费孝通、霍尔根、华生等人的称赞,"弗里德曼的持续影响,不仅因为他是一代欧美甚至东亚汉学人类学者的导师,更

---

① [英]弗里德曼:《中国东南的宗族组织》,刘晓春译,上海人民出版社 2000 年版,第 154 页。
② 同上书,第 161 页。
③ 王铭铭:《社会人类学与中国研究》,广西师范大学出版社 2005 年版,第 69—70 页。
④ [英]弗里德曼:《中国东南的宗族组织》,刘晓春译,上海人民出版社 2000 年版,第 161 页。

重要的是他在中国社会的人类学研究中，提出了一个颇类似于库恩所界说的'范式'"[①]。笔者认为，从方法论角度来看，弗里德曼将村庄嵌于宗族关系中，同时又将宗族关系置于区域社区的大背景中考察，避免了小个案与大社区的内在逻辑冲突；又将宗族关系置于国家与村庄之间，或者本身就将村落嵌于宗族关系，建构一个国家—宗族分析框架，从而将国家与乡村社会连接起来；另外他将宗族模式模型化和函数化，在一定程度上使其具有一般性解释能力，使其结论具有了普遍性。

当然弗里德曼的宗族模式也存在方法论的缺陷：一是弗里德曼在批评费孝通的微型社区及其类型学研究不能得出一般性的整体结论的基础上建构自己的地方性范式——宗族模式，但是在方法论层面，他同样陷入了与费孝通一样的方法论困境。从方法论层面讲，将微型社区扩展为宗族关系及宗族关系网络组成的区域社区，也不能得出整体中国的一般性结论，更不能建构以中国素材为基础的一般性理论。二是弗里德曼以宗族关系为载体，将其他有关的因素整合在这一体系中，但宗族关系只是人类社会中的一种关系而已，还有很多因素，如经济因素、社会因素、文化因素等无法纳入这一体系，勉强而为确有以偏概全之嫌。其实在弗里德曼之后，杜赞奇以"权力的文化网络"整合了几乎所有的社会关系。三是模型化的宗族关系也被其他学者的研究证伪，宗族社会并不是边陲社会、灌溉水利与水稻种植的函数，他的一般模型解释不了中国台湾及其他一些地方宗族社会的形成。可以说弗里德曼模式，超越了村庄，但是没有达到国家与宏观社会；走出了村庄，但是没有完全进入"社会"；有超越地方性知识的抱负和雄心，但是没有得到整体性的一般知识。

三 黄宗智范式：经济关系

20世纪80年代，黄宗智企图超越费孝通的村庄范式、施坚雅的基层市场范式。他的研究有别于费孝通全景式的村庄功能研究，也有别于施坚雅以市场为载体的市场理论。黄宗智利用新古典经济学的方法，从农户的经济关系出发考察乡村结构及社会关系。在华北地区，黄氏以日本满铁调

[①] 王铭铭：《社会人类学与中国研究》，广西师范大学出版社2005年版，第55页。

查的 33 个村庄为基础,在长江三角洲同样以满铁调查的 8 个村庄为基础研究区域社会,同时将两个区域的比较上升到整体中国,其研究创造了一种新的乡村研究范式。

1. 经济上的"另一根拐杖":农户与市场的连接。黄宗智认为,明清以来的农村商业化程度比较高,农民与市场结合比较紧密,只不过农民与市场结合是一种特殊的结合模式,就如施坚雅所说"村庄完全结合于大的贸易系统的模式"。① 华北小农有两种方式与市场联系,一是日常生活用品与市场联系——商品市场,二是劳动力与市场联系——劳务市场,"过低的农场收入,反过来又迫使贫农依靠佣工来补充他们的收入"。② 长江三角洲的小农与此有区别,出外做佣工并不是第一选择,主要是利用南方发达的市场经济发展家庭手工业,补充家庭农业收入的不足,"手工业与家庭农业紧密结合,依靠家庭的闲暇、没有市场出路的劳动力而为辅助,而不是替代农业的一柄拐杖"。而且,小农与劳务市场的横向联系,"一直延伸到商品市场、土地市场和信贷市场"。③ 长江三角洲小农不直接进入市场,而是以手工商品的形式间接进入市场。这样,黄氏通过农户剩余劳动力寻找出路的途径,将农户与劳务市场联系起来,进而扩展到其他市场,从而实现了农户与市场的连接,同时超越农户与村庄,突破了方法论的掣肘。

2. 政治上的"三角关系":国家与村庄的连接。在黄宗智以前,对于乡村与国家的关系主要有马克思和韦伯的"附属论",日本学者的"共同体"及"自治论",瞿同祖、张仲礼、费孝通等人强调国家与乡村调和的"绅士论"。黄氏反对"自然村落完全被深入基层社会的国家政权和士绅所控制,结合于上层的体系之内"的看法,④ 同样也不赞成"村庄结合于市场系统与上层社会亲族网"的观点⑤。他认为,"与华北相比,长江三角洲的水利经常涉及国家政权、地主士绅和农民之间的三角关系。"⑥ 他

---

① [美] 黄宗智:《华北的小农经济与社会变迁》,中华书局 2000 年版,第 25 页。
② 同上书,第 305 页。
③ [美] 黄宗智:《长江三角洲小农家庭与乡村发展》,中华书局 2000 年版,第 14 页。
④ [美] 黄宗智:《华北的小农经济与社会变迁》,中华书局 2000 年版,第 14 页。
⑤ 同上书,第 25 页。
⑥ [美] 黄宗智:《长江三角洲小农家庭与乡村发展》,中华书局 2000 年版,第 39 页。

认为,"无论对长江三角洲或者是对华北,我们还必须注意第三个要素:作为士绅——地主制和中央集权国家基础的小农经济。高密度的小农经济是'地主制'的另一面,而附有高密度小农经济的地主制使集权的国家机器成为可能。"小农为国家提供经济基础和军队,士绅为国家提供官员。① 黄氏的"三角关系"将国家与村庄、国家与农民连接起来,在一定程度上实现了微观与宏观的对接。

3. **村庄扩展与区域比较:村庄—区域**。黄宗智采用20世纪30年代日本满铁调查的冀—鲁西北平原的实地调查资料,将33个村庄分成7个类型,以自然村为基线,将类型化的村庄整合成为华北的"镜像",从自然村上升为类型村庄,再从类型村庄到华北区域,再以华北区域来外推整个北中国的乡村经济与社会关系,并回答自己所关心的主题:中国农村的演变型式。不久后,黄宗智同样用8个村庄的资料对中国最发达的长江三角洲进行了研究,他以8个村庄展示长江三角洲的乡村经济和社会关系。从方法论层面讲,黄宗智是想以33个样本村呈现华北地区乡村的特征,以8个样本村呈现长江三角洲乡村的特征,实现从村庄到区域的跳跃。

4. **区域比较与整体归纳:区域—整体**。黄宗智以村庄样本对华北地区和长江三角洲的区域考察并不是最终目标,他要解释明清以来中国出现了商品经济,为什么没有出现资本主义,即为什么有增长没有发展。他在研究长江三角洲时就以华北地区为参照对象,考察两个区域之间的异同。他认为,华北地区经济比较落后,农民以小家庭农业生产+雇工维持小农经济的延续,② 前者以家庭剩余劳动力为基础支撑"内卷化"③;长江三角洲地区经济比较发达,农民以小农家庭农业生产+家庭手工业维持小农经济的延续,④ 前者同样以家庭剩余劳动力为基础支撑"过密化"。最后的结论:家庭化和过密化(或内卷化)支撑了没有发展的中国小农经济。"以过密的小农经济为基础的官僚地主制是华北和长江三角洲的共同处,把这两个本来差异颇大的地区接连到一起,使其成为一个统一的中国和统

---

① [美]黄宗智:《长江三角洲小农家庭与乡村发展》,中华书局2000年版,第330页。
② [美]黄宗智:《华北的小农经济与社会变迁》,中华书局2000年版,第15页。
③ 同上书,第304—305页。
④ [美]黄宗智:《长江三角洲小农家庭与乡村发展》,中华书局2000年版,第14页。

一的国家机器的两大根据地",[①] 试图在方法论层面从区域考察上升到整体认识。

黄宗智以乡村经济关系为核心考察乡村结构与社会关系。他通过劳务关系将农民与市场紧密地联系起来；通过建构国家、士绅与农民之间的"三角关系"将微观与宏观连接起来；同时通过多村庄推测区域特征，再通过区域对比推测整体特征，试图实现局部与整体的连接。在方法论方面，最大的特点是在使用定性研究方法的同时，借鉴定量方法，通过区域比较认识整体，通过归纳与求同获得对总体的了解。

黄宗智范式的根本特点就是以多个村庄为区域样本，然后以样本推断区域，再通过区域比较推断整个中国，村庄—多个村庄—区域—中国是其从个案走向整体的逻辑。这个推断逻辑同样存在方法论的致命硬伤。首先，如果能够按照统计学的抽样调查推断总体还有一定的科学性，但是黄宗智只能够利用日本满铁的材料，样本是否具有科学性值得怀疑，如果样本的科学性不能保证，其结论就会有问题。其实他将33个村庄分为7个类型，又有费孝通的类型学研究特征，前面已经分析过类型学的研究无法从个案、从类型村庄推导出整体的特征。其次，黄氏将两个区域进行对比，期望两个地区构成中国的"两大根据地"，并以占据中国半壁江山的"两大根据地"的对比求同，得到整体的一般结论，同时也期望扩大研究范围逐渐接近整体，就像费孝通企图通过村庄的类型学研究逐渐接近中国整体一样，但是人类学家利奇、弗里德曼的批评同样可以用来批评黄宗智的研究方法。最后，黄氏企图在国家—社会分析框架下建构"国家、士绅和农民"的"三角关系"，将国家与村庄连接起来，实现上层与下层的连接，但是黄氏只是提出这个关系，只是注重士绅与村庄或者说士绅与农民之间权力关系的分析，并没有进行士绅与国家权力交换的实证分析，国家与农民之间的关系可以间接推测：在华北，农民与国家的矛盾要大于农民与地主的矛盾；在长江三角洲，农民与地主的矛盾要大于国家与农民的矛盾。其实，三者之间的权力交换关系研究是杜赞奇完成的。

[①] [美] 黄宗智：《长江三角洲小农家庭与乡村发展》，中华书局2000年版，第330—331页。

四 杜赞奇范式：权力关系

杜赞奇利用日本满铁的惯行调查材料——河北和山东2省6县6个村庄的资料，对20世纪30年代华北地区国家政权建构中的国家与乡村关系进行了考察，他与施坚雅、黄宗智、弗里德曼、张仲礼进行了直接对话，同时也与马克思和韦伯进行了间接对话，在试图避免前人研究方法论缺陷的基础上，建构了独特的阐释模式——"权力的文化网络"，形成一种独特的乡村研究范式。

1. 以"权力"为载体将国家与村庄联系起来。施坚雅的市场理论最大的问题是注重经济权力，但是忽视了政治权力和社会权力，杜赞奇则反其道而行之，以政治权力和社会权力为载体考察国家与乡村社会的关系。杜赞奇发现，国家政权建设与权力下沉实现了两个目标中的一个，乡村控制的目标实现，但是获取财源的目标却不尽如人意。问题在于国家权力下沉过程中，忽略了权力的文化网络，导致了传统精英的流失，保护性经纪人回避村庄政治，赢利性经纪人把持村庄，后者在国家与农民之间双向"玩鬼""欺上瞒下"，通过控制的村庄权力谋取最大化利益。杜赞奇主要考察了国家权力下沉对乡村社会和政治的影响，成功实现了"从上至下"的权力传递与交换，但是杜赞奇对农民和村庄"自下而上"的反应却用力不够。不可否认，杜赞奇以权力为载体考察国家与乡村社会接连起来的目的还是在一定程度上得以实现，就像施坚雅通过市场体系将微观和宏观连接起来一样。杜氏的这一接连在方法论上矫治了传统村落范式无法看见国家的弊端，较为理想地超越了村庄。

2. 以"文化"为载体将农户与社会联系起来。施坚雅的市场理论以基层市场为基础与界定其他社会关系的边界，杜赞奇不认同施氏的市场理论，以婚姻圈、水利圈与基层市场不符为例反驳，认为施氏理论不足以解释其他社会圈层的形成和活动边界。杜氏没有像以前的研究一样以某个具体的空间作为研究单位，如费孝通、杨懋春等以村落为研究单位，施坚雅以基层市场为研究单位，黄宗智以若干样本村庄为研究单位，弗里德曼以宗族为研究单位，杜赞奇借用文化人类学的"文化"概念，将社会各种关系和权力整合起来。他认为，婚姻关系、水利组织、宗族关系、宗教关系、土地租赁关系等以"文化"为内涵将农民、农户与各种"社会"联结起来,农民通过各种"社会渠道"与外界进行交往,国家通过各种"社会渠道"渗透到村庄和农户,特别是国家借用、征用这些"社会渠道"为国家政权建设服务。杜赞奇借用文化人类学的"文化"概念较成功地将农民、农户与社会联系起来,也较为成功地超越了村庄。

3. 以"网络"为载体将特殊与一般联系起来。杜赞奇分别叙述了宗族、宗教、水利组织、庙会等各种社会组织、社会势力的权力以及这种权力与国家权力的关系。传统时期国家利用这些权力维持乡村秩序,国家政权建设时期国家利用这些权力渗透乡村、控制乡村。这些权力是具体的,也是特殊的,而且不同的地方有不同的地方性知识,但是杜赞奇并没有为这些具体的地方性知识所束缚,而是将这些权力赋予"文化"的内涵,将具体的、特殊的权力中本质性的东西抽出来,将其整合到"权力的文化网络"这一解说模式中,从而将特殊的、具体的权力抽象为一般性、普遍的权力,使"权力的文化网络"有了一般性解说功能。他认为,权力的文化网络更具有一般性解释能力,他以婚姻圈和水利组织为例,表明施氏的基层市场理论已经包容在自己的权力文化网络之中。另外,他也间接地表明,弗里德曼的宗族解说模式也包含在其中,他企图以"权力的文化网络"的弹性取代所有的中国乡村研究范式,而且一劳永逸地解决研究空间和规模扩展面临的方法论陷阱问题。杜赞奇借助抽象的手段将地方性知识转化成一般性解说,试图将特殊上升到普遍,实现超越村庄的目的。

4. 以"权力的文化网络"为模型将研究框架化。在杜赞奇之前,对于中国村庄政治运作模式已有不少研究,其中有马克思与韦伯的"附属论",认为中国乡村是附属于城市的,国家牢牢地掌控着乡村社会,村庄精英是国家控制乡村社会的工具,这一观点认为传统中国是"强国家,弱乡村";以旗田巍、平野义太郎等日本学者认为,中国村落是一个共同体,具有独立性和自主性,可以在一定程度上对抗国家,[①]学者称之为"自治论";瞿同祖、张仲礼等学者采取了一种调和的方式,认为中国传统乡村社会既不是"附属论",也不是"自治论",而是一种"乡绅社会",乡绅在国家和

[①] 李国庆:《关于中国村落共同体的论战:以"戒能—平野论战"为核心》,《社会学研究》2005年第6期。

地方社会之间起着中介作用;① 黄宗智在此基础上提出了"国家—乡绅—村庄"的三角解说模式,但是黄氏并没有对自己的解说模式进行实证分析,杜赞奇在黄氏研究的基础上,以"权力的文化网络"建构了自己的解说模型。他认为,乡村社会是国家、乡绅和村庄(包括村民)共同作用的结果。杜氏的解说模型具有方法论的意义,他以这个模型将微观到宏观的三个主体纳入同一分析框架,企图实现村庄与社会、村庄与国家、微观与宏观的连接,既能够进入村庄,又能够走出村庄。

杜赞奇的"权力的文化网络"解说模式受到不少学者的好评。孙立平、郭于华认为,"试图超越西方社会科学研究的思维框架——现代化理论"②,李猛在《从"士绅"到"地方精英"》③、罗志田在《社会与国家的文化诠释》④ 中对杜赞奇的解说模式也给予了较高的评价。在笔者看来,杜赞奇的"权力的文化网络"解说模式提供了一种超越村庄的范式,为乡村研究的学者超越村庄、克服方法论的陷阱提供了更广阔的视野。但其范式不是没有缺点,正如李猛所说,"有关中国社会的理论图景,就只是无数色彩斑斓的有关地方社会的'微型叙事'组成的'镜嵌画',那他很可能错了"。笔者认为,杜赞奇的解释模式至少有三个方面的不足:一是缺少预测性。一个理论的生命除了对历史进行解释外,还要有未来向度,能够对未来具有预测性,但是杜氏理论却没有预测性。二是模糊性。所谓"成也萧何,败也萧何",杜氏的"权力的文化网络"是连接微观与宏观、特殊与一般的工具,特别是它的"包容性"使其变成了一个"框",所有的乡村社会组织、所有的权力都能够往里装,其理论缺少明确的外延边界,有损其解释能力。三是跳跃性。表面上看,杜氏将"微型叙事"组成了"镜嵌画",以网络的形式克服了从特殊到一般的方法论难题,但是他的"文化抽象"与"网络连接"仍然是地方性的知识,从方法论上讲无法上升为一般性结论,方法论的逻辑缺陷依然犹存。

---

① 张仲礼:《中国绅士》;瞿同祖:《清代地方政府》。
② 孙立平、郭于华:《诉苦:一种农民国家观念形成的中介机制》,杨念群、黄兴涛、毛丹主编:《新史学》,中国人民大学出版社2003年版,第505—526页。
③ 李猛:《从"士绅"到"地方精英"》,《中国书评》1995年第5期。
④ 罗志田:《社会与国家的文化诠释》,《东风与西风》,生活·读书·新知三联书店1998年版。

第十五章　如何超越村庄：研究单位的扩展与反思[①]

费孝通的《江村经济》以村庄为研究单位取得了成功，但是也因此饱受批评。究竟选择什么样的单位研究乡村社会，探讨乡村与国家、乡村与社会、乡村与市场之间的关系？对这一问题始终存在较多争论。不少学者以两种不同的方式替代或者超越村庄：一是走进村落，进村入户，在更小的框架中研究乡村社会；二是超越村庄，在更大的系统中研究乡村社会。究竟应该如何超越村庄？在村庄以上的乡村研究单位中，何者为佳？笔者拟在对已有的相关研究进行归纳分析的基础上，提出一种可行的超越村庄的研究方式。

一　集市（镇）系统取向

最先对村庄研究单位说"不"的是美国人类学家施坚雅，他在《中国农村的市场与社会结构》中指出，"市场结构看来具有被称之为'农民'社会或'传统农耕'社会的全部文明特征"，"市场结构必然会形成地方性的社会组织，并为使大量农民社区结合成单一的社会体系，即完整的社会提供一种重要模式"（施坚雅，1998）。施坚雅认为，只有"基层集市"才能完整地展现中国乡村的"文明特征"，集市本身是"乡村体系"，是研究乡村社会的"重要模式"。他据此提出应以基层市场社区为单位超越村庄，"研究中国社会的人类学著作，由于几乎把注意力完全集中于村庄，除了很少的例外，都歪曲了农村社会结构的实际。如果可以说

[①] 本文发表于《中国农村观察》2010年第3期。

第十五章 如何超越村庄：研究单位的扩展与反思

农民是生活在一个自给自足的社会中，那么这个社会不是村庄而是基层市场社区。我要论证的是，农民实际社会区域的边界不是由他所住村庄的狭窄范围决定，而是由他的基层市场区域的边界决定"（施坚雅，1998）。他以集市系统分析"传统社会"和"过渡社会"，考察集市系统的形式及与此相配套的社会关系。在此基础之上他用经验材料检验了其提出的集市系统的假设：传统社会遵循集市系统运行规则，延续了几千年，能够比较平稳地发展；"过渡社会"则以国家建构的形式强制改变集市系统，结果导致了乡村社会的混乱和管理的低效率。

施坚雅提出的集市系统研究单位，打破了以村庄为研究单位的垄断局面，其研究虽然受到了学界的一些质疑，但是也得到了大量的称赞。黄宗智就对施坚雅的研究方法给予很高的评价，"施氏原意，不过是要矫正人类学家只着眼于小社团的倾向，但结果几乎完全消灭了他的对手"（黄宗智，1986）。施坚雅的主要目的是要"纠正人类学主流学派只注重小社团而忽略村庄与外界联系的实体主义倾向"，他的研究影响巨大，"一整代美国史学家，都以为中国的村庄在经济上和社会上高度结合于大的贸易体系"，斯科波尔就是其中一位，他认为，"传统中国共同体的基本单位并非个体村落，……而是包括一组村庄的市场共同体"（转引自黄宗智，1986）。

中国台湾学者对集市（镇）研究有独特的贡献。刘石吉（1987）的《明清时代江南市镇研究》以整个江南的市镇为研究对象，考察了江南集镇专业市场的形成与发展以及太平天国运动后期集市（镇）的变迁。这一著作研究的是抽象的集市（镇），不是具体的集市（镇）系统，也不是以集市（镇）系统为单位研究乡村社会。庆英章（2000）的《林圮埔：一个台湾市镇的社会经济发展史》是以集市（镇）为研究单位的代表性著作，他以时间为经，以社会内容为纬，全景式地考察了林圮埔的生态、经济和社会的发展变化。王明辉（2003）的《白沟现象》以河北省白沟箱包市场为对象，考察了市场兴起的原因。他认为，白沟箱包市场得以形成是历史习惯、制度转换、政府推动、农民企业家及外地商家进入等因素共同作用的结果。在这一著作中，王明辉的研究目标是市场，而不是乡村社会。

20 世纪 80 年代初期，随着农村人民公社的解体和新式乡镇的建立，有些学者开始以乡镇或集市为对象研究中国的基层政权，其中以邹农俭、叶南客、叶克林（1989）的《集镇社会学》最为典型。20世纪90年代以后，以集市（镇）为单位的研究开始繁盛，李正华（1998）以整个华北集市为对象研究乡村集市，出版了《乡村集市与近代社会》。这一研究是传统历史学研究的一种延伸，是对华北集市整体的一种抽象分析，而不是对某个特定集市的具体考察，也不是本文所界定的以集市为研究单位的集市系统。到21世纪初，一些学者开始尝试以具体集市为研究单位。例如，吴晓燕（2008）以四川东部圆通场集市为研究单位，从政治社会学的视角，展现了农民以集市为舞台的文化、经济、政治和社会权力发展演变的过程。吴淼（2007）以江汉平原中兴镇为个案，运用田野调查的丰富资料，考察了国家以行政力量、社会运动改造旧乡村、建构新乡村的过程①。吴毅（2007）以湖北某乡镇为单位，考察了村级组织和农民在复杂的互动结构中博弈共生的过程和状况，再现了乡村结构与社会关系。

以集市（镇）为单位的研究是对以村庄为研究单位的替代，它主要包括四种类型：一是以集市（镇）为系统的研究，其重点主要集中于集市（镇）内部的结构与功能，考察社会经济与政治如何在集市（镇）中有机地融合成一个单位、体系和模式，例如施坚雅、庆英章就是此类研究的代表；二是以集市（镇）本身为目标的研究，只考察集镇或者集市本身，较少延伸到村庄，王明辉、吴晓燕是此类研究的代表；三是以集市为载体，以较大区域为范围考察集市（镇），但并不是对具体集市（镇）的实证研究，这类研究以刘石吉、李正华为代表；四是研究范围是集市（镇），但使用村落的经验材料，只能实现在乡村范围内的"故事"连接，将需要的"事件"连接起来，这类研究以吴毅、吴淼为代表。从实证研究的角度来看，第一类研究注重于集市（镇）内部下层；第二类研究注重集市（镇）内部上层；第三类研究注重更大区域的上层；第四类研究则上下结合，上层主导下层。

集市（镇）研究有其必要性和必然性。费正清（2003）认为，"这个

---

① 考察乡村运动和乡村建构时，对研究单位一般有两种选择：一是以村庄为单位，例如陈佩华、赵文词、安戈（1996）的《当代中国农村沧桑：毛邓体制下的陈村》；二是以乡镇为单位，吴毅的《小镇喧嚣》就是选择在乡镇为单位展开的。

格局可从飞机上看出来——集市社会是蜂窝状的结构,每个市镇周围有一圈卫星村落。旧中国的乡村是个蜜蜂窝,由这些较为自给自足的地区组成。……每个蜂窝就都以一个市镇为中心",他主张,"虽然各村自身不能自给自足,那(么)大的集市社会却既是一个经济单元,又是一个社交世界"。费孝通(2001)将中国人口聚集地分为五种类型:"村庄、有城墙的或驻军的镇、暂时的市场、市镇和通商口岸",他又将镇分为"驻军镇"和"市场镇",前者作为"传统的官僚当局和有钱绅士们驻地",后者是"农民的地方工业和比较发达的商业和手工业的联系环节",两者"交叉重复",有时甚至"集合于一个社区内"。显然,集市(镇)是中国农民的一个聚集单位。以此为研究单位可以较好地考察集市圈与外部市场的交换关系,也可以有效地考察基层行政权力与上层行政权力的交换关系,还能够较好地解释集市(镇)、集市圈与其相吻合、交叉、重叠的其他社会圈层的互动关系。

然而,以集市(镇)为研究单位也有不少弊端。施坚雅面对批评也对基层市场模式进行了反思:市场体系与社会结构并不重合,村庄之上的组织是一个相当复杂的研究课题,市场之下的村际组织有自己的辖界(转引自杜赞奇,2004)。孙立平(2000)认为,以村庄为单位的研究注重乡土性,以集市(镇)为单位的研究注重国家性,两者各有利弊。在笔者看来,以集市(镇)为单位的乡村研究主要有以下三个方面的不足:一是研究单位的扩大,使民族志的研究更难进行,往往会出现以先入为主的结论裁剪经验材料,研究者只选择自己觉得有用的材料,而忽视其他与结论相反的事实;二是以集市(镇)为单位的研究更容易导致过于注重研究集市(镇)层面的经济与权力的交换,而忽视村庄内部本身的结构与关系;三是以集市(镇)为单位的研究有一个假定:内部村庄是同质的,如果集市内部村庄的类型不同,可能会导致研究的内在逻辑冲突。因此,笔者认为,以集市(镇)为单位在研究集市(镇)与上层的权力和物流的交换关系,集市(镇)与村庄的交换关系,集市(镇)与集市交叉、重合的社会圈层关系以及具有内在逻辑关系的集市系统时非常有效,但是,这种方法在研究村庄内部的结构和社会关系、村庄与家庭的关系以及农产的动机和行为时并非特别有效。

二 传统社会网络取向

集市（镇）是乡村研究学者超越村庄的一种选择，但同时还出现了一种批评集市（镇）为研究单位的选择，即"权力的文化网络"。另外，还有在对村庄为研究单位进行批评基础上的另一种选择——"宗族模式"。其后还出现了各种各样的超越村庄的以社会网络为研究单位的选择。笔者将这些研究单位统称为传统社会网络研究单位。

杜赞奇（2004）在批评施坚雅提出的基层市场研究单位的基础上，提出了"权力的文化网络"概念。他认为，文化网络"不能用市场体系或其他体系来概括或取代"，"任何追求公共目标的个人和集团都必须在这一网络中活动，正是文化网络，而不是地理区域或其他特别的等级组织构成了乡村社会及其政治的参照坐标和活动范围"，他反对将市场体系作为研究单位，"市场并不是决定乡村大众交易活动的唯一因素，村民纽带在提供多种服务、促成交易方面起着重要的作用。从文化网络的视角看，是市场体系及村民纽带联合决定了乡村经济交往。不过，网络模式揭示得更为深刻"。婚姻圈与水利圈都不与市场体系重合，"婚姻圈等有着自己独立的中心，并不一定与集市中心重合"，"尽管集镇在闸会的权力结构中起着重要的影响作用，但水利管理体系并不能为市场体系所代替"。因此，杜赞奇认为，"文化网络模式比其他模式更为优越"。文化网络模式吸收了施坚雅的一个观点，他认为，"应找出村庄处于其中的更高一级的范围界线"，这一点十分重要，施坚雅的界线是"市场体系"，而杜赞奇的界线是"文化网络"。杜赞奇认为，村庄与市场并不是解释乡村社会的最好单位，因为婚姻圈、水利圈、庙会、社会组织、大众文化、神话等很多东西的边界并不与市场体系相吻合，而只有权力的文化网络，才具有更好的包容能力和解释能力，才是乡村研究的最适合单位。

人类学家莫里斯·弗里德曼（2000）在批评费孝通村庄类型学研究的基础上提出了"宗族模式"。他认为，"几乎在中国的每一个地方，几个紧密相连的村落构成乡村社会的基本单位"，"中国南方的'氏族'与费孝通关于汉人社会的规划（村落与宗族）不相适应"，微观社区不应以村庄为研究单位，而应以宗族或者继嗣为研究单位，"'支族''氏族'和

'单姓'在这样的背景下，意味着是一个包含男性成员、女性未婚成员以及男性的妻子在内的地方社区"，"宗族之间能够形成群体，不仅因为姓氏相同，而且还以姓氏之间某些传统的联合为基础"。一个村落可能由一个或者几个宗族组成，一个宗族也可能聚集在多个村落。因此，不能以村落为单位来研究中国乡村社会，也不能靠村庄"堆集"组成一个中国整体，而必须以宗族为单位研究乡村，进而通过宗族视角研究宗族与国家、宗族与社会、宗族与村庄之间的关系。

还有学者主张以婚姻圈、祭祀圈等社会圈层为研究单位。日本学者冈田谦（1937）在《村落与家族》中首先提出了这个概念，石田浩（1980）在《旧中国农村中的市场圈与通婚圈》、施坚雅（1998）在《中国农村的市场和社会结构》、杜赞奇（2004）在《文化、权力与国家》、费孝通（1999）在《生育制度》、莫里斯·弗里德曼（2000）在《中国东南的宗族组织》中都有专门的论述，杨懋春（2001）、王铭铭（1997）、阎云翔（1999）、赵旭东（2003）也对此进行过分析。另外，刘大可（2007）、钟晋兰（2003）研究过福建的通婚圈，中国台湾学者林美容（1987）曾经专门研究了台湾的祭祀圈。虽然很多学者都研究了婚姻圈与祭祀圈，但是，其影响都比不上研究基层市场圈、权力的文化网络圈、宗族圈的学者。另外，也有学者主张以水利组织、庙会、秘密组织等为单位研究乡村社会，但是，都没有得到学界的认可和跟进。

总体上看，以市场模式、宗族模式、婚姻圈、祭祀圈、庙会、秘密组织等传统社会网络作为研究单位的确有必要。正如施坚雅所说，"市场之下的村际组织亦五花八门，如结构严密的宗族、水利协会、看青会、政教合一的会社等，不同的守护神及寺庙亦有自己的辖界。这些组织大部分具有多种功能，组织原则也不止一个。"（转引自杜赞奇，2004）杜赞奇（2004）也认为，"联姻圈等有着自己独立的中心，并不一定与集市中心重合。联姻圈与市场范围的关系可作为文化网络中各组织之间相互联结的代表。……水利管理组织代表着另一种类型的联系"。同时，杜赞奇还认为，这些系统使"我们看到历史的变迁过程，亦可看到过程的内部矛盾——国家政权改革了一些体制及行为"。"国家通过这些渠道深入到下层社会"。莫里斯·弗里德曼（2000）认为，这些网络和渠道使考察村庄之间的关系以及村庄与国家之间的关系显得更加清晰。

以社会网络为研究单位对于超越村庄有一定的作用。首先，研究单位按照系统与功能的方式进行选择，能够从总体上把握该系统的运作逻辑，能比以村庄为单位的研究更好地剖析这些网络的特征。其次，以传统社会网络或者渠道为单位能够较好地把握国家、村庄与社会网络的关系，特别是能够更好地解释民族国家建构中国家权力下沉的路径。最后，以传统社会网络为单位可以将宗族、集市、婚姻、祭祀放在更大的区域中考察，可以通过大区域来俯视小网络，通过小网络来理解乡村社会。

不过，以传统社会网络为研究单位也有不少缺陷。第一，学者们企图通过超越村庄的传统社会网络展示、反映"整体社会"的理想化抱负显然难以实现。中国幅员辽阔，试图通过一个小网络或者一个典型的小网络看到"整个中国"显然不现实。第二，学者们企图通过超越村庄的传统社会网络研究得出普遍性结论也不现实，无论是村庄，还是社会网络，只能够得出"地方性的知识"，无法获得普适性的结论。第三，诸多的社会网络究竟由什么决定？究竟哪一个网络起主导作用并决定其他社会网络？学者们对此并没有达成一致意见。如果这个问题得不到解决，就难以以一个圈层来展开对整个乡村社会的研究，也难以通过一个圈层来解释其他圈层的活动。

三　村庄集合取向

学者们超越村庄时首先想到的是扩大村庄数量，通过更多的村庄集合更好地反映中国乡村的整体或者更好地接近整体，以便得出更加一般性的结论。村庄集合取向的研究主要有两种类型、三种方式："分次扩大异质性村庄数量"和"同次扩大同质性村庄数量"进行归纳研究、"同次扩大异质性村庄数量"进行比较研究。

"分次扩大异质性村庄数量"是学者们超越村庄的自然反应，即以全国村庄为经，以时间为纬，逐步地增加不同类型的村庄，以求"接近整体"，最终得出具有普遍解释力的结论。用费孝通（2005）的话说，就是"众出于一，异中见同"。费孝通在以村落为单位的研究受到责难后，提出了"类型学"的研究方法。他主张"解剖麻雀"，"如果我们用比较方法把中国农村的各种类型一个一个地描述出来，那就不需要把千千万万个农村——地加以观察而接近于了解中国所有的农村了","通过类型比较法是有可能从个别接近整体的"(费孝通,2005)。他认为,江村固然不是中国全部农村的"典型",但是仍不失为许多中国农村所共同的"类型"或者"模式",用微型社会学的方法搜集中国各地农村的类型或者模式,而达到接近对中国农村社会文化的全面认识(费孝通,2001)。为了实践类型学研究方法,费孝通寻找不同类型的村庄进行全景式的解剖研究,云南以农业为主的"禄村"、以手工业为主的"易村"、以农业和商业为主的"玉村"都成为他实践类型学研究方法的代表性"样本"(参见费孝通、张之毅,2006)。为了寻找具有代表性、典型性的村庄,费孝通从"江村"到"云南三村",从江村到江苏,再从江苏到全国,从村庄到小城镇,从小城镇到区域社会,从区域社会到全国,几乎跑遍了中国。随着足迹的扩大,费孝通的研究路径也发生了一系列变化。从村庄研究到村庄比较研究,再从村庄比较研究到模式概括与普遍化,可以说是"三个阶段、三种研究、一种方法"。

当然,费孝通的类型学研究也受到了国内外学者的批判。爱德蒙特·利奇对他的批判最具代表性,"在中国这样广大的国家,个别社区的微型研究能否概括中国国情?"(转引自费孝通,2005)另外,人类学家莫里斯·弗里德曼也对费孝通的村落研究及村落类型学研究进行了批评,他认为,即使费孝通能够在20世纪50年代之后仍然坚持在他20世纪30年代的人类学观念指导下进行研究,也不可能离马林诺夫斯基预言的计划更近一些。原因在于"他的领域太狭窄地局限在村庄中"(转引自卢晖临、李雪,2007),他认为,"中国南方的'氏族'与费孝通关于汉人社会的规划不相适应"(莫里斯·弗里德曼,2000)。此外,秦鸣(2007)也指出,费孝通的村落类型学研究存在方法论上的缺陷,不能以村庄的数量"堆积出"一个中国来。

"同次扩大同质性村庄数量"也是学者们的重要选择。在同一次研究中扩大相似村庄的数量,通过研究相似村庄以得出更具有普遍性的结论,或者说通过更多同质村庄的研究接近研究的整体,在一定的程度上属于穆勒所说的"求同法"。"同次扩大同质性村庄数量"比较早的研究当数王沪宁(1991)的《当代中国村落家族文化》,他在全国选择了15个村庄进行村落家族文化研究,并以此"为出发点做广阔的透视,做面的分析",促进对中国社会本身的认识。不过,王沪宁也认识到,以 15 个村庄研究中国乡村社会及其发展,"意义显然不大",但是,他还是希望在"15 个案例的基础上进行分析和归纳",即他希望通过对 15 个同质性村庄的研究,尽量得出比较具有普遍性的结论。

选择"同次扩大异质性村庄数量"的学者也比较多。他们同一次或者同时扩大不同类型的村庄数量,通过比较不同村庄来研究乡村社会,当然,对异质性村庄的研究有求同法,也有求异法,徐勇(1997)在《中国农村村民自治》中选择了不同类型的 11 个村落为研究对象。并以此为基础对中国村民自治进行了制度分析,总结出中国村民自治的规则、程序、标准、类型及运行逻辑。张厚安、徐勇、项继权(2000)选择了不同类型的 22 个村庄为研究对象,企图通过"拼图式"的研究,从不同侧面展示中国乡村治理的整体特征,项继权(2002)通过对中国东部、中部、西部 3 个村庄的田野调查,同时将历史因素引进分析框架,以不同类型的集体经济为背景,考察了 3 个村庄的治理特点、方法以及村治的形成、原因,特别是村治与集体经济的关系。肖唐镖(2001)通过对江西、安徽两省 9 个村组织宗族与村治的调查,考察了村治与宗族之间舶关系。仝志辉(2004)在《选举事件与村庄政治:村庄社会关联中的村民选举参与》中通过对陕西毛村、江西游村、内蒙古隆村和内蒙古平村的调查研究,认为"村庄社会关联"决定着村民的政治参与,村民政治参与是"关联性参与"。用经济学的话说,他认为"村庄社会关联"是村民政治参与的函数,仝志辉也是期望通过对四个不同类型个案村的研究,为中国乡村治理提供一般性的解释和分析视角,上述乡村政治研究著作都是通过扩展不同类型的村庄数量超越村落研究的尝试。企图通过扩展村庄数量,达到认识整体乡村治理特征的目标,通过对异质性村庄的比较分析寻找共同性结论。当然。这些超越村庄的"扩展性村庄"研究并不是真正意义上的"民族志方法"。

人类学者和社会学者也尝试通过扩展所研究的村庄数量来超越村庄。陆学艺(1992)主编的《改革中的农村与农民:对大寨、刘庄、华西等 13 个村庄的实证研究》,通过对 13 个全国典型村庄的调查研究,从社会学的角度考察了转型期的中国农村和农民。这一研究的目标非常清楚,企图通过对 13 个典型村庄的研究就转型期中国农村和农民的特点得出一般性结论。同时也希望通过分类考察农村和农民分化程度的差别,寻找各类村庄转型变异的原因。王铭铭(1997)利用对福建、台湾省2个村庄的田野调查资料写出了"五论"——《村落视野中的文化与权力:闽台五论》探讨民间文化与现代性、权力之间的关系,通过对民间文化的理解反思现代性。"五论"也是通过研究不同类型村庄的民族志,认识东南沿海地区民间文化与现代性、权力之间的关系,即异中求同。王铭铭、王斯福(1997)主编的《乡土社会韵秩序、公正与权威》,期望通过不同作者对不同类型多个村庄的研究,综合考察中国乡村的秩序、公正与权威之间的关系,期望大家围绕一个专题各自研究,整合起来能够对中国乡村的秩序、公正与权威这一对因果关系有较好的揭示。朱爱岚(2004)在《中国北方村落的社会性别与权力》中,以山东省张家车道、前儒林、槐里3个村为例,考察了社会性别与权力之间的关系,揭示了社会性别与权力关系在婚姻家庭、就业、参政、社会组织与网络等诸多私人和社会生活领域的运作与流变。这部著作的特色在于,朱爱岚试图通过社会性别—男性中心主义—乡村政治—国家权力之间的推理链条,实现微观与宏观的统一。

政治学者的多村庄实证研究期望通过多个个案村庄中的日常生活看到国家权力,也即徐勇、邓大才(2008)所说的"日常生活政治";社会学者企图从性别、生活、习惯中看到社会及社会权力;人类学者则期望从宗族、庙宇、习惯、信仰中看到"文化"。虽然三者的研究对象和方法有差异,但是都期望通过对微观社会的田野调查考察权力运作的逻辑。他们使用的方法要么是从多个不同的村庄中发现共同性,要么是从同类的村庄中发现异质性,并通过将日常生活、微观社会中的权力向宏观延展,实现从微观到宏观、从特殊到一般的跳跃。

其实,将一个村庄扩展为多个村庄,不管是同类村庄。还是异类村庄,不管是求同法,还是求异法,从方法论的角度来看,始终无法从有限的村庄个案推导出总体村庄特征,即使村庄再多也无法解决方法论缺陷,100个、1000个村庄都无济于事。孙立平(2000)将此归因于"本土性视角"与"国家中心论视角"的对立,或者说"乡土性模式"与"整体性模式"的对立,主张干脆放弃村落或者扩展村落的研究,转而利用"过程—事件法"将微观与宏观、个人与事件连接起来,避免研究单位带来的方法论缺陷。李培林（2004）将其方法论缺陷归因于雷德菲尔德提出的大传统与小传统的对立，为了避免村庄或者扩展村庄研究的方法论缺陷，他主张建立一种关于中国村落终结的具有普遍解释力的理想类型。为"超越实证社会学"，他塑造了"羊城村"这个理想类型，努力把实例"一般化"，追求"更普遍的解释力"和"更广泛的对话能力"。

四 区域社会取向

以集市（镇）系统、村庄集合与传统社会网络超越村庄，都没有完全跳出方法论陷阱，有些学者特别是历史社会学者、历史人类学者和历史经济学者就将乡村研究范围再次扩大，从"区域社会"的角度研究乡村结构及其社会关系，而且大多数学者都接受克利福德·吉尔兹（2000）的"地方性知识"观点[①]，不主张得出整体性的、一般性的结论，只获取"地方性知识"。当然，也有一些学者企图通过扩大研究范围，接近总体而得出更具有一般性的结论。

区域社会研究取向以美国学者黄宗智、马若孟、杜赞奇等人为代表[②]，他们利用日本"南满洲铁道株式会社"（以下简称"满铁"）的村庄调查资料进行研究。由于这些研究是利用调查文本进行的再研究，不能算作真正的田野调查，用徐勇的话说是"中国调查在日本，中国研究在美国"。[③] 黄宗智（1986）利用日本"满铁"的调查资料对华北的13个村庄进行研究，出版了《华北小农经济与社会变迁》。他认为，明清以来中国农业有增长，但没有发展，即长期处于内卷化状态，是没有发展的增

---

① 克利福德·吉尔兹强调知识产生和赖以存在的社会条件、区域环境以及特定的情境。相对于人们对普遍性知识的热衷，他更重视知识的地域性与文化特质，不主张得出具有普适性的结论。

② 在此，笔者认为杜赞奇与施坚雅所采用的研究单位，有别于区域社会研究单位，应当属于社会网络研究单位的范畴。在笔者看来，与区域社会研究往往以一个或多个县甚至几个省为单位不同，杜赞奇与施坚雅所采用的研究单位，其范畴虽然要略高于村庄，但是尚没有区域社会研究的研究单位那样大，在规模上两者存在较大区别。因此有必要将杜赞奇与施坚雅的研究单位归为社会网络研究单位来进行考察。

③ 徐勇教授在与华中师范大学政治学理论、政府经济学2006级博士生进行讨论时提出的观点。

长。不久之后，黄宗智（2000）通过对长江三角洲 8 个村庄的研究，并将此与华北的村庄进行对比，再次检验了以华北村庄为经验得出的结论。不过，他并不局限于"地方性知识"和区域性结论，他期望通过对华北的研究以及对长江三角洲与华北的对比研究，抽象出解释明清以来中国乡村发展的一般性结论。

与黄宗智一样，美国学者马若孟（1999）也利用了日本"满铁"的《中国农村惯行调查》资料来展开自己的研究，他也同样选择了河北省沙井村和北柴村、山东省冷水沟村和后夏寨村为研究对象。他得出了与当时中国的主流观点相反的结论：中国农村经济关系与当时农村最基本的问题没有关系，农业技术及政府支持不足是中国农村崩溃的原因。马若孟希望通过对 4 个村庄的研究得出区域性结论，特别是揭示华北地区乡村社会经济关系，并希望通过与其他华南研究、中国台湾研究进行区域对比，修正或者启发对中国乡村问题的研究，从整体上展现 20 世纪 20 年代至 30 年代中国农村结构及社会经济关系。

历史人类学者和历史社会学者也使用区域研究的方法，只不过他们研究的区域跨度比较大，可能是一个村，也可能是一个县，还可能是一个更大的区域甚至数个省。周锡瑞（2005）的《义和团运动的起源》就是以鲁西南、鲁西及鲁西北为比较研究单位，考察义和团在鲁西北起源的原因。在这一研究中，他非常熟练地使用了区域研究方法及生态—行为研究方法。裴宜理（2007）在《华北的叛乱者与革命者》中以淮河中下游的河南东部、安徽北部为研究单位，探讨贫穷农民、富裕农民以及受中国共产党影响下农民的行为及其模式时，使用的也是区域研究方法与生态—行为研究方法。运用同样的研究方法，彭慕兰（2005）的《腹地的构建：华北内地的国家社会和经济（1853—1937）》以京杭大运河鲁西段及其附近地区为研究区域，认为腹地的衰落有很大的人为因素的作用。

葛学溥（又名 Daniel Harrision Kulp，1925）、科大卫（2004）、萧凤霞（又名 Helen F. Siu，1989）、陈春声（1992）、刘志伟（1997）、周大鸣（2006）等也以华南地区为单位研究乡村结构和社会关系，形成了所谓的"华南模式"。"华南模式"的创始人葛学溥通过 20 世纪 20 年代对广东凤凰村的三次调查研究，出版了《华南的乡村生活——家族主义社会学》（转引自周大鸣，2006）。萧凤霞（1989）的《华南的代理人与受害者》以乡、镇、村为个案展开研究，也是以不同的单位考察乡村社会的变化。这一研究认为，通过国家建构，乡村已经"细胞化"，成为国家控制乡村的行政单位。周大鸣（2006）通过对凤凰村的回访追踪，出版了《凤凰村的变迁》，全景式地描述了凤凰村几十年来政治、经济、文化和社会各方面的变化，回应了自葛学溥开创"华南模式"以来有关华南汉人社会研究的一些关键问题。另外，陈春声（1992）、刘志伟（1997）等以及郑振满（1992）也在宗族与国家、村落与国家、国家与社会等方面进行了专门研究。他们以村庄为基础，以华南地区或者广东省为范围，以日常生活及其文本、访谈资料为内容，研究了国家与乡村社会之间的关系。华南学派并没有企图通过对村庄或者对华南的研究呈现总体中国乡村的野心，而（只）是展现华南的乡村结构与社会关系。

曹幸穗（1996）以苏南地区的代表村庄为研究单位、以村中的农产为分析对象的《旧中国苏南农家经济》，同样借助于日本"满铁"在华东地区5县11个自然村的村庄调查资料，探讨了苏南地区农村经济关系，特别是土地占有关系与商品关系。这一研究的立足点是"代表村庄"，所得出结论的范围却是苏南地区，同样存在以个案推测总体、以特殊推理一般的问题。秦晖、苏文（1996）以关中地区为研究区域，通过分析关中地区经济关系，在得出"关中模式"的基础上提出了一个石破天惊的结论：关中没有地主。这一结论几乎颠覆了所有的"革命叙事"及主流话语。

以区域社会为单位的研究主要集中在与历史有关的学科，例如历史人类学、历史社会学及经济史学。这些研究以一个区域为研究范围，以村庄为基础，以农产及农民的行为为内容，企图通过对农民与村庄的研究呈现区域社会的"地方性知识"，在与对其他区域社会的研究进行对比的基础上，建构自己的区域研究理论与分析框架，并以此来解释区域社会中的问题和特殊现象。区域社会研究一般有三种路径：一是农民或农产—村庄—区域社会；二是将村庄或者农民置于区域社会的背景中考察，从村庄观察区域社会，从区域社会反观村庄；三是区域社会—村庄—农产或者农民，其目的是超越村庄，建立研究对象、内容与区域之间的关联。虽然以区域社会为单位的研究以国家—社会为分析框架，通过对区域以及区域内村庄的描述与分析，以独特的视角较好地呈现了国家与区域社会、国家与村庄之间的关系，但是，它们没有达到可以解释整个中国乡村的宏观理论和普适性规律的目标。另外，虽然区域社会研究单位的确立，扩大了研究空间，可以将更多的问题、更多的变量、更大的背景、更大的社会系统整合进研究框架，但是，从方法论的角度来看，从微观到宏观、从特殊到一般、从局部到整体的推理、推测仍然没有跨越"休谟的铡刀"鸿沟。

五 立体网格模式取向

集市（镇）系统研究模式、村庄集合研究模式、社会网络研究模式及区域社会研究模式的提出，都是学者对村庄研究进行反思的结果，也是学者试图超越村庄研究单位的自觉行为。其中，村庄集合研究模式是横向的村庄扩展，通过增加个案村庄数量来研究中国乡村社会，企图通过村庄扩展接近中国乡村的整体。其他三种研究模式则是通过纵向扩大研究空间，以求增加研究区域的容量，使研究结论具有更大、更强、更广的解释能力。四种研究单位的调整和选择的确能够更有效地解释中国乡村社会，有助于看到一个更加真实、完整的乡村社会。但是，四种超越村庄的模式仍无法逃脱村庄研究"方法论的魔咒"：一是个案与整体之间的关系，即如何通过个案的特征展示整体的特征；二是微观与宏观的关系，即如何通过微观研究解释宏观问题；三是特殊与一般的关系，即如何通过特殊案例得出一般性的结论。

对于"方法论的魔咒"，经济学者和社会学者企图通过严格的抽样调查，以科学的统计方法实现从样本到总体、从特殊到一般、从微观到宏观的跳跃。这一研究方法得到了实践的一定程度的检验，能够在一定程度上实现以上三个跳跃。但是，以抽样调查来研究总体的方法，其客观性同样受到了许多学者的质疑：一是抽样的严格性；二是抽样的代表性；三是统计分析的科学性。这三方面的要求严格限制了以统计抽样反映总体特征的有效性。

统计抽样能够在一定程度上超越村庄固然可喜，但是，这并不在本文讨论的范围内。本文重点讨论质性研究、案例研究，即如何在质性研究和案例研究的基础上打通乡村研究的"三大断裂"，即局部与整体、特殊与一般、微观与宏观的鸿沟。最近一段时间，学者们从方法论的角度提出了不少解决途径：孙立平（2000）提出"过程—事件法"，李培林（2004）提出"理想类型村落法"，杨念群（2001）提出"跨区域社会的逻辑"、中层理论，邓正来（1997）提出国家—社会分析框架。此外，徐勇（2009）还试图在村庄社会中寻找国家、在国家视野中发现村庄社会，即将村庄中的国家与国家中的村庄结合起来，打通微观与宏观间的断层。不过，这一方法并没有解决特殊与一般的关系，也没有解决村庄与社会和市场的关系。

　　针对中国小农的市场化、社会化，笔者试图在邓正来（1997）、徐勇（2009）的基础上提出一种新的分析单位——"立体网络模式"，即在国家与市场、国家与社会、农户与市场的分析框架下，以村庄为基础，以权力为载体将自上而下与自下而上的视角结合起来，以社会化为内容将从内向外与从外向内的视角结合起来，以乡村结构为线索将从夕到今与从今到夕的视角结合起来，全方位考察乡村社会。概括起来，就是从时间、空间与制度三个维度来研究乡村社会。在时间维度方面，将时间纳入乡村研究范畴，避免传统村落研究共时性方法看不见历史的弊端，避免历史研究没有当代的不足，将村落或者事件放在历史长河中进行纵向考察；在空间维度方面，将空间即农产和农民的市场化、社会化纳入乡村研究范畴，将村庄置于市场化和社会化的背景中进行横向层面的考察；在制度维度方面，将国家及政府官僚层级纳入乡村研究范畴，将村庄研究置于国家权力的链条层级中进行垂直纵向考察。在"立体网络模式"下，时间维度考察村落过去与现在的文化交换，空间维度考察村落内部与外部的经济交换，制度维度考察乡村底层与国家上层的权力交换。这样，这一模式就以立体的方式将宏观与微观、一般与特殊、整体与局部连接了起来，进而超越了村庄而又能避免方法论陷阱（邓大才，2009）。

第十六章　概念建构与概念化：知识再生产的基础[①]
——以中国农村研究为考察对象

著名经济学家熊彼特将理论建构程序分为三个步骤：洞察阶段、概念化阶段及模型建构阶段。[②] 徐勇教授在分析中国农村实证研究的问题时也指出中国农村实证研究最大的问题是概念建构和概念化的能力比较低。[③] 概念是建构理论的基础，没有概念就难以形成理论。正如马太·杜甘所言："概念向来被认为是知识的基础。"[④] 康德则认为，所有的知识都来自微妙的自觉与概念之间不可分解的连接。显然，概念是知识生产和再生产的基础。本文拟从发生学的角度考察中国农村研究中的概念建构和概念化的途径。

一　抽象事实建构概念

概念是所有同一基因的客体的表征。概念来源于事实，也是对事实的

[①] 发表于《社会科学研究》2011年第4期。本文的写作源于徐勇教授的指导，他认为研究最重要的是建构概念，这种概念既与众不同，又具有解释功能，而且还能与其他概念商榷，发展其他概念。在徐勇教授指导后，我就想写一篇有关中国农村研究中概念建构的文章。当我看到熊彼特关于知识生产的三个阶段后，促使我下笔将一些思考整理出来。

[②] ［奥地利］熊彼特：《经济分析史》第1卷，陈锡龄、朱泱、孙鸿敞译，商务印书馆1996年版。

[③] 徐勇教授在与笔者讨论中国实证政治学研究时的观点。

[④] ［法］马太·杜甘：《国家的比较：为什么比较，如何比较，拿什么比较》，文强译，社会科学文献出版社2010年版，第27页。

抽象。"概念是抽象的思想，将特征延伸到所有同类的客体上。"① 概念必须立足于事实，它是对事实的概括、提炼和抽象。要形成概念需要观察，需要对事实整体的认识和把握。但是仅有观察不足以形成概念，需要研究者将观察的事实进行综合、抽象并予以表述，"即便是最具体和最个人化的知识也是通过概念抽象得来的"②。概念化是知识生产的机制，也是知识生产的基础。

中国农村研究的学者对事实、实践描述得多，但是概括得少；叙述得多，但是提炼得少；分析得多，但是综合得少。没有将观察到的事实通过思维活动予以概念化。从事实中抽象生成概念不借助于其他的工具，不进行对比，也不进行类型化或结构化，而是根据观察者对事实的把握进行概括、提炼、综合，生成新的概念。费孝通先生是概念化的大师。费孝通先生的概念化有比较概念化，但是更多的是对事实进行抽象予以概念化。事实抽象生成概念可以分为三类：

1. 对事实进行静态描述概括，即通过对事实整体及其结构的把握进行抽象，概念内容与事实之间具有一定的一致性。如"差序格局"的概念，就是费孝通先生对汉人社会个人与社会关系的一种事实概括，即个人在社会中的地位及与其他人的关系就如石子丢在水面上荡起的波纹一样，每个人就是波纹的中心，波纹一层层向外推，与中心最近的人，关系最密切，与中心最远的人，关系最疏远。③ 差序格局既是一个描述性的概念，也是一个理解性的概念，它比较准确地将个人与社会之间的关系描述出来，而且也能够用这个概念工具理解个人与社会的关系。梁漱溟先生把中国古代社会结构概括为伦理本位、职业分途，也是对中国社会结构的一种描述性概括。④

2. 对事实进行综合概括，也就是对观察到的事实、实践"起个名字"或者"戴顶帽子"。综合概括的目的不在于概括出与事实一致性的概念，而是要对这类事实"符号化""戴帽化"或者说"名称化"，以将此类事

---

① [法] 马太·杜甘：《国家的比较：为什么比较，如何比较，拿什么比较》，文强译，社会科学文献出版社2010年版，第14页。
② 同上书，第31页。
③ 费孝通：《乡土中国》，上海人民出版社2006年版，第21页。
④ 陈来编：《梁漱溟选集》，吉林人民出版社2005年版，第6页。

实与其他事实区别开来。对事实的静态综合概括又可以分为宏观的概括和局部微观的概括。宏观的概括则是对整个国家、社会、市场特征的一种概括，如马克思将传统中国政治经济体制概括为"亚细亚生产方式"。魏特夫将中国概括为"水利社会"。费孝通先生把中华民族的关系概括为"多元一体"。微观的概括则是对局部的事实、局部的结构和局部的现象进行概括和提炼，如费孝通先生通过对温州、江苏南部工业化的调查研究，将两地的乡村工业化模式概括为"温州模式"和"苏南模式"。魏特夫将中国南方的村庄社会概括为"宗族氏族主义"。[1] 萧凤霞认为，公社化时期的村庄是国家控制农村的"细胞化社区"。舒绣文将传统经济时期的村庄形容为"蜂窝结构"。[2] "温州模式""苏南模式""宗族氏族主义""细胞化社区""蜂窝结构"都是学者们通过对局部事实的观察而进行的概括和提炼。

3. 对行为进行动态概括，即通过对行动或者行为的观察进行抽象，以使概念与事实、行为具有一致性。动态化是概念化的重要环节，概念只有从静态走向动态，其描述功能、理解功能、解释功能才会更强大。如"礼治秩序"，就是费孝通先生对"农民对传统规则服膺"的一种提炼和概括。"无讼社会"是对乡土社会农民以"礼"和"传统"来调解纠纷而不诉诸法律的事实和行为的概括。[3] 还有"长老统治""无为政治""双轨政治"是对乡土社会治理方式的一种概括。[4] 张仲礼、瞿同祖将中国乡村社会描绘为"士绅统治"的社会。张厚安、徐勇教授将改革开放后中国乡村的政治制度概括为"乡政村治"。从上面的分析可以发现学者们对中国农村社会事实的概念化抽象主要有三种方式：一是对事实进行静态的描述性概括，这种描述性概括不借助外部工具，而是只运用逻辑思维进行提炼和创造，概念与事实之间有较强的一致性。二是对事实进行动态的综合性概括，这种综合性概括又分为两类：宏观性概括和局部性概括。

---

[1] ［英］莫里斯·弗里德曼：《中国东南的宗族组织》，刘晓春译，上海人民出版社2000年版。第2页。

[2] 郭正林：《中国农村研究的理论视野》，徐勇、徐增阳主编：《乡土民主的成长》，华中师范大学出版社2007年版，第522页。

[3] 费孝通：《乡土中国》，上海人民出版社2006年版，第45—46页。

[4] 同上书，第49—53页。

概括的目的不在于将事实的特征表征出来，也不追求概念与事实的一致性，而是将事实符号化、帽子化。三是对行为进行动态概括，这些行为包括群体、个体的行为，也包括行动者之间的互动行为，行为与概念之间有一定的一致性。从事实中进行概括、提炼对抽象思维的要求程度比较高，难度比较大。

总体而言，与事实具有一致性的概念，其可靠性、有效性和预测功能相对较强。正如杜甘所言，社会科学家"不管多么抽象或者概括，保持一致性的才是最有个性的""不断修正假设以形成具有可操作性的概念，导向实际应用的有效性，而不是形成哲学上一致性的抽象美"[1]。另外，概念化是有层次的，"概念化可以在多个层次上进行"。越抽象，越容易忽视事实。"高度抽象地说，它们常常忽略了情境研究关注的那些事实，情境研究则忽略了大规模或长期现象。"[2]

二 借用移植建构

从事实中抽象形成概念是制造概念的最重要途径，但学者们也借助其他学科的概念，将其移植过来理解事实，解释现象，建构理论。移植概念不在于概念表征与事实之间的一致性，而在于概念表达的意思与事实之间的一致性，即可以忽略概念的词源以突出借用如何孕育了想象力。[3]

概念借用与移植比较著名的是达尔文从自然界的进化论移植到人类社会，建构了"社会进化论"。韦伯是概念移植大师，他将戏剧的"角色"赋予社会学意义，将基督教的"卡里斯玛"赋予政治学意义。马林诺夫斯基和布朗借用医学的概念——结构与功能，建构了"结构主义"与"功能主义"的概念。政治学家伊斯顿借用医学和生物学的概念建构了"系统政治理论"。学者们对中国问题的研究也借用其他学科的概念，用以理解和解释事实。

对于中国问题的研究，借用其他学科概念比较成功的是黄宗智，他借

---

[1] ［法］马太·杜甘：《国家的比较：为什么比较，如何比较，拿什么比较》，文强译，社会科学文献出版社2010年版，第24页。
[2] 同上书，第74页。
[3] 同上书，第7页。

用吉尔茨的"过密化"概念。吉尔茨在研究爪哇地区时，宣布发现一项惊人的事实：爪哇地区人口稠密，水稻田和甘蔗田之间存在某种相互依赖的结构性关系。爪哇群岛地区的水稻产量在劳动生产率不变的情况下，会随着劳动力投入再增长，换言之，即是在提高边际报酬率递减的单位工作日条件下扩张总数量。① 吉尔茨将此现象概括为"过密化"。黄宗智通过研究满铁调查的资料，发现华北地区经济有增长但没发展，原因是中国农村已"过密化"，即随着劳动力投入，家庭产量会继续增长，但是劳动的边际报酬递减。② 黄宗智借用吉尔茨的"过密化"概念来解释明朝中期以来中国农村发展的情况。为了证明自己的观点，黄宗智又对长三角的农村发展进行研究，发现长三角也存在"过密化"问题，在研究长三角的小农家庭时，黄宗智将"过密化"译成"内卷化"，从此后"内卷化"概念引起了国内外学者的讨论。③

杜赞奇也通过借用概念来解释中国政权下沉带来的效率问题。他通过对1900—1942年华北乡村的个案研究，提出政权"内卷化"④ 和"经纪人统治"概念，且将"经纪人"概念分为"赢利性经纪人"和"保护性经纪人"。⑤ 如果说"内卷化"是对人类学概念的借用，"经纪人统治"则是对经济学概念的借用。

施坚雅通过借用地理学的概念来建构概念及其模式。施坚雅模式的三个核心概念均借助于其他学科。一是"中心地"概念，就是借助地理学家克里斯塔勒和罗希的《德国南部的中心地》，用来分析中国乡村社会农民的活动区域和边界，在此基础上构造出了中国农村市场的等级序列和体系。⑥ 二是"等级—规模"概念，施坚雅借用哈佛大学济弗教授的"等级—规模"概念建构他的宏观区域理论，并利用这个分析性概念将中国

---

① 王达嘉：《吉尔茨农业内卷化理论与强迫种植制度关系之新研究：以爪哇地区为例》，《亚太研究论坛》2004年第6期。

② [美]黄宗智：《华北的小农经济与社会变迁》，中华书局2000年版，第161页。

③ [美]黄宗智：《长江三角洲小农家庭与乡村发展》，中华书局2000年版，第13—14页。

④ [印度]杜赞奇：《文化、权力与国家：1900—1942年的华北农村》，王福明译，江苏人民出版社2004年版，第180页。

⑤ 同上书，第50—51页。

⑥ [美]施坚雅：《中华帝国晚期的城市》，叶光庭等译，陈桥驿校，中华书局2000年版，第243—252页。

分为相对比较独立的九大区域。① 三是"核心—边缘"概念，② 施坚雅利用地理学的"核心"和"边缘"概念，建构了一个组合性的概念——"核心—边缘"，③ 用来分析区域"中心地"和"边缘地"之间的经济、社会和政治关系。

显然，学者们的借用与移植概念主要有以下方式：一是直接借用，即将机制、意义相同的概念直接借用过来。二是改造借用，即将其他学科的概念通过改造后借用。借用来的概念都根据新学科的情境做出一些改动。三是组合借用，将其他学科概念组合成一个新概念，即将单个概念移植过来然后进行组合，变成一个组合概念。

三 比较研究建构

社会学家杜甘认为，人类的思想在本质上是比较的，知识可以通过参照系获得，换句话说，比较不仅是获取知识的途径，也是接近科学方法的唯一途径。④ 显然，比较也是制造概念、生成概念的最好方法。

马克斯·韦伯是比较大师，通过比较制造了不少描述性、理解性、分析性和解释性的概念。韦伯通过对中国的基督教文化、儒家文化、印度文化的比较提炼出了"新教伦理"的概念，他通过神圣化和世俗化的对比，提出了"社会化"的概念，通过对中国城市的研究，提出了"行政性城市"的概念。默顿通过宏观叙事与微观个案研究优劣分析，建构了"中层理论"的概念，以此与宏观叙事和微观研究相对应。吉尔茨通过对巴厘岛观察并对比欧洲社会，提出了"剧场政治"的概念，以此与"官僚政治"相对应。⑤ 萨义德通过对欧洲中心主义或者种族主义的观点对比，

---

① ［美］施坚雅：《中华帝国晚期的城市》，叶光庭等译，陈桥驿校，中华书局2000年版，第274—275页。

② 同上书，第3页。

③ 同上书，第256页。

④ ［法］马太·杜甘：《国家的比较：为什么比较，如何比较，拿什么比较》，文强译，社会科学文献出版社2010年版，第52页。

⑤ ［美］吉尔茨：《尼加拉：十九世纪巴厘岛剧场国家》，赵丙祥译，上海人民出版社1999年版。

提出了"东方主义"的概念。[①] 通过各种对比，滕尼斯建构了"社区"和"社会"、雷德菲尔德提炼出了"大传统"和"小传统"、涂尔干概括出来"机械团结"和"有机团结"、派克提出了"共识"和"共生"等对比性概念。中外学者对中国社会和农村的研究中也有不少概念通过比较建构。以比较为工具建构概念主要有如下途径：

1. 通过对比制造概念。即对研究单位的比较制造概念。费孝通的《江村经济》以村落为研究单位，揭示中国乡村社会的经济社会关系。施坚雅认为，中国乡村社会并不以村落为主要活动领域，而是高于村庄的基层集市；农民活动的边界并不是村庄边界，而是"基层集镇""中心市场体系"，[②] 进而创造"集市理论"和"集市圈"的概念。弗里德曼也认为，村庄并非联结国家和农民的组织，宗族才是两者的中介，因此提出了"宗族组织"的概念，并以此与国家、秘密组织进行对比。杜赞奇既不赞成社区论，也不同意宗族论、区系论，同时通过比较婚姻圈、水利圈、秘密社会圈等，提出了"权力的文化网络"概念。从社区论、宗族论、区系论到权力的文化网络，这些概念都是研究者通过对比而提出的概念。

2. 通过类型化生成概念。类型化也是制造概念的重要途径，"门类属于经验的范畴，而类型则属于概念的范围"、类型化"创造了必要的概念，提供了调查的导向"。[③] 而且马太·杜甘还认为，类型学是生成概念的最好工具，"没有比一个恰当的类型学更好的概念生成工具"[④] 韦伯是类型学的创始人，他将权威或者统治分为三种类型：合法性权威、传统性权威和魅力性权威，其中魅力性权威又称为"卡里斯玛"。[⑤] 韦伯通过将权威和统治的类型化研究创造了三个概念，其中最著名的是魅力性权威或卡里斯玛。马克思将社会发展形态分为五个类型：原始社会、封建社会、

---

① [美] 萨义德：《东方学》，王宇根译，生活·读书·新知三联书店1999年版。
② [美] 施坚雅：《中国农村的市场和社会结构》，史建云、徐秀丽译，中国社会科学出版社1998年版。也有学者将中心市场体系和基层集镇等概念概括为集市圈、区系论。
③ [法] 马太·杜甘：《国家的比较：为什么比较，如何比较，拿什么比较》，文强译，社会科学文献出版社2010年版，第55页。
④ [法] 马太·杜甘：《比较社会学》，李洁译，社会科学文献出版社2006年版，第28页。
⑤ [德] 韦伯：《经济与社会》（上卷），林荣远译，商务印书馆1997年版，第241页。

资本主义社会、社会主义社会和共产主义社会，他通过对社会发展形态的类型化创造了五个概念，当然有些概念是马克思借用的其他学者的，但是通过类型化生成了概念体系。黄宗智通过对中国农村的研究发现，中国传统社会除了国家与社会外，还存在一个"第三领域"，在这个领域中，国家和社会均参与其中。黄宗智通过对传统中国社会的类型化研究，提出了"第三领域"的概念。[①] 中国学者主要是借用西方的概念理解和解释中国实践和经验，概括、提炼新概念比较少，通过类型化生成概念更少。近年来有些学者，如邓正来、徐勇、孙麾等已经意识到了概念生成对于建构立足于中国本土的理论的重要性，开始呼吁和尝试通过类型学制造概念。徐勇教授通过对中国国家建构历史的梳理，提出了一系列国家整合、建构乡村社会的概念，如政权下乡、政党下乡、行政下乡、政策下乡、法律下乡等[②]，这些概念也是通过类型建构的，它充实和完善了国家建构理论的内容和途径。

另外，比较建构概念还有两个途径：一是通过反事实建构概念。所谓反事实推理就是使个体或事件真实状态与假设的、希望的理想状态进行比较的过程，通过反事实推理或者反事实的对比也可以制造概念。二是通过理想化情境的描述和概括同样可制造新的概念，也就是韦伯所说的理想类型。韦伯的"理想类型"概念就是此方法的具体运用，"每一个个别的理想类型都是由类概念成分和作为理想类型形成的概念成分组成的"，它是"许多现象所共有的种种特征的复合体意义上的简单类概念"。[③] 运用这两种方法研究中国问题的学者不多，当然制造的概念也不多。李培林曾经在《村落的终结》中运用过理想类型的方法研究正在消失的村庄，他的研究主要集中于特殊案例与一般结论的连接。虽然李培林试图探索案例的特殊性和结论一般性之间的连接问题，但是在概

[①] [美]黄宗智：《中国的"公共领域"与"市民社会"》，中国人民大学出版社2007年版，第160—161页。

[②] 徐勇：《现代国家：乡土社会与制度建构》，中国物资出版社2009年版，第203—252页。

[③] [德]韦伯：《社会科学方法论》，韩水法、莫茜译，中国编译出版社2005年版，第49页。

念方面,它只提出了"羊城村"这个方法论符号,① 并没有概括出能够与国外理论对话的概念。

四 发展建构

发展建构是一种描述性称谓,即通过对相关研究的文献梳理和现象思考建构具有对话性质和发展性质的概念,或者说通过研究发展递增的方式建构具有对话性质的概念。这是比较常用的概念建构方式,也是知识生产产出最多的方式。

国外学者对中国汉学的研究也是采用发展方式生成概念,推动汉学研究的进步。柯文通过对中国汉学研究的反思,认为中国汉学研究的三种主流模式——"冲击—回应模式""传统—近代模式"和"帝国主义模式"——都是以西方为中心的研究,这种研究不能理解、解释中国近代史的许多现象,因此他提出了"中国中心观"的方法论概念,还提出了"移情""内部取向""中国史境"等分析性和解释性概念。② 柯文的研究,特别是"中国中心观"的提出是基于前三种主流模式提出来的,是对中国汉学研究的发展,为研究中国近代史提供了新的视角和方法。

中国学者利用发展方式建构概念相对较多。较早利用发展方式建构新概念的主要是探讨传统社会中村庄与国家关系的研究。瞿同祖、萧公权认为村庄与绅士依附于专制政权,建构了"依附论"的概念;韦伯则认为中国传统乡村社会与国家是一种对抗关系,他建构了"对抗论"概念;黄宗智提出了"第三领域"的概念。李怀印则在前三个概念的基础上,提出了村社"合作论"的概念,他认为传统乡村社会与国家既有分工,也有合作。③ 显然李怀印是在对传统概念商榷和实证研究的基础上发展性地提出了具有描述性和解释性的新概念。另外,秦晖先生在李景汉提出的"地主—佃农关系"、日本学者平野义太郎和清水盛光"小共同体"概念

---

① 李培林:《村落的终结:羊城村的故事》,商务印书馆2004年版,第8—15页。
② [美]柯文:《在中国发现历史:中国中心观在美国的兴起》,林同奇译,中华书局2002年版,第7—22页。
③ [美]李怀印:《华北村治:晚清和民国时期的国家与乡村》,王士皓、岁有生译,中华书局2008年版,第10—11页。

的基础上，提出了"大共同体"的概念，① 以此理解中国传统村社的性质。

小农研究领域也有不少通过逐步发展而建构的新的概念。黄宗智先生认为，农民学有三个传统，三个传统均根据农民的行为及动机来区分，分别为"理性小农""道义（生存）小农""受剥削的小农"，他自己则采用综合的分析，"小农既是一个追求利润者，又是一个维持生计的生产者，当然更是受剥削的耕作者"②。这是一种什么样的小农，黄宗智并没有命名，黄宗智对农民学的三个学派及其行为与动机的发展性研究，生成了三个具有描述性和解释性的概念。徐勇教授在黄宗智研究的基础上，根据改革开放后中国小农的全方位、全程社会化的特点，认为当前的小农是"社会化小农"，建构了"社会化小农"的概念。③此后，徐勇、邓大才将黄宗智所研究的小农称之为"商品小农"或"效用小农"，即小农追求效用最大化。④ 另外，邓大才根据小农的行为和动机——追求货币收入最大化和小农全方位社会化的特点，并结合黄宗智的研究对小农进行了描述性的概括，将小农分为"利润小农""生存小农""道义小农""效用小农"和"社会化小农"。⑤ 显然黄宗智教授在前人研究的基础上，生成了三个小农的概念，徐勇、邓大才又在黄宗智研究的基础上对小农的概念进行重新概括，进一步推进了小农研究的类型化、概念化和结构化。

底层社会抗争的研究也是发展生成概念的典型。1997年李连江和欧博文根据中国农民抗争的众多具体事实，抽象概括出了"以政策为依据抗争"，即"以法抗争"。⑥ 于建嵘通过实证研究，将"以法抗争"修正

---

① 邓大才：《社会化小农与乡村治理》，博士论文。
② ［美］黄宗智：《华北的小农经济与社会变迁》，中华书局2000年版，第1—5页。
③ 徐勇：《再识农户与社会化小农的建构》，《华中师范大学学报》2006年第3期。在此之前，徐勇教授就对改革开放小农的特点进行描述，并概括为"社会化小农"，徐勇教授最先提出此概念。
④ 徐勇、邓大才：《社会化小农：解释当今农户的一种视角》，《学术月刊》2006年第7期。
⑤ 邓大才：《社会化小农：行为与动机》，《华中师范大学学报》2006年第3期。
⑥ 李连江、欧博文：《当代中国农民的依法抗争》，吴国光主编：《九七效应》，（香港）太平洋世纪研究所。

为"依法抗争",并在李连江和欧博文研究的基础上提出"依理抗争"概念,[①] 即农民还通过道理、合理性来维护权利,进行抗争。徐勇教授在"依法抗争""依理抗争"的基础上提出了"依利抗争"的概念,[②] 即底层社会是根据自己的利益受损的程度进行抗争。从"依法抗争"到"依理抗争",再从"依理抗争"到"依利抗争",底层社会的抗争概念在研究的发展中不断被建构和创新。不管是"依法抗争",还是"依理抗争"或者是"依利抗争",虽然是在发展、对比中建构的新概念,其实这些概念也是对当时具体的社会实践的抽象和概括,只不过以发展和比较的方式形成,即这种概念既来源于发展和比较,也源于对社会实践的抽象和概括。

五 进一步讨论

通过对生成概念和概念化四个途径的分析,我们可以得出如下结论:一是概念建构和概念化本身就是知识生产,同时也是知识扩大再生产的基础;[③] 二是概念建构既是对事实的认识,也是对事实的反映,所以它既是认识论范畴,也是方法论范畴;三是概念建构需要借助工具,它是思维活动的产物;四是生成概念的四种途径最终都可以归于对事实的抽象,抽象是生成概念的基础。

概念建构是对事实的一种认识,它属于认识论的范畴。"动态概念的发展已经成为认识论思考的推动力。"[④] 建构概念不是对事实进行照相,它不是一种机械的反映,而是对事实有机的、动因的、趋势性的综合。概念建构是对事实的概括,是对众多事实的提炼,它必须以事实为依据,在全面掌握事实的基础上,运用思维能力和思维工具将事实及其事物内在逻

---

① 徐勇:《只有理解农民,才能真正理解中国》,《社会科学报》2009-05-15。
② "依利抗争"的提出是在华中师范大学政治学研究院04级硕士论文答辩会上,孙纬纬同学文章提出破产企业工人根据利益抗争,徐勇教授则提出"依利抗争"的概念。其实依利抗争在中国农村许多地方都屡见不鲜,此概念具有一定的解释功能。
③ "扩大再生产"的概念,借助徐勇教授的文章《建构扩大再生产的机制》,载邓正来主编的《中国书评》,广西师范大学出版社2006年版,第99页。
④ [法]马太·杜甘:《国家的比较:为什么比较,如何比较,拿什么比较》,文强译,社会科学文献出版社2010年版,第29页。

辑最大程度地描述出来。特别是建构理想类型的概念需要"对现象的深刻了解以及强大的综合能力"。[①] 因此，概念建构是一种思维活动，是对现实世界深刻认识的一种反映，它属于认识论的范畴。

部分概念还能够对事实进行理解、解释，它又属于方法论的范畴。概念首要的功能是描述，同时概念也有理解、解释功能，有些概念还有预测分析功能。知识再生产有三个阶段：洞察阶段、概念建构阶段、模型化阶段，概念建构属于第二个阶段，即便如此，还是有不少概念本身就具有理解、解释的功能，如"内卷化""社会化""世俗化"，这些概念既有助于理解事实，也能够解释事实。概念一旦生成就具有描述功能，概念从静态扩展到动态就会具有理解、解释功能，有些概念还会具有预测功能。从理解、解释和预测视角来看，概念及其建构还具有方法论意义，属于方法论范畴。

概念建构不仅是知识生产过程，它还是知识再生产的基础。概念的生成过程，就是对事实、实践的认识过程，也是知识生产的过程。每一个概念生成都意味着对现实世界盲区的一种探索，一种新的认识、新的知识产生。"分析家总是试图填补概念框架之间的空白"。[②] 另外，从知识生产的过程来看，概念的生成属于第二个阶段，它是对洞察力的发展，同时也是建构模型的基础，不管是因果模型，还是相关模型，不管是解释模型，还是理解模型，都是概念之间关系的建构。因此，建立模型离不开概念。虽然有些概念具有理解、解释甚至预测分析功能，但是概念代替不了模型。模型离不开概念，模型必须以概念为基础来建构。

生成概念的四种途径都是以抽象为基础，因为不管借用移植，还是比较生成或者是发展生成，虽然借助了外力——移植、比较和发展，但是它们都是对事实的综合，对众多具体事情的归纳，即都是对事实的抽象。因此，借助移植、比较生成、发展生成都是以抽象概括为基础的概念建构方式，离开了抽象概括则难以生成概念。但是也必须看到，借助移植、比较生成和发展生成概念比抽象概念更加深刻、更加准确、更加细致，或者具有更强的描述、理解、解释和预测功能。

---

① [法] 马太·杜甘：《比较社会学》，李洁译，社会科学文献出版社 2006 年版，第 28 页。
② 同上。

参考文献

经典著作类：

《马克思恩格斯选集》第 1 卷，人民出版社 1973 年版。
《马克思恩格斯选集》第 4 卷，人民出版社 1972 年版。
《马克思恩格斯全集》第 2 卷，人民出版社 2005 年版。
《马克思恩格斯全集》第 4 卷，人民出版社 1973 年版。
《马克思恩格斯全集》第 8 卷，人民出版社 1973 年版。
《马克思恩格斯全集》第 20 卷，人民出版社 1973 年版。
《马克思恩格斯全集》第 23 卷，人民出版社 1973 年版。
《马克思恩格斯全集》第 30 卷，人民出版社 1995 年版。
《马克思恩格斯全集》第 25 卷，人民出版社 2001 年版。
《马克思恩格斯全集》第 46 卷，人民出版社 2003 年版。
《资本论》第 1 卷，人民出版社 1975 年版。
《资本论》第 3 卷，人民出版社 1975 年版。
《列宁全集》第 5 卷，人民出版社 1986 年版。
《列宁全集》第 6 卷，人民出版社 1986 年版。
《列宁选集》第 12 卷，人民出版社 1972 年版。
《斯大林全集》第 6 卷，人民出版社 1953 年版。
《斯大林全集》第 7 卷，人民出版社 1953 年版。
《斯大林全集》第 8 卷，人民出版社 1954 年版。
《毛泽东选集》第 4 卷，人民出版社 1991 年版。
《毛泽东选集》第 5 卷，人民出版社 1977 年版。
《毛泽东文集》第 6 卷，人民出版社 1999 年版。

学术著作类：

白钢：《选举与治理：中国村民自治研究》，中国社会科学出版社2001年版。

编委会：《2006年中国农村住户调查年鉴》，中国统计出版社2006年版。

曹幸穗：《旧中国苏南农家经济研究》，中央编译局出版社1996年版。

陈佩华、赵文词、安戈：《当代中国农村历沧桑：毛邓体制下的陈村》，孙万国、杨敏如、韩建中译，牛津大学出版社1996年版。

邓大才：《湖村经济》，中国社会科学出版社1997年版。

丁长清、慈鸿飞：《中国农业现代化之路》，商务印书馆2000年版。

[印度] 杜赞奇：《文化、权利与国家：1900—1942年的华北农村》，王福明译，江苏人民出版社2004年版。

费孝通：《生育制度》，商务印书馆1999年版。

费孝通：《乡土中国》，上海人民出版社2006年版。

费孝通：《中国绅士》，中国社会科学出版社2006年版。

[美] 费正清：《美国与中国》，张理京译，世界知识出版社2001年版。

[美] 弗里曼、毕克伟、塞尔登：《中国乡村，社会主义国家》，陶鹤山译，社会科学文献出版社2002年版。

[英] 弗里德曼：《中国东南的宗族组织》，刘晓春译，上海人民出版社2000年版。

[美] 黄树民：《林村的故事》，素兰、纳日碧力戈译，生活·读书·新知三联书店2001年版。

[美] 黄宗智：《长江三角洲小农家庭与乡村发展》，中华书局2000年版。

[美] 黄宗智：《华北小农经济与社会变迁》，中华书局1986年版。

[美] 黄宗智：《中国的隐性农业革命》，法律出版社2010年版。

[美] 加里·S.贝克尔：《家庭论》，王献生、王宇译，商务印书馆2005年版。

［美］克利福德·吉尔兹：《地方性知识——阐释人类学论文集》，王海龙、张家宣译，中央编译出版社2000年版。

［美］肯尼斯·阿罗：《社会选择和个人价值》，志武、崔之元译，四川人民出版社1987年版。

李培林：《村落的终结》，商务印书馆2004年版。

李银河：《生育与村落文化》，文化艺术出版社2003年版。

李正华：《乡村集市与近代社会：二十世纪前半期华北乡村集市研究》，当代中国出版社1998年版。

林耀华：《义序的宗族研究》，生活·读书·新知三联书店2000年版。

刘石吉：《明清时代江南市镇研究》，中国社会科学出版社1987年版。

［法］马太·杜甘：《国家的比较：为什么比较，如何比较，拿什么比较》，文强译，社会科学文献出版社2010年版。

［美］曼瑟尔·奥尔森：《集体行动的逻辑》，陈郁、郭宇峰译，上海三联书店、上海人民出版社1995年版。

［美］裴宜理：《华北的叛乱者与革命者（1845—1945）》，池子华、刘平译，商务印书馆2007年版。

［美］彭慕兰：《腹地建构：华北内地的国家、社会和经济（1853—1937）》，马俊亚译，社会科学文献出版社2005年版。

［苏］恰亚诺夫：《农民经济组织》，萧正洪译，中央编译出版社1996年版。

庆英章：《林圯埔：一个台湾市镇的社会经济发展史》，上海人民出版社2000年版。

［美］施坚雅：《中国农村的市场和社会结构》，史建云、徐秀丽译，中国社会科学出版社1998年版。

［美］舒尔茨：《改造传统农业》，梁小民译，商务印书馆1987年版。

［美］斯科特：《弱者的武器》，郑广怀等译，译林出版社2007年版。

王沪宁：《当代中国村落家族文化：对中国社会现代的一项探索》，上海人民出版社1991年版。

王明辉：《白沟现象：中国北方农村市场兴起的社会学考察》，（台湾）稻乡出版社 2003 年版。

王铭铭：《村落视野中的文化与权力：闽台五论》，生活·读书·新知三联书店 1997 年版。

王铭铭：《村落视野中的文化与权力》，生活·读书·新知三联书店 1997 年版。

吴淼：《决裂》，中国社会科学出版社 2007 年版。

吴晓燕：《集市政治》，中国社会科学出版社 2008 年版。

吴毅：《小镇喧嚣》，生活·读书·新知三联书店 2007 年版。

项继权：《集体经济背景下的乡村治理》，华中师范大学出版社 2002 年版。

徐浩：《农民经济的历史变迁》，社会科学文献出版 2002 年版。

徐勇：《非均衡的中国政治：城市与乡村比较》，中国广播影视出版社 1992 年版。

徐勇：《现代国家：乡土社会与制度建构》，中国地质出版社 2009 年版。

徐勇、徐增阳：《流动中的乡村治理：对农民流动的政治社会学分析》，中国社会科学出版社 2003 年版。

徐勇：《中国农村村民自治》，华中师范大学出版社 1997 年版。

[美] 阎云翔：《礼物的流动——一个中国才桩中的互惠原则与社会网络》，李放春、刘瑜译，上海人民出版社 1999 年版。

[美] 杨懋春：《一个中国村庄：山东台头》，张雄、沈炜译，江苏人民出版社 2001 年版。

杨念群：《中层理论：东西方思想会通下的中国史研究》，江西教育出版社 2001 年版。

尹冬华选编：《从管理到治理：中国地方治理现状》，中央编译出版社 2006 年版。

应星：《大河移民上访的故事》，生活·读书·新知三联书店 2001 年版。

[德] 约翰·冯·杜能：《孤立国同农业和国民经济的关系》，吴衡康译，商务印书馆 1997 年版。

[美] 詹姆斯·C. 斯科特：《农民的道义经济学：东南亚的反叛与生

存》，程立显、刘建译，译林出版社 2001 年版。

张厚安等：《中国农村村级治理：22 个村的调查和比较》，华中师范大学出版社 2000 年版。

张厚安、徐勇、项继权等：《中国农村村级治理》，华中师范大学出版社 2000 年版。

张静：《基层政权：乡村制度诸问题》，上海人民出版社 2007 年版。

张仲礼：《中国绅士研究》，上海人民出版社 2008 年版。

赵旭东：《权力与公正：乡土社会的纠纷解决与权威多元》，天津古籍出版社 2003 年版。

郑卫东：《村落社会变迁与生育文化》，上海人民出版社 2007 年版。

庄孔韶：《银翅：中国的地方社会与文化变迁》，生活·读书·新知三联书店 2000 年版。

邹农俭、叶南客、叶克林：《集镇社会学》，上海社会科学出版社 1989 年版。

论文类：

曹树基：《1959—1961 年中国的人口死亡及其成因》，《中国人口科学》2005 年第 1 期。

党国英：《村民自治的现实和未来》，《乡镇论坛》2002 年第 24 期。

郭于华：《"道义经济"还是"理性小农"：重读农民学经典论题》，《读书》2002 年第 5 期。

郭正林：《当今中国农村政治研究的理论视界》，《中共福建省委党校学报》2003 年第 7 期。

郭正林：《中国农村政治研究的理论视野》，载徐勇、徐增阳主编《乡土民主的成长》，华中师范大学出版社 2007 年版。

胡荣：《经济发展与竞争性的村委会选举》，载徐勇、徐增阳主编《乡土民主的成长》，华中师范大学出版社 2007 年版。

黄平：《寻求生存的冲动》，（香港）《二十一世纪》1996 年第 12 期。

［美］黄宗智：《中国的"公共领域"与"市民社会"》，载黄宗智主编《经验与理论：中国社会、经济与法律的实践历史研究》，中国人民大学出版社 2007 年版。

李具恒：《中国农民的生育需求再认识》，《西北人口》1998 年第 2 期。

李银河、陈俊杰：《个人本位、家本位与生育观念》，《社会学研究》1993 年第 2 期。

刘中一：《场域、惯习与农民生育行为：布迪厄实践理论视角下农民生育行为》，《社会》2005 年第 6 期。

刘中一：《"养儿防老"观念的后现代主义解读》，《中国农业大学学报》（社会科学版）2005 年第 3 期。

穆光宗、陈俊杰：《中国农民生育需求的层次结构》，《人口研究》1996 年第 2 期。

史卫民：《中国村民自治走向未来》，载徐勇、徐增阳主编《乡土民主的成长》，华中师范大学出版社 2007 年版。

文军：《从生存理性到社会理性选择：当代中国农民外出就业动因的社会学分析》，《社会学研究》2001 年第 6 期。

徐勇、邓大才：《政治学：从殿堂走向田野》，载邓正来主编《中国人文社会科学三十年：回顾与前瞻》，复旦大学出版社 2008 年版。

徐勇：《现代国家的建构与村民自治的成长》，《学习与探索》2006 年第 6 期。

徐勇：《"再识农户"与社会化小农建构》，《华中师范大学学报》（人文社会科学版）2006 年第 3 期。

叶航：《西方经济学效用范式批判》，《经济学家》2003 年第 1 期。

赵树凯：《农民的政治：迷茫与断想》，《中国发展观察》2009 年第 8 期。

其他类：

徐勇、邓大才：《"再识农户"与社会化小农的构建》，中国农村研究网，2005 - 07 - 05。

陆云：《农业政策需作改变（国政研究报告）》，http：//www.npt.org.tw/post/2/7811。

后　记

本书收集了2006—2012年有关农民研究的成果，在这一时期，我进行着人生最重大的转型，从农民学转向政治学，从政策研究转向学术研究。本书可称为我迈向政治学过渡阶段的成果，也是一种转型的成果、探索的成果。

本书有如下几个探索性的特色：

第一，田野调查。在调入本院前，我也经常下乡调查，但是那是机关干部下乡，跟随领导下乡，点到为止，以会为主。进入本院后，我开始了真正的田野调查，带领学生深入到江西、湖南、四川、河南、河北等地进行田野调查。本书的观点和现象均源是田野调查的发现和思考，田野特色较为明显。

第二，规范研究。在调入本院前，我也写文章，而且还发表了不少文章，但那是在机关工作时一些应用研究、对策研究，承蒙很多杂志社看得起，予以发表。在调入本院后，受到学术的熏陶和训练，开始严格按照学术规范来做研究。因此，本书都是我迈向规范学术道路中的一些探索，比较注重形式化的内容和方法。

第三，科学研究。在调入本院前，我也有不少思考，这些思考的价值性很强，应用性目标明确，有些还是国家比较需要的对策研究，但并不是科学的学术研究。调入本院之后，我开始讲授研究方法，在备课的过程中接触、学习到了科学的研究方法，并将这些研究方法应用到我的思考和写作中。本书也是我学习科学研究方法，实践科学研究方法的一些成果。

所以，本书最要感谢的是我的老师徐勇教授，是他的安排让我有了这些成果。还要感谢听我"研究方法课"的学生，大家忍受了一个边学习、边讲课且"不太称职"老师的课程。同时感谢在农民学调查、研究过程中，与我讨论的学生沈乾飞、黄振华及吴晓燕老师，感谢听我方法课的一些博士生给我的肯定，是你们的表扬给了我从事规范研究、科学研究的信心。

由于水平有限，本书还有不少疏漏和错误，请各位方家批评指正！

2019 年 8 月 15 日于武汉